BLV

Prof. Dr. Walter Schumann

EDLE STEINE

Das Fotomaterial für diesen Bildband wurde weltweit zusammengetragen. Kunstgegenstände folgender Museen und Sammlungen sind abgebildet:

Aachen, Domschatzkammer
Berlin, Ägyptisches Museum der Staatlichen Museen, Preußischer Kulturbesitz
Darmstadt, Hessisches Landesmuseum
Dresden, Staatliche Kunstsammlungen, Grünes Gewölbe
Honolulu, Academy of Arts
Istanbul, Topkapi Saray Museum
Kairo, Egyptian Museum
Kopenhagen, Nationalmuseet
Kopenhagen, The Royal Danish Collections at Rosenborg Palace
London, H. M. Tower of London
London, The British Museum
London, Victoria & Albert Museum
Madrid, Museo Arqueológico Nacional
Mexico-City, Museo Nacional de Antropologia
Moskau, Staatliche Museen des Kreml
Moskau, Mineralogisches Museum
    A. E. Fersman, Akademie der Wissenschaften
München, Bayerische Staatsbibliothek
München, Prähistorische Staatssammlung
München, Schatzkammer der Residenz
New York, American Museum of Natural History
Nürnberg, Germanisches Nationalmuseum
Paris, Bibliotheque Nationale
Paris, Louvre
Prag, Schatzkammer des Veitsdoms, Hradschin
Reims, Schatzkammer der Kathedrale
Rom, Galleria Nazionale, Palazzo Barberini
Rom, San Pietro
Stockholm, The Royal Collections
Stuttgart, Linden-Museum
Stuttgart, Staatliches Museum für Naturkunde
Tokyo, Collection Minami Group
Trier, Domschatzkammer
Washington, Smithsonian Institution
Wien, Kunsthistorisches Museum, Weltliche und Geistliche Schatzkammer
Wien, Naturhistorisches Museum
Wuppertal, Kronen- und Insigniensammlung Abeler

Fotos auf dem Umschlag: vorn Saphir (s. auch S. 70), hinten Ungarischer Opalschmuck (s. auch S. 97)
Foto auf dem Vorsatz: Achat, geschnitten und poliert. Fundort Rio Grande do Sul/Brasilien.
Foto S. 1: Smaragdkristall auf Muttergestein. Kolumbien. (Vergrößerung dreifach)
Foto S. 4: Kanne aus Achat, 16. Jahrhundert. Königlich-Dänische Sammlungen im Rosenborg-Schloß. (Höhe 16,1 cm)
Foto S. 5: Schale aus Chalcedon. Königlich-Dänische Sammlungen im Rosenborg-Schloß. (Höhe 10,3 cm)
Foto S. 6/7: Prunkkette von 1565. Schatzkammer der Residenz, München. (Etwa natürliche Größe)

Vorwort

Seit 10 000 Jahren begleiten uns edle
Steine, anfangs überwiegend für rituel-
le und religiöse Zwecke, später zuneh-
mend als Herrschaftszeichen und als
Statussymbol, heute vornehmlich zur
Zierde.

Letztlich ist es immer die gleiche Faszination, die uns in ihren Bann schlägt,
der Glanz, die Farbenpracht, das
Außergewöhnliche.

Seit eh und je umgibt die Edelsteine
aber auch ein Hauch des Geheimnisvollen. Wir geben uns ihm gerne hin.
Wie schnell verbinden wir Kraft, Freude und Glück, aber auch Sorge, Angst
und Not mit edlen Steinen. Allzu leicht-
fertig werden in unseren Tagen die
Edelsteine mit Magie und Astrologie –
offensichtlich in zunehmendem Maße –
in Beziehung gesetzt und viele Menschen dem Edlen im Stein dadurch ent-
fremdet.

Der vorliegende Bildband will die
ganze Vielfalt edler Steine, ihre Verwendung in Juwelen sowie ihre kultur-
geschichtliche Relevanz, aber auch
ihre Bedeutung als Amulett, Talisman
und Heilstein in sachgerechter Darstellung vermitteln.

Der Text ist in allgemein verständlicher
Sprache abgefaßt, um bereits beim Lesen die Freude an edlen Steinen leben-
dig werden zu lassen. Technische und
fachspezifische Ausdrücke sowie Da-
tenreihen wurden vermieden oder sind
im Text erklärt.

Der Interessierte kann darüber hinaus
weitere Informationen den Tabellen
S. 152–153 entnehmen. Im Glossar auf
S. 154–156 werden Fachbegriffe kurz
erklärt.

Mein Dank gilt vielen, Freunden und
Bekannten, Kollegen und zahlreichen
Mitarbeitern verschiedenster Institu-
tionen.

Walter Schumann

Inhalt

8   **Edle Steine**
*10 000 Jahre im Bann der
Menschen*

14   **Im Schoß der Erde**
Vorkommen und Gewinnung

22   **Schönheit und Härte**
Eigenschaften der edlen Steine

28   **Veredlung**
Gravur, Schliff und Politur

38   **Im guten Glauben**
*Edle Steine im Dienst der
Religion*

46   **Nur für den Adel**
Symbol staatlicher Macht

50   **Teure Steine**
*Zeichen von Wohlstand und
Reichtum*

54   **Auch zur Freude**
*Edle Steine in Orden und als
Schmuck*

60   **Diamant**
Der Edelste unter den Edlen

67   **Zirkon**
Manchmal fast wie ein Diamant

68   **Rubin**
Einer der Karfunkelsteine

70   **Saphir**
Nicht nur in Blau

72   **Smaragd**
*Unverwechselbar in seinem
Grün*

74   **Aquamarin**
Blau und grün wie das Meer

75   **Edelberyll**
*Nie smaragdgrün,
nie aquamarinblau*

76   **Chrysoberyll**
Wechselt manchmal die Farbe

77   **Spinell**
Erst spät gewürdigt

78   **Topas**
Eine bunte Palette

80   **Granat**
*Auch einer der Karfunkel-
steine*

82   **Turmalin**
Der Bunteste von allen

84   **Kunzit und Hiddenit**
Die Edlen des Spodumens

85   **Rhodonit und
Rhodochrosit**
Immer rosenrot

86   **Bergkristall und seine
Verwandten**
*Große Vielfalt in Form und
Farbe*

96   **Opal**
Berühmt durch sein Schillern

100   **Amazonit und
Sonnenstein**
Aus der Feldspat-Familie

101   **Jade**
Zäh wie kein anderer

104   **Lapislazuli**
Grundfarbe immer blau

106   **Türkis**
*Zwischen himmelblau und
apfelgrün*

108   **Malachit**
Grün in allen Schattierungen

111 Peridot
Lieblingsstein im Barock

112 Weniger bekannt
Doch gar nicht so selten

116 Bernstein
Das Gold des Nordens

121 Korallen
Aus der Tiefe des Meeres

124 Perlen
Aus der Muschel geboren

130 Fast wie echt
Imitationen, Dubletten, Synthesen

136 Hilfe in der Not
Als Amulett, Talisman und Heilstein

142 Vom Handel
Glücksritter, Händler und Konzerne

152 Edle Steine in Zahlen

154 Glossar

157 Stichwortverzeichnis

Edle Steine
10 000 Jahre im Bann der Menschen

Edle Steine spielen als Schmuck im Leben der Menschen erst seit einer gewissen Bewußtseinsbildung eine Rolle. Das begann vor etwa 10 000 Jahren. Davor genügten die organischen Produkte der Natur, um sich zu schmücken.

Wandmalerei in der Höhle von Lascaux, Dordogne/Frankreich. Jungpaläolithikum (um 15 000 v. Chr.). Etwa 800 Bilder von Jagdtieren (Bison, Hirsch, Wildpferd, Rind, Steinbock) und eine lebensgroße Figur eines Zauberers mit Tierfell und Hörnermaske sind dargestellt. Diese Kult- und Wohnhöhle wurde 1940 entdeckt.

Der Wunsch, sich zu schmücken, ist so alt wie die Menschheit. Durch schmückende Beigaben versucht der einzelne, sich irgendwie aus der gesellschaftlichen Umgebung herauszuheben, sei es zu rituellen oder religiösen Zwecken, sei es, um seine soziale Stellung oder um Machtanspruch bzw. Autorität kundzutun. Selbst in den kleinen Dorfgemeinschaften der steinzeitlichen Menschen hat es immer eine durch Schmuck betonte Sonderstellung einzelner gegeben. Das lehren uns die auf der Stufe der Steinzeit lebenden Eingeborenen der pazifischen Inselwelt, bei denen es bis zum Zweiten Weltkrieg fast nur Dorfgemeinschaften, kaum politische Zusammenschlüsse, niemals größere Staatsgebilde gab, sehr überzeugend.

Die Rohmaterialien für den Schmuck in der Epoche der Steinzeit liefert die belebte Natur: Federn der Vögel, Muscheln, Knochen und Zähne der Wildtiere bzw. der Fische, Geweihteile und Elfenbein. Holz in verschiedener Bearbeitung ist natürlich auch dabei.
Für den Menschen der Steinzeit sind Knochen- oder Geweihteile eines erlegten Tieres sicherlich bedeutsamer als für uns ein glitzernder edler Stein heute. Der Halsschmuck aus Wildtierzähnen zeugt nicht nur vom Mut des Jägers, er ist auch Zaubermittel bei der nächsten Jagd.
Ebenso ist Bernstein in dieser Zeit im engeren Sinne kein Material für Körperschmuck. Die figürlich gestalteten und mit Ornamenten versehenen Stücke dienen rituellen Zwecken oder sind

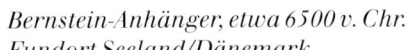

Bernstein-Anhänger, etwa 6500 v. Chr. Fundort Seeland/Dänemark.

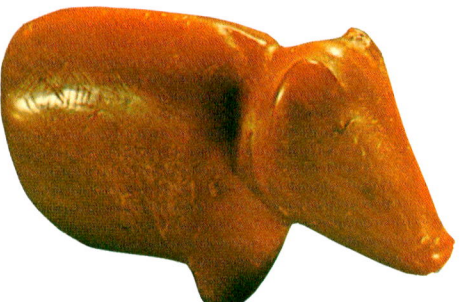

Bernstein als Bär geschnitten, etwa 5000 v. Chr. Fundort Jütland/Dänemark.

Bernstein-Anhänger, etwa 6500 v. Chr. Fundort Seeland/Dänemark.

Bernstein als Elchkopf geschnitten, etwa 6500 v. Chr. Fundort Seeland/Dänemark. Alle Stücke Nationalmuseum, Kopenhagen.

Mittel des Zaubers und der Abwehr vermeintlicher Unbill.
Steine spielen im Leben der Menschen schon sehr früh eine wichtige Rolle, zunächst als Arbeitsgerät, dann auch für kultische Darstellungen. Die erste sorgfältige Steinbearbeitung setzt im Mittelpaläolithikum (60 000–35 000 v. Chr.) ein, Abbildungen von Mensch und Tier erfolgen erstmals im Jungpaläolithikum (35 000–10 000 v. Chr.), wo eine neue Stufe der Bewußtseinsentwicklung erreicht wird. Zahlreiche Darstellungen an Höhlenwänden oder auf losen Steinen, auf Elfenbein und auf Gagat sind bekannt.
Gemalt wird mit gelbem, braunem oder rotem Ocker, mit gelbbraunem Limonit, mit rötlichem Hämatit oder rotem Zinnober, mit grünem Malachit, blauem Azurit, schwarzer Manganerde und mit Kohle.
Viele Farbdarstellungen sind in den Fels mit feinen Linien als eine Art Entwurf vorgeritzt.
Einzelne Funde von reliefierten wie auch vollplastischen Figuren aus der Zeit 20 000–10 000 v. Chr. zeigen ein recht hohes Niveau künstlerischer Gestaltung. Kalkstein, Elfenbein, Bernstein und Gagat dienen als Materialsubstanz.

Erster Körperschmuck ist nachweislich 25 000 Jahre alt. Es sind Halsketten aus Fischgräten, Elfenbeinperlen, Muscheln, Knochen und Zähnen.
All diese Kenntnisse über den Schmuck der Vorzeit beruhen zum größten Teil auf Grabfunden. Daß dabei meist der Zufall hilft, bedeutet, daß auch die Aussagen nicht immer Allgemeingültigkeit haben müssen. Wenn man noch bedenkt, wie die Bestattungsbräuche nach Ort und Zeit unterschiedlich sind, läßt sich die Schwierigkeit ermessen, genaue Daten für Anfang und Entwicklung der Schmuckgestaltung zu ermitteln. Überdies wurden Gräber immer wieder ausgeraubt und der beigelegte Schmuck verschleppt, verkauft oder eingeschmolzen.

Der Begriff des Edelsteins hat sich ab 8000 v. Chr. herausgebildet. Viele Edelsteinnamen erfahren einen Bedeutungswandel. Auch in historischer Zeit hat sich die Bedeutung mancher Edelsteine verändert. Jede Epoche der vergangenen Jahrhunderte hat andere Steine als besonders edel empfunden, hat ganz verschiedene Edelsteine zum Lieblingsstein erkoren. Im klassischen Griechenland ist der Dia-

mant z. B. überhaupt nicht gefragt. Bunte Steine werden bevorzugt.
Heute verstehen wir unter einem Edelstein ein Mineral (wenn wir von Bernstein, Gagat und den Perlen absehen), das sich durch Besonderes gegenüber anderen Steinen und Mineralien abhebt. Das ist einmal die Farbe, die Härte oder ein optischer Effekt, vor allem aber das Schöne. Das Schöne, das den Stein besonders edel erscheinen läßt, kann man nicht messen. Es ist Geschmackssache, es ist individuell verschieden.
Zum Flair eines Edelsteins gehört aber auch eine gewisse Beschränkung der Liefermöglichkeit. Ein Edelstein muß auch – mehr oder weniger – selten sein. Was in großen Mengen vorkommt, was sich somit jeder leisten kann, ist für Schmuckzwecke weniger geeignet, kommt als Edelstein kaum in Betracht. Zwar werden schon im Jungpaläolithikum (35 000–8000 v. Chr.) Materialien, die wir heute als Edelstein betrachten, wie Chalcedon, Jaspis, Jadeit und Nephrit, verwendet, aber nicht für eigentliche Schmuckzwecke, sondern – ebenso wie Feuerstein und Obsidian, Quarzit, Granit und Gneis – zu Gerätschaften, zu Faustkeilen, Speer- und Pfeilspitzen verarbeitet.

Als Schmuck treten Edelsteinmineralien bewußt in das Leben der Menschen erst, seit sich die Einzelgruppen zu großen sozialen Einheiten zusammenschließen, d. h. die ersten Staaten der Menschheitsgeschichte bilden. In den Stromländern des Euphrat und Tigris, des Nils, des Indus und des Hwangho in China entstehen die ersten Hochkulturen, im Orient etwa um 3200–3000 v. Chr.

Jetzt spielen Edelsteine insofern eine besondere Rolle, als sie wegen ihrer Seltenheit nur einer kleineren privilegierten sozialen Schicht innerhalb der großen Gemeinschaft vorbehalten sind. Sie bedeuten nicht nur Schmuck, sondern sind Statussymbol, sind Ausdruck für Macht und Reichtum.

Die Anfänge dieser Neubewertung der edlen Steine reichen natürlich einige tausend Jahre vor der Blüte der ersten Hochkulturen zurück.

In den neuen Staaten des Orients werden vor allem die Quarzvarietäten Bergkristall, Amethyst, Rauchquarz, Chalcedon, Karneol, Jaspis und Achat als Edelstein benutzt. Aber auch Smaragd, Amazonit, Türkis, Lapislazuli, Jade, Hämatit, Fluorit und Alabaster (Calcit) sind bekannt.

Siegel der Sumerer

Das Volk der Sumerer, das – wahrscheinlich aus Indien stammend – sich um 3300 v. Chr. in Südbabylonien (dem heutigen Irak) niederläßt und den ersten Staat der alten Hochkulturen begründet, hat einen großen Einfluß auf die historische Entwicklung der orientalischen und indirekt auch der europäischen Kultur: Die Sumerer sind die Erfinder der ältesten Schrift. Inder und Ägypter übernehmen die Idee des Schreibens, entlehnen sumerische Schriftzeichen und entwickeln dann ihre eigenen Schriften.

Auch auf dem Gebiet der Edelsteinnutzung als Werkstoff wie zu Schmuckzwecken sind die Sumerer wegweisend. Grabfunde zeigen die hohe Qualität und die Vielfalt des Schmucks. Goldgefaßte Edelsteine, Halsketten aus Karneol, Haarspangen mit Achat sind

Rollsiegel aus dem 3. und 2. Jahrtausend v. Chr. Links Achat, Mitte Kalkstein, rechts Hämatit. Fundort Syrien. Prähistorische Staatssammlung, München. (Etwas verkleinert)

Abrollung eines Rollsiegels aus Kalkstein mit der Darstellung von Kämpfern, Mischwesen und Tieren. Frühes 3. Jahrtausend v. Chr. Fundort Syrien. Prähistorische Staatssammlung, München.

ebenso verbreitet wie Fingerringe mit Lapislazuli-Einlagen.

Man sollte glauben, daß solch eine hohe Kunst der Sumerer nicht erst in der relativ kurzen Zeit der Seßhaftigkeit in Mesopotamien (dem Land zwischen Persischem Golf und der heutigen Türkei) entstanden ist, sondern daß die Wurzeln der Kunsttechnik vielleicht bis in die indische Urheimat dieses Volkes zurückreichen, einem Land, in dem Edelsteine in reichem Maße vorhanden sind und in dem edle Steine schon immer eine große Rolle spielten. Nachprüfbare Vergleichsmöglich

keiten fehlen, denn aus der Zeit vor 2500 v. Chr. sind keine Grabbeilagen in Indien bekannt.

Lange bevor die Sumerer die Schrift entwickeln, nutzen sie die Steinschneidekunst als eine Art Schriftersatz zum Beglaubigen von Verträgen oder zur Kennzeichnung von Eigentum. Sie verwenden Prägesiegel in bisher nicht gekanntem Maße. Dadurch führen sie die Steinschneidekunst zu einem Höhepunkt in der Geschichte der Glyptik. Mit Grabsticheln fertigen sie zunächst Stempelsiegel. Zeichen und Figuren werden dabei in flache Steinstücke gestochen, so daß eingetiefte Bilder, die Intaglios, entstehen. Anscheinend kön

Ägyptischer Siegelring aus Jade, 18. Dynastie (um 1475 v. Chr.) mit erneuerter Ringfassung. Steinmaße: 1,2 cm hoch, 1,0 cm breit, 0,4 cm dick. Durch Drehgelenke lassen sich Vorder- und Rückseite zum Siegeln verwenden. Inhalt der Hieroglyphenschrift auf der Vorderseite: ḥm.t – nṯr Nfrw – Rᶜ (»die Gottesgemahlin Nofru – Rê«). Prähistorische Staatssammlung, München.

nen die Sumerer auf Siegelvorbilder zurückgreifen. 5000 Jahre v. Chr. sollen im westlichen Asien vereinzelt Siegel schon verwendet worden sein. Der Abdruck der Plattensiegel erfolgt in feuchtem Ton oder in Wachs.

Um diese Identitätszeichen stets bei sich zu haben, werden die Stempelsiegel am Finger festgebunden, später von einem Ring gehalten, der schließlich über den Finger gestülpt wird. So entsteht aus dem Plattensiegel der Siegelring. Dieser wird über Jahrhunderte von Fürsten und Kaufleuten, auch in ganz Europa, benutzt, manchmal gleichzeitig als Schmuckstück, vielfach als Statussymbol. Im 3. Jahrhundert v. Chr. tragen römische Konsuln Siegelringe als Standeszeichen.

Bis zum frühen Mittelalter ist der Siegelring im abendländischen Europa zum Siegeln im Gebrauch. Danach wird er zum reinen Dekorstück umfunktioniert.

Aus dem Plattensiegel entwickeln die Sumerer das Rollsiegel, den Siegelzylinder. Dadurch erhalten sie beim Abdruck mehr Platz für bessere Information.

Solche Rollsiegel werden am Handgelenk oder am Hals mitgeführt. Zu diesem Zweck sind die Siegelzylinder in Richtung der Längsachse durchbohrt und können so mit Hilfe von Schnüren oder Golddraht um- bzw. angehängt werden.

Für größere Bohrlöcher werden Drillbohrer, das damals einzige rotierende Arbeitsgerät der Steinschneider, ver-

Ägyptisches Pektorale aus Gold, Emaille und Edelsteinen. In der unteren Schmuckplatte die göttliche Barke mit dem glücksbringenden Skarabäus in der Mitte und den begleitenden Hundsaffen. Der Skarabäus besteht aus Lapislazuli, der Farbe des Himmels. Er trägt die Sonnenscheibe aus rotem Karneol auf dem Kopf. Die Hundsaffen sind aus Amazonit, Türkis und Karneol zusammengefügt. Sie tragen Mondscheibe und Mondsichel aus Gold. Länge des Pektorales 23 cm. Fundort ist das Grab des Königs Tutanchamun (1347–1336 v. Chr.) in Theben, das 1922 von dem Engländer H. Carter – fast unberührt – entdeckt wurde. Ägyptisches Museum, Kairo.

wendet. Vielleicht sind Granatpulver und Schmirgel als Schleifmittel bekannt.

Manchmal sind die Bohrungen so eng, daß man den Bohrvorgang bis heute nicht zu rekonstruieren imstande ist. Anfangs werden für die Siegelsteine weichere Materialien, wie Steatit, Serpentin und Kalkstein, bevorzugt, später auch Hämatit, Lapislazuli, Amazonit, Jaspis, Chalcedon und Rauchquarz verwendet.

Eigenartigerweise haben andere Kulturkreise die Methode der Rollsiegel von den Sumerern nicht übernommen. Vielleicht hatte sich die aufwendige Herstellung der Siegelzylinder durch die aufkommende Schrift überholt. In Mesopotamien werden Rollsiegel bis in die Mitte des 1. vorchristlichen Jahrhunderts verwendet. Inwieweit sie tatsächlich als Siegel dienen, läßt sich nicht sagen. Als Schmuck und Standeszeichen jedenfalls haben sie ihren Wert. In Gold gefaßte Rollsiegel betonen diesen dekorativen Charakter.

Ornamentik der Ägypter

Technik und Können der sumerischen Goldschmiede werden im alten Ägypten zur Perfektion weiterentwickelt. Durch die gleichzeitige Verwendung von Gold, Emaille, Glas und Edelsteinen und einer genialen Komposition wird eine Farbigkeit in die Ornamente eingebracht, die es bis dahin nicht gegeben hat.

Die hohe Kunst der Einlegearbeiten führt zum Dekorschmuck mit strenger Symmetrie und geometrischer Symbolik, zu einer formschönen, wirkungsvollen Eleganz, bei der edle Steine die höchste Zentrizität erfüllen.

Im alten Ägypten herrscht kein Zwiespalt zwischen Kunst und Handwerk. Beides ist hier in Harmonie miteinander verwoben.

Thematische Vorlage für die Schmuckgestaltung ist die ägyptische Mythologie. Ihr werden die sozialen und die dekorativen Funktionen des Schmucks untergeordnet.

Edel durch Künstlerhand

Strenggenommen sammeln wir keine Edelsteine in der Natur, sondern Mineralien oder Steine. Erst durch Schleifen, Formen, Polieren, durch eine Veredlung des Fundstücks wird der Rohstein zum edlen Stein.

Es ist die Hand des Künstlers, die das verborgen Edle aus dem Stein lockt, die einen Stein mit Leben erfüllt, ihm Schönheit, Eleganz verleiht, je selbst Dramatik vermitteln kann.

Gewöhnlich denken wir nur an kleine Steine, wenn von Edelsteinen die Rede ist, die wir im Ring, als Brosche oder im Kollier tragen.

Viele edle Steine werden aber ebenso zu Gegenständen der gestaltenden Kunst verarbeitet, zu Tabaksdosen, Schalen, Standvasen, Tischplatten bis hin zu Wandverkleidungen.

Eine Begrenzung des Begriffs Edelstein auf bestimmte Größenmaße ist nicht möglich. Nach dem Sprachgebrauch sagt man allerdings nicht Edelstein, wenn man z. B. den Kaminsims aus Malachit meint. Dekorstein könnte man das Großformatige nennen, selbst wenn der gleiche Stein im Fingerring zweifelsfrei als ein Edelstein gilt. Hier

zeigt sich wieder einmal die ganze Problematik der Definition des Begriffs Edelstein.

Wenn wir gar eine Monumentalstatue aus Marmor bewundern, wie die Pieta von Michelangelo, spricht dabei niemand von einem Edelstein – aber edel ist der Stein allemal. Die virtuose Hand eines Künstlers hat hier sogar Edelstes aus Stein geschaffen, das nicht zu überbieten ist.

Das Ägypten der Pharaonen zählte auch Kalkstein, Steatit und Aragonit zu den edlen Materialien, wenn sich daraus ein Kunstwerk gestalten ließ.

Pieta von Michelangelo
Der Italiener Michelangelo Buonarroti (1475–1564) hat diese weltberühmte Pieta 1498/99 als 24jähriger aus einem gleichkörnigen, weißen Carrara-Marmor gestaltet. Tiefgreifender läßt sich Stein durch Künstlerhand nicht veredeln. Linienführung, Perspektive und Anatomie verraten den starken Einfluß der Renaissance auf das Kunstschaffen und zeigen die völlige Abkehr vom mittelalterlichen Denken. Petersdom, Rom.

Kalksteinbüste der Königin Nofretete
Die Modellbüste der Nofretete (Gemahlin des ägyptischen Königs Amenophis IV., später Echnaton genannt) wurde 1912 in einer Künstlerwerkstatt von Tell el-Amarna/ Ägypten aus dem Jahr 1355 v. Chr. gefunden. Eine kunstvolle Bemalung unterstreicht die wirkungsvolle Steinskulptur. Das rechte Auge wird durch Bergkristall dargestellt. Ob das linke Auge bewußt nicht vollendet wurde, um jeden Vergleich mit anderen Menschen auszuschließen, wie von einigen behauptet, ist wohl eine sehr kühne Interpretation. Höhe 50 cm. Ägyptisches Museum, Berlin.

Etruskische Halskette aus Gold und Karneol in technischer Perfektion. Fundort ist ein Grab von Vulci in Latium/Italien, 4.–3. Jahrhundert v. Chr. Länge der Kette 35 cm (hier nur ²/₃ abgebildet). Britisches Museum, London.

Im Schoß der Erde
Vorkommen und Gewinnung

Edelsteinmineralien gibt es an vielen Stellen der Erde, aber nur an wenigen treten sie so gehäuft auf, daß sich eine Förderung lohnt. Die Methoden der Edelsteingewinnung sind teils primitiv wie vor zweitausend Jahren, teils aber auch fortschrittlich, durch modernste Technik unterstützt.

Entstehung der Edelsteine

Die meisten Edelsteine gehören zu den Mineralien. Edelsteine sind besonders schöne Mineralien, oft durchsichtig und makellos in der Struktur. Ihre Entstehung ist aber die gleiche wie bei allen anderen Mineralien.
Viele Mineralien entstehen unmittelbar aus dem Magma, der glühendflüssigen Gesteinsschmelze im Erdinnern.

Je nach dem Grad der Abkühlung scheiden sich verschiedene Mineralbildungen ab. Diamant und Zirkon z. B. entstehen bei Temperaturen von etwa 1000 °C, Rubin, Topas und Quarze bei 600 °C, Spinell und Smaragd bei 500 °C. In Nähe der Erdoberfläche entstehen neue Mineralien bei der Verwitterung im Zusammenwirken mit Wasser, Kohlendioxid und dem Sauerstoff der Luft sowohl in der Kontaktzone von Gestein und Luft als auch im Grundwasserbereich. Dazu gehört u. a. Malachit.

Werden Gesteine – und damit Mineralien – entweder durch zunehmende Überdeckung oder durch gebirgsbildende Vorgänge tiefer in die Erdkruste hineinverlagert, entstehen auf Grund der dort herrschenden hohen Temperaturen und der großen Drücke neue Mineralien durch Umbildung der dort vorhandenen Mineralien: Granat, Chrysoberyll und Jadeit.
Eine ähnliche Wirkung erzielen magmatische Gase, die entlang von Spalten und Schloten benachbarte Gesteine durchdringen.
Zahlreiche Mineralien treten wegen gleicher und ähnlicher Entstehung in bestimmten Gemeinschaften, sogenannten Paragenesen, auf. Turmalin z. B. kann mit Quarz, mit Glimmer und Edelberyll auf der gleichen Kristallstufe stehen.

Nur vereinzelt dringt glühendflüssige Gesteinsschmelze aus dem Erdinnern an die Erdoberfläche. Hier fließt ein Lavastrom des Ätna auf die Ortschaft Zafferana zu. Vulkanausbruch vom April 1992, Ätna, Sizilien.

Die Kenntnis über die gesetzmäßige Zusammensetzung von Paragenesen kann bei der Edelsteinsuche von großem Vorteil sein.

Opalmine. *Die horizontal durch das Gestein verlaufenden hellen Adern bestehen aus einer grünlichen Opalart, dem Prasopal. Tansania.*

Eine größere Ansammlung nutzbarer Edelsteinmineralien heißt Lagerstätte. Nach der Art ihrer Entstehung unterscheiden wir primäre und sekundäre Lagerstätten.

Bei den Primärlagerstätten befinden sich die Edelsteinmineralien am Ort ihrer Entstehung, manchmal in bestimmten Gesteinslagen überproportional angehäuft, manchmal in Gängen und Adern oder in Hohlräumen des Gesteins konzentriert.

Sehr große und häufig gut ausgebildete Edelsteinmineralien findet man in sogenannten Pegmatiten, das sind zuletzt erstarrte Magmenkörper der Gesteinsschmelze im Erdinnern.

Werden die in festem Fels ursprünglich eingelagerten Edelsteinmineralien durch Verwitterung, d. h. durch Aufbereitung des Muttergesteins freigelegt, mit Hilfe des Wassers abtransportiert und an anderer Stelle wieder abgelagert, sprechen wir von einer sekundären Lagerstätte. Solche Lagerstätten spielen bei der Edelsteingewinnung insofern eine besondere Rolle, als man hier Edelsteine unter Umständen mit einfachsten Geräten, gelegentlich sogar ohne alle Hilfsmittel gewinnen kann. Manchmal braucht man sie nur aufzusammeln.

Vorkommen und Lagerstätten

Unter Vorkommen versteht man einerseits die Verbreitung von Edelsteinmineralien in verschiedenen Gesteinen, dann aber auch eine kleine Anhäufung wirtschaftlich kaum nutzbarer Mineralien und schließlich Fundstellen von Edelsteinmineralien schlechthin. Die meisten Mineralien mit Edelsteinqualität sind einzeln so in Gesteinen verstreut, daß man sie nur schwer finden kann oder daß eine Bergung wirtschaftlich nicht lohnt. Erst wenn sie in Gruppen auftreten, sei es von gleicher Art oder im Gemenge mit anderen Edelsteinmineralien, kann man sie gewinnbringend fördern.

Paragenese. *Eine Kristallstufe mit hellem Glimmer, schwarzem Turmalin und gelbem Citrin. Fundort Brasilien. (Natürliche Größe)*

Entstehung von Seifenlagerstätten

Eine örtliche Anhäufung von meist schwereren und gewöhnlich auch widerstandsfähigeren Edelsteinmineralien nennen wir nach einem alten Bergmannsausdruck Seife.

Ist die Ansammlung dadurch entstanden, daß die spezifisch leichteren und verwitterungsanfälligeren Bestandteile des Muttergesteins gelöst oder abtransportiert wurden, die schwereren Edelsteine also am Ort ihrer Entstehung verbleiben, sprechen wir von eluvialen Seifen.

Werden dagegen die Edelsteine abtransportiert und an anderer Stelle als Sediment gehäuft wieder abgelagert, haben wir es mit alluvialen Seifen zu tun, also mit einer sekundären Lagerstätte.

Je nach dem Transportmedium unterscheiden wir die durch Flüsse (fluvial oder fluviatil), in Seen (limnisch), im Meer (marin), an der Küste (litoral) oder durch Wind (äolisch) entstandenen Seifen. Die weiteste Verbreitung haben fluviale Seifen. Sie können in einem jetzt fließenden Gewässer liegen oder aber in einstigen Flußtälern, die schon lange kein Wasser mehr führen, zugefüllt wurden und deshalb nur

Smaragdmine. *Bergleute brechen in der Kontaktzone zwischen Pegmatit (links) und Glimmerschiefer (rechts) Smaragde aus dem Muttergestein. Mozambique.*

schwer in der Landschaft auszumachen sind.

Wassertransport bewirkt auf Grund schwankender Strömungen bei Sedimentation eine Sortierung des mitgeführten Materials. Die spezifisch schwereren Bestandteile werden bei Nachlassen der Strömungsgeschwindigkeit abgelagert, während die anderen Materialien weiterschwimmen. Da viele wertvolle Edelsteine (wie Diamant, Zirkon, Granat und Saphir, Chrysoberyll, Topas, Peridot und Turmalin) schwerer als die überall gegenwärtigen Quarz- und Feldspatsande sind, werden sie bei der Abnahme der Fließgeschwindigkeit eines Gewässers vor jenen abgelagert, also gemäß ihrer Schwere bei der Sedimentation sortiert. Dadurch sind diese Edelsteine an bestimmten Stellen häufiger anzutreffen als sonst, z.B. an der Innenseite von Mäandern (Flußbögen) oder bei mariner Ablagerung im Strömungsschatten von Brandungswellen.

Der Transport bedingt auch eine Qualitätsauslese. Weniger harte, sehr spröde oder von Rissen durchsetzte Edelsteinmineralien können nur kurze Transportwege überstehen. Kantengerundet werden sie aber alle.

Kristallstufe. *In Rauchquarz eingewachsene schwarze Turmalinkristalle. Fundort Brasilien. (Etwa natürliche Größe)*

Waschgrube. *Durch kreisende Bewegung wird das spezifisch schwerere, edelsteinhaltige Schürfgut im Korb angereichert, während die leichteren Tone und Sande wegschwimmen. Sri Lanka.*

Gewinnung der Edelsteine

Die Methoden, Edelsteine zu gewinnen, sind sehr unterschiedlich. Beim Diamant werden keine Mittel gescheut, beste Technik einzusetzen. Große Fabrikanlagen stehen zur Verfügung. In Sri Lanka dagegen, wo schon seit der Antike nach Edelsteinen geschürft wird, sind die Methoden der Edelsteingewinnung fast so primitiv wie vor 2000 Jahren.

Erst seit dem Zweiten Weltkrieg erfolgt bei steigender Edelsteinnachfrage in vielen Teilen der Welt eine zunehmende Mechanisierung der Schürfstätten. Bei der Smaragdgewinnung in Südafrika und in den Opalminen Australiens beispielsweise gibt es bereits stark mechanisierte Aufbereitungsanlagen.

Edelsteingewinnung aus festem Fels

Die in festem Fels eingewachsenen Edelsteine werden teils mit einfachen Brechstangen, teils aber auch mit Preßlufthämmern aus dem Verband gebrochen.

Die Auslese erfolgt gewöhnlich von Hand, selten auf Rütteltischen und nur ausnahmsweise in mechanischen Zerkleinerungsanlagen.

Untertagebau mit senkrechten Schächten oder horizontalen Stollen gibt es schon seit Jahrhunderten: bei der Gewinnung von Lapislazuli in Afghanistan z. B. seit eh und je mit einfachsten Mitteln, in den modernen Turmalinminen von Minas Gerais/Brasilien mit motorgetriebenen Bohrgeräten und elektrisch gezündeten Sprenganlagen betrieben.

Den größten Aufwand bei der Gewinnung von Edelsteinen aus festem Fels findet man beim Diamantschürfen. Hier stehen Konzerne mit immenser Finanzkraft dahinter. Die heutigen Abbaue sind mehr als nur hochmechanisiert, es sind Industrieanlagen mit allem technischen Komfort, den die Wissenschaft anzubieten hat. Tagbaue umfassen mehr als ein Dutzend Hektar, der unterirdische Abbau führt über 1000 m in die Tiefe (s. S. 20). Der große Diamantenbedarf läßt hier auch weiterhin bedeutende Investitionen erwarten.

Spinellgrube. *In enger Schürfgrube wird das edelsteinhaltige Lockermaterial in einen Korb gefüllt und dann mit einer Bambusstange nach oben befördert. Die einzige Aussteifung dieses Schachts sind einige Querhölzer, die gleichzeitig als Aufstiegshilfe dienen. Sicherheitshelm oder sonstiger Körperschutz sind unbekannt. Birma.*

Schürfen auf Seifenlagerstätten

Die Methoden der Edelsteingewinnung auf Seifenlagerstätten sind – mit Ausnahme bei Diamanten – gewöhnlich sehr primitiv, in einigen Ländern wie vor 2000 Jahren.

Mit Hacke oder einem spatenähnlichen Stecheisen wird der sandige oder tonhaltige Boden gelockert, in flachen Körben abtransportiert, um dann nach Edelsteinen untersucht zu werden.

Da sich die meisten Edelsteinlagerstätten in Ländern und Gegenden befinden, wo große Armut und Arbeitslosigkeit herrschen, ist der Einsatz von Handarbeit billiger als aufwendige Maschinen. Das gilt insbesondere für Süd- und Südostasien, für weite Teile Afrikas und für Lateinamerika.

Oftmals sind die Lagerstätten aber auch so klein, daß eine größere Investition nicht lohnt.

Liegen die edelsteinführenden Schichten unter der Oberfläche, werden die überlagernden Tone und Sande abgeräumt, manchmal auch Gruben ausgehoben, bei tieferen Lagen Schächte hinabgeführt. Die von Hand gegrabenen Förderschächte können bis 10 m tief sein. Nur wichtige Niedergänge, von denen z. B. an der Sohle Querschächte abzweigen, werden ordent-

lich ausgesteift. Sonst wird jede Kosten verursachende Arbeit oder Leistung vermieden, wenn sie nicht unmittelbaren Vorteil bei der Gewinnung zeigt. Die einzige moderne Errungenschaft in diesen Edelsteinminen sind Motorpumpen. Sie heben das in die Grube oder Schächte eindringende Regen-, Grund- und Sickerwasser. Ohne sie müßten die Schürfarbeiten zeitweilig unterbrochen werden, weil die menschliche Arbeitskraft das Grubenwasser, vor allem nach Starkregen, nicht so schnell beseitigen könnte.

Stufenartige Aufbereitungsanlage zur Edelsteingewinnung. Birma.

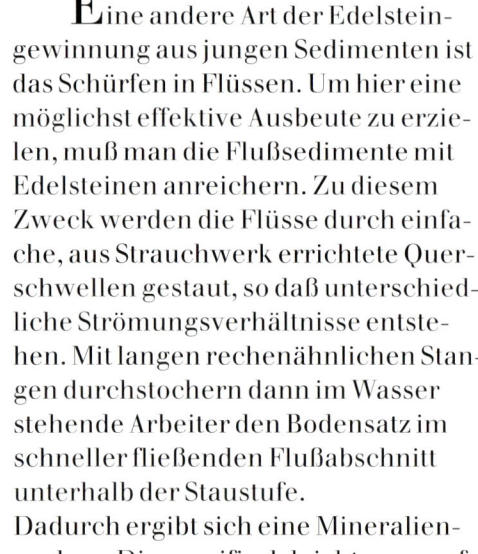

Eine andere Art der Edelsteingewinnung aus jungen Sedimenten ist das Schürfen in Flüssen. Um hier eine möglichst effektive Ausbeute zu erzielen, muß man die Flußsedimente mit Edelsteinen anreichern. Zu diesem Zweck werden die Flüsse durch einfache, aus Strauchwerk errichtete Querschwellen gestaut, so daß unterschiedliche Strömungsverhältnisse entstehen. Mit langen rechenähnlichen Stangen durchstochern dann im Wasser stehende Arbeiter den Bodensatz im schneller fließenden Flußabschnitt unterhalb der Staustufe.

Dadurch ergibt sich eine Mineralienauslese. Die spezifisch leichteren, aufgewühlten Quarzsande werden durch das Flußwasser weiter weggeführt als die schwereren Edelsteinmineralien. Das auf diese Weise im Fluß angereicherte Edelsteinsubstrat wird dann in Körben gesammelt und an Land einer endgültigen Auslese zugeführt.

Schürfen im edelsteinhaltigen Bodensatz eines Flusses. Sri Lanka.

Die eigentliche Gewinnung der Edelsteine aus dem Schürfgut erfolgt durch weiteres Abscheiden der leichteren Mineralien mit Hilfe des bewegten Wassers. Das kann durch treppenartige Kunstbauten erfolgen oder durch Bewegen in wassergefüllten Gruben. Bei den Kunstbauten werden die sandigen Tone durch das über mehrere Stufen fließende Wasser nach der spezifischen Schwere immer wieder differenziert, so daß sich auf der untersten Stufe das größtmögliche Konzentrat von schweren Mineralien und kleinen Steinen ansammelt. Hier wird dann durch einen Sortierer von Hand verlesen. Nur einen ganz geringen Prozentanteil machen die Edelsteine aus. Oftmals sind nur zwei oder drei Steine mit Edelsteinqualität dabei.

Smaragdmine in tief zersetztem Gestein. Mozambique.

Weniger aufwendig als bei Kunstbauten ist die Edelsteinanreicherung durch Bewegen der edelsteinhaltigen Erde in Wassergruben. Halbgefüllte flache Körbe werden dabei kreisförmig so geschwenkt, daß die leichteren, aufgeschwemmten Quarzkörner über den Rand des Korbs weggleiten, während sich die spezifisch schwereren Mineralien am Boden des Korbs ansammeln. Die letzte Auslese eines jeden Setzguts im Korb erfolgt von Hand.
All die verschiedenen Methoden der Konzentratanreicherung durch bewegtes Wasser haben den großen Nachteil, daß kleine Edelsteinstücke nicht eingefangen werden können. Wegen ihrer geringen Größe schwemmt das Wasser sie trotz größerer Schwere mit den Sandkörnern weg.
Frauen und Kinder der Minenarbeiter, aber auch von weither angereiste Glücksritter versuchen unterhalb der Minen ihr Glück. Manchmal gelingt ein größerer Fund, ein Edelstein, der all die Mühen lohnt.

Edelsteine im verwitterten Fels

Eine Edelsteingewinnung im angewitterten oder stark zersetzten Gestein muß nicht einfacher als im festen Fels sein. Sie verlangt andere Schürfmethoden.
Wenn die Felspartien tief zersetzt sind, genügen oft Hacke und Schaufel, um das gelockerte Material zu weiterer Aufbereitung zu transportieren. Andernfalls müssen partienweise Meißel, Brechstange oder Preßlufthammer, manchmal sogar erhebliche Mengen Sprengstoff eingesetzt werden.
Sind die Felswände an ihren Flanken vom Verwitterungsschutt verhüllt, kann hier der Einsatz von Wasser bei der Aufbereitung des edelsteinhaltigen Schutts hilfreich sein. In brasilianischen Minen werden schon seit Jahren Wasserkanonen mit Erfolg bei der Sortierung des topashaltigen Hangschutts eingesetzt.

Diamantlagerstätten

Die Gewinnung von Diamanten nimmt insofern eine Sonderstellung gegenüber allen anderen Edelsteinen ein, als sie normalerweise mit großem Kapitaleinsatz und dementsprechend jeweils immer nach modernsten Methoden erfolgt.

Zwar gibt es auch beim Diamantschürfen noch einzelne Kleinstbetriebe, die mit Schaufel, Sieb und Handtrommel arbeiten, ihr Anteil an der Weltproduktion von Diamanten ist aber ohne jede Bedeutung.

Bis 1871 wurden Diamanten nur aus Edelsteinseifen ausgewaschen. Seitdem begann eine Diamantenförderung auf primärer Lagerstätte, in den Schloten der sonst abgetragenen Vulkane, in den sogenannten Pipes. Hier liegen die Diamanten im Kimberlit, dem Muttergestein, eingebettet.

In gewaltigen Tagebauen werden die alten Vulkanschlote ausgeräumt. Fabrikähnliche Anlagen mit Förderstraßen, riesige Hallen für die Steinbrecher und Sortiermaschinen, ebenso Verwaltungsgebäude und Wohnstätten umgeben die Mine und die berghohen Schutthalden.

Wenn ein Tagebau nicht mehr lohnt, weil seitlich zu viel taubes Gestein abgeräumt werden müßte, geht man zum Untertagebau über. Von senkrechten Schächten aus werden dann Querstollen in den tiefliegenden Teil der Pipes getrieben (s. S. 63).

Um eine optimale Produktion solch aufwendiger Anlagen zu erreichen, bedarf es jahrelanger Vorbereitungen, nicht nur in technischer Hinsicht, sondern auch wegen des großen Wasserbedarfs. Ganze Flußsysteme wurden deshalb schon umgeleitet.

Nicht weniger aufwendig ist die Diamantgewinnung auf Seifenlagerstätten. In Namibia z. B. werden die Wasser des Atlantiks mit gewaltigen Dämmen ein Stück zurückgedrängt, um die diamanthaltigen Strandseifen abräumen zu können. Bis zu 30 m überlagernde Sand- und Konglomeratdecken müssen erst abgetragen werden, bevor man die Diamantseifen abheben kann. Spezialfahrzeuge besorgen den Transport.

Diese Diamantseifen an der Atlantikküste sind insofern besonders interessant, weil sie einen Einblick in den erdgeschichtlichen Ablauf von ganz Südafrika gestatten. Andererseits sind die erdgeschichtlichen Kenntnisse eine Voraussetzung für weitere Diamantenprospektion in dieser Gegend. Nachdem wir wissen, daß Diamantlagerstätten letztlich im Zusammenhang mit vulkanischen Durchschlagsröhren, den Pipes, stehen, an der Atlantikküste aber keine Vulkanreste existieren, müssen die Diamanten von weither antransportiert worden sein. Sie stammen tatsächlich alle aus der zentralen Beckenlandschaft Südafrikas.

Hier standen vor vielen Millionen Jahren gewaltige Vulkane, die in ihren Schloten Diamanten trugen. Nachdem diese Vulkane erloschen waren, fielen sie der Verwitterung anheim, wurden zerstört und eingeebnet. Mit dem Abtrag der Vulkanberge und einer Erniedrigung der ganzen Umgebung wurden die in den tiefliegenden Vulkanschloten eingeschlossenen Diamanten frei. Sie wanderten mit Stein- und Felsbrocken, mit Ton und Sand entlang der Flüsse zu tieferen Lagen. Durch stratigraphische Untersuchungen konnte man feststellen, daß das Landniveau des zentralen Südafrika durch Abtrag um etwa 1000 m erniedrigt worden ist.

Die Finsch-Mine in der nördlichen Kapprovinz, 1965 in Betrieb genommen, ist der größte Diamantenproduzent Südafrikas. Der alte Vulkanschlot, an der Oberfläche etwa 18 Hektar groß, ist mittlerweile über zwanzig Schürfsohlen tief. Der Hauptanteil an geförderten Diamanten ist nur für Industriezwecke geeignet.

Da die Entwässerung des südafrikanischen Beckens nur nach Westen gerichtet ist, konnten auch die Diamanten nur diesen Weg nehmen. Schließlich gelangten sie über die Flüsse bis zum Atlantik, wo sie durch Meeresströmungen und Brandungswellen entlang der Küste verteilt wurden.

Der Oranje, der Hauptzubringer der Diamanten, muß seinen Lauf wiederholt verlagert haben, denn wir finden Diamanten nicht nur nördlich der heutigen Mündung, sondern auch südlich davon, was bei dem nördlich gerichteten Benguela-Küstenstrom sonst nicht möglich wäre.

Daß die Diamanten vom Oranjefluß verschwemmt wurden, bezeigt auch die Tatsache, daß die Diamantkristalle weitab von der Oranjemündung immer kleiner werden.

In mehrstöckigen Hallen erfolgt schließlich die Gewinnung der Diamanten aus dem Kimberlit bzw. aus den sandig-steinigen Seifen. Am einfachsten ist ihre Gewinnung aus dem stark verwitterten »yellow ground«. In Rührwerken werden sie einfach ausgewaschen.

Der breccienartige »blue ground« (das ist der steinharte Kimberlit unterhalb des yellow ground) dagegen muß in Steinbrechern erst zerkleinert werden, bevor man ihn in Waschpfannen weiter verarbeiten kann.

Die Auslese der Diamanten aus dem Gesteinsschlamm erfolgt vollautomatisch. Dabei nützt man bestimmte Eigenschaften dieses Edelsteins, z. B. die Haftfähigkeit an allen fettartigen Substanzen. Auf Rütteltischen mit fettigen Transportbändern bleiben viele Diamanten haften, während andere Mineralien weggleiten.

Durch den Einsatz von Fotozellen und Röntgenstrahlen sowie durch elektrostatische Trennung des Konzentrats können auch kleinste Diamantsplitter gewonnen werden, die zwar für Schmuckzwecke nicht geeignet sind, wohl aber für technische Geräte, wie Schneid-, Bohr- und Schleifwerkzeuge, verwendet werden können. Die letzte Auslese erfolgt immer von Hand.

In der Mine von Oranjemund/Namibia werden Diamanten aus Edelsteinseifen gewonnen. Riesige Dämme drängen das Wasser des Atlantiks zurück, damit die diamanthaltigen Strandseifen abgetragen und ausgewaschen werden können.

Die Luftaufnahme zeigt einen bis zum felsigen Untergrund ausgeräumten, etwa 30 m tiefen Trog. In Namibia ist der Anteil der guten Qualitäten, d.h. der für Schmuckzwecke geeigneten Diamanten besonders hoch.

Nachdem die edelsteinhaltigen Sande mit Großraumfahrzeugen abgetragen wurden, räumen Minenarbeiter mit Schaufel und langhaarigen Besen jede Vertiefung des einstigen Meeresbodens aus. Gerade hier können sich größere Diamanten verbergen.

Durchschnittliche Diamantproduktion eines Tages in der Mine von Oranjemund/ Namibia. Der größte Diamant rechts im Bild (mit Etikett darunter) wiegt 56 Karat.

Schönheit und Härte
Eigenschaften der edlen Steine

Bei den Edelsteinen ist die Häufung edler Eigenschaften besonders groß. Deshalb heben sie sich vom Allgemeinen deutlich ab und erfahren durch spezielle Bearbeitung sogar noch eine Steigerung ihrer Extravaganz.

Die Kristallsysteme

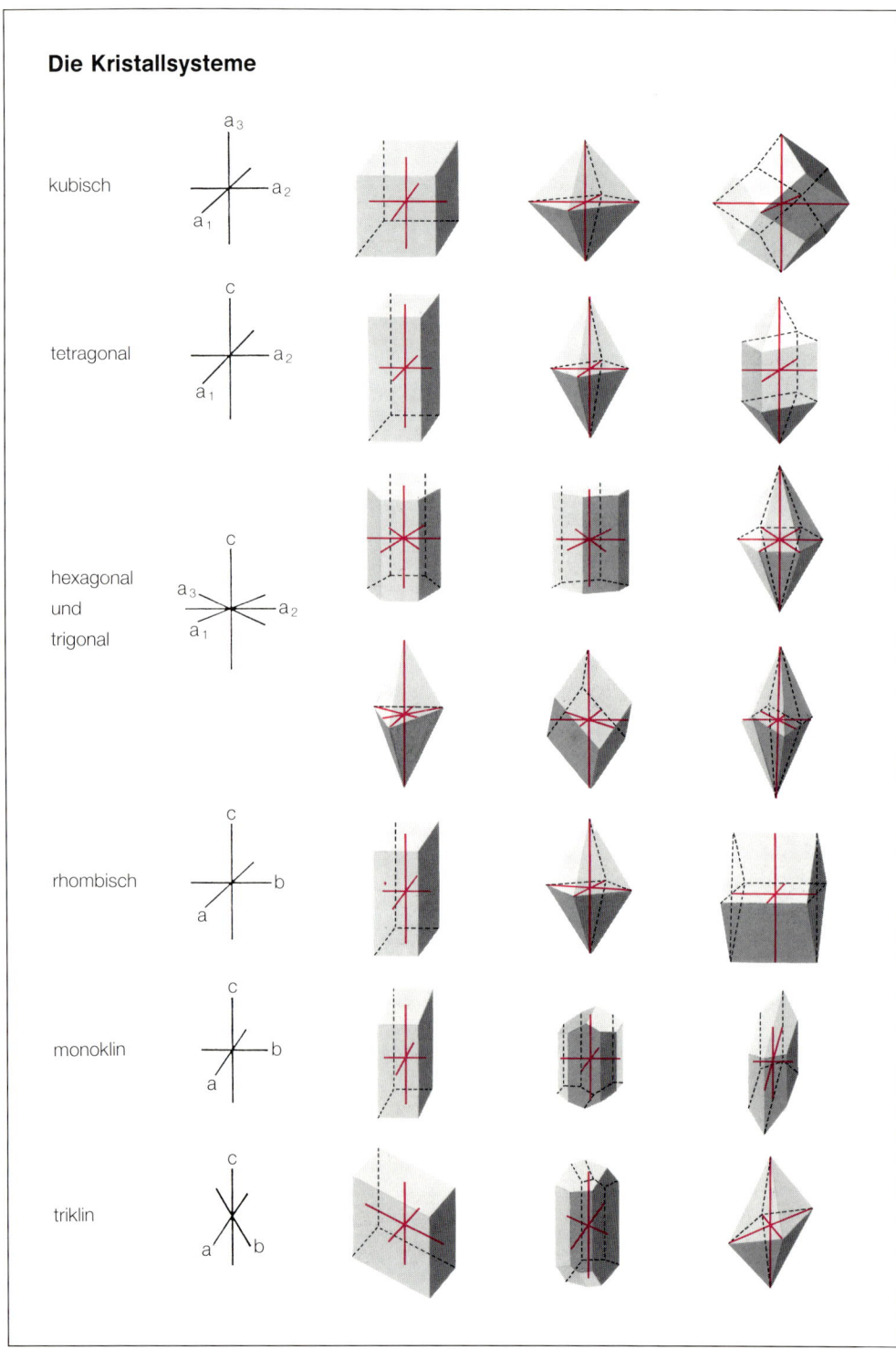

kubisch

tetragonal

hexagonal und trigonal

rhombisch

monoklin

triklin

Die meisten Edelsteine gehören zum Mineralreich. Dementsprechend sind die Eigenschaften der edlen Steine vom Aufbau und der chemischen Zusammensetzung der Mineralien abhängig. Die stoffliche Zusammensetzung der Mineralien wird durch eine chemische Formel dargestellt. Diese Formel ist idealisiert. Sie nennt nur die Hauptbestandteile der Mineralien. Kleinste Beimengungen, selbst wenn sie die Farbe bedingen, bleiben unberücksichtigt.

Kristalle. Fast alle Mineralien entwickeln bestimmte Kristallformen, d. h. stofflich einheitliche Körper mit einem gesetzmäßigen Innenbau, mit strenger Anordnung der Atome, Ionen oder Moleküle. Die Komposition dieser kleinsten Teilchen nennen wir das Raum- oder Kristallgitter. Es bestimmt die physikalischen Eigenschaften der Kristalle, also auch der edlen Steine, so die äußere Form, Härte und Spaltbarkeit, Art des Bruchs und die optischen Erscheinungen.
Die Verschiedenartigkeit der Kristallgitter erklärt auch, daß Mineralien zwar die gleiche chemische Zusammensetzung haben können, aber dennoch selbständige Individuen sind. Diese Erscheinung, daß die gleiche chemische Substanz in verschiedener Kristallgestalt auftreten kann und damit verschiedene Mineralien bildet, nennt man in der Fachsprache Polymorphie, die Einzelstrukturen heißen Modifikation. Kohlenstoff z. B. erscheint in den Modifikationen Graphit und Diamant (s. Graphik S. 24), Kieselsäure in den Modifikationen Quarz, Opal und einigen anderen, in der Edelsteinkunde nicht relevanten Mineralien.
Mineralien mit einem Kristallgitter werden kristallin genannt, solche ohne Kristallstruktur, also ohne innere ge-

Die sieben Kristallsysteme mit einigen typischen Kristallformen. Die geometrische Form der Kristalle wird immer vom jeweiligen Kristallsystem bestimmt.

setzmäßige Ordnung der kleinsten Bauteilchen, bezeichnen wir als amorph. Die meisten Mineralien sind kristallin, amorph ist z. B. Opal.

Jeder Kristall – auch der gleichen Mineralart – sieht etwas anders aus, weil sich einige Kristallflächen auf Kosten der anderen besser entwickeln konnten. Die Idealform wird fast nie erreicht. Aber trotz des verschiedenen Aussehens gibt es bei den Kristallen klar erkennbare Gesetzmäßigkeiten, denn die Kantenwinkel sind bei derselben Kristallart immer gleich.

Wenn Kristalle der gleichen Art und der gleichen Form gesetzmäßig miteinander verwachsen sind, sprechen wir von Zwillingen, Drillingen usw., je nachdem, wieviele Individuen beteiligt sind.

Zusammengefügte Mineralgemenge ohne gesetzliches System nennt man Mineralaggregat oder Mineralvergesellschaftung, bei großräumiger Ansammlung Gestein. Ein Aggregat mit einzeln stehenden, gut ausgebildeten Kristallen heißt Stufe.

Alle kristallinen Mineralien lassen sich auf 7 Kristallsysteme (kubisch, tetragonal, hexagonal, trigonal, rhombisch, monoklin, triklin) zurückführen. Die Unterscheidung dieser Systeme erfolgt nach den Kristallachsen und den Winkeln, unter denen sich die Achsen schneiden. Die geometrische Form der Kristalle wird vom jeweiligen Kristallsystem bestimmt.

Die Farbe der Edelsteine. Für den Edelsteinfreund steht die Farbe des Schmucksteins zunächst im Vordergrund. Farben entstehen durch die Sinneswahrnehmung des Auges von elektromagnetischen Schwingungen bestimmter Wellenlängen. Die Gesamtheit des vom Auge aufnehmbaren Wellenbereichs erscheint uns als weißes Licht (z. B. Sonnenlicht). Die

Einzelanteile dieses Wellenbereichs und damit auch des weißen Lichts sind die Spektralfarben Rot, Orange, Gelb, Grün, Blau und Violett.

Wird ein Wellenbereich des weißen Lichts absorbiert, ergibt sich aus dem übrigbleibenden Gemisch eine bestimmte Farbe, aber nicht mehr Weiß. Werden alle Wellenlängen durchgelassen, ist der Stein farblos. Wird dagegen

alles Licht absorbiert, erscheint der Edelstein schwarz.

Farbgebende, d. h. bestimmte Wellenlängen des weißen Lichts absorbierende Substanzen sind bei den Edelsteinen gewöhnlich Metalle und ihre Verbindungen, insbesondere Chrom, Eisen, Kobalt, Kupfer, Mangan, Nickel und Vanadium.

Ursache für die rote Farbe des Rubins

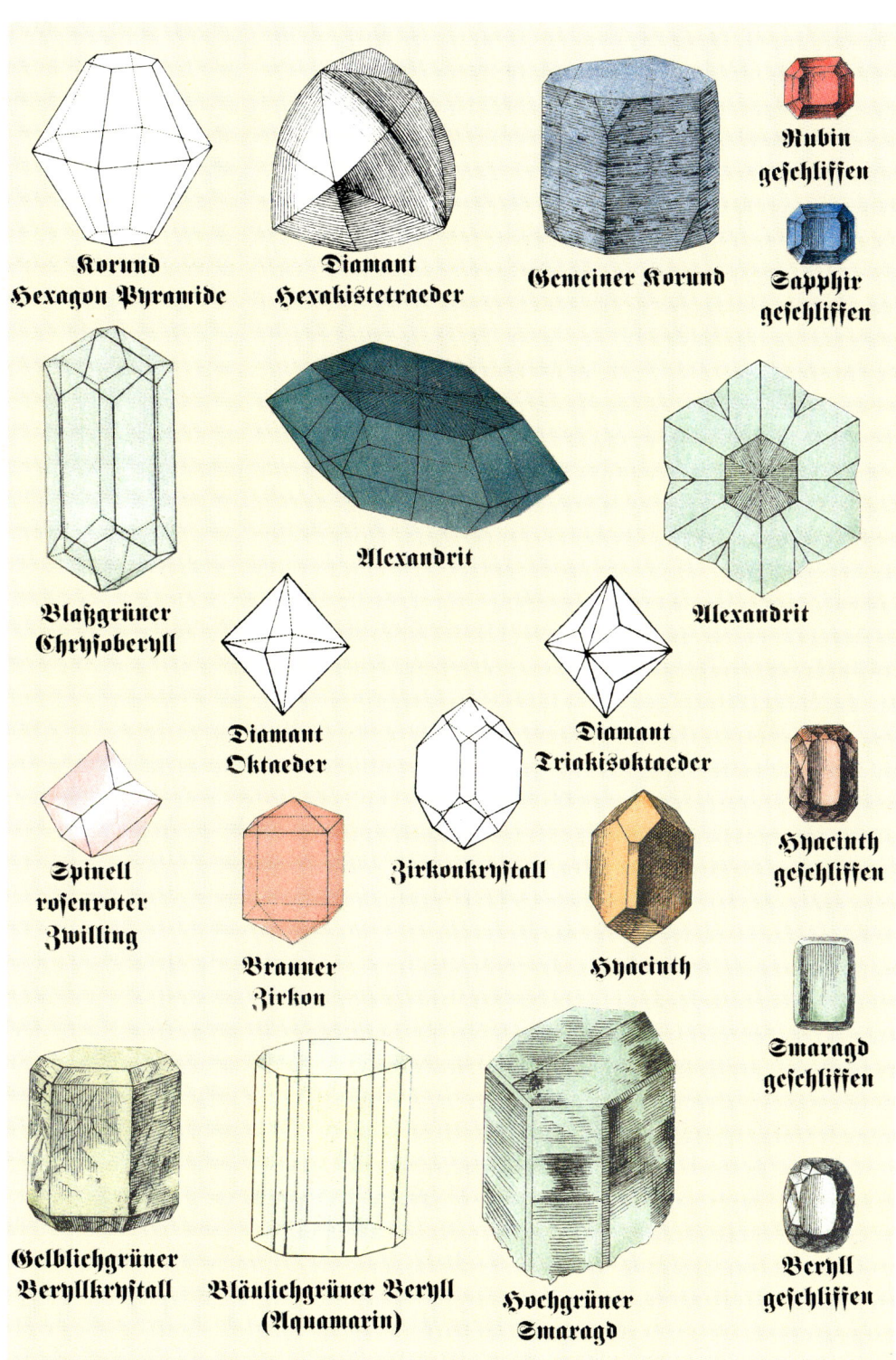

Eine Auswahl von Kristallformen, wie sie schon vor hundert Jahren richtig erkannt und dargestellt wurden. Nach A. Kenngott, »Illustrierte Mineralogie«, Eßlingen und München, etwa 1890.

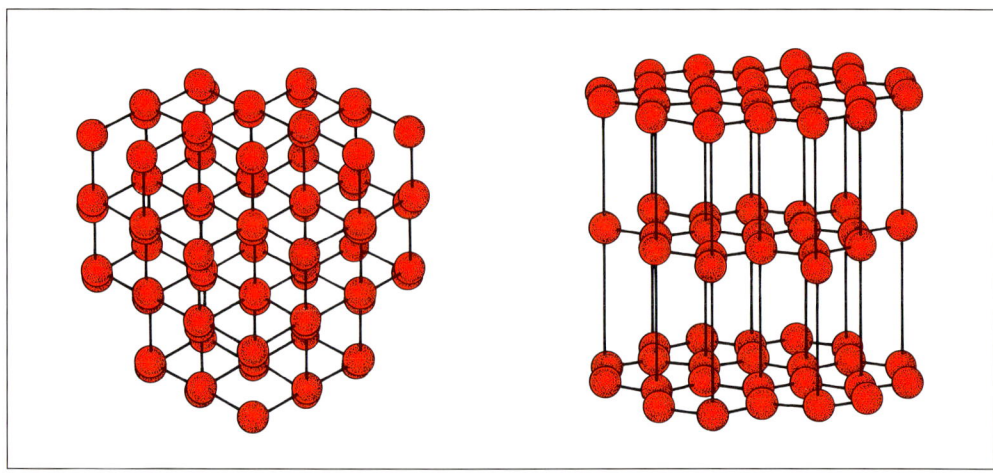

Der strukturelle Aufbau von Diamant (links) und Graphit (rechts) zeigt wesentliche Unterschiede, obwohl beide Mineralien aus der gleichen Substanz bestehen, nämlich aus reinem Kohlenstoff. In der dichteren Packung der Atome ist u. a. die große Härte des Diamants begründet, die schichtweise Anordnung der Atome beim Graphit verrät die leichte Abgliederungsfähigkeit entlang dieser Richtungen.

z. B. ist Chrom, für den blauen Saphir Eisen und Titan, für den grünen Smaragd Chrom und Vanadium, für den wasserblauen Aquamarin Eisen, für schwarzen Turmalin Titan, für den violettblauen Kunzit Mangan und für den grünblauen Amazonit Kupfer.

Bei Zirkon und Rauchquarz ist keine Metallsubstanz für die Farbe verantwortlich, sondern eine Deformation des inneren Aufbaus, des Kristallgitters, infolge kurzwelliger Strahlen der Atmosphäre, wodurch es zu einer selektiven Absorption bestimmter Wellenlängen kommt.

Kunstlicht hat auf die Farbe der Edelsteine Einfluß, da es anders zusammengesetzt ist als das Tageslicht. Es gibt Edelsteine, deren Farbe bei Kunstlicht ungünstig beeinflußt wird (z. B. Saphir) und solche, die bei künstlichem Licht besonders strahlend wirken (wie Rubin und Smaragd). Ein Phänomen besonderer Art ist Alexandrit. Am Tag ist er grün, abends bei Kunstlicht rot (s. S. 76).

Lichtbrechung und Dispersion. Die Lichtbrechung, d. h. die Ablenkung eines schräg geführten Lichtstrahls beim Übergang von einem Medium (z. B. Luft) in ein anderes (z. B. Edelsteinkristall) ist eine wichtige Bestimmungshilfe bei Edelsteinen. In der Praxis erfolgt deren Messung gewöhnlich mit einem Refraktometer. Aus einer Skala können die Werte in Ziffern unmittelbar abgelesen werden.

Bei allen Edelsteinen, außer Opal und jenen, die dem kubischen System angehören, wird der Lichtstrahl beim Eintritt in den Kristall nicht nur gebrochen, sondern auch gleichzeitig in zwei Strahlen zerlegt. Das ist die sogenannte Doppelbrechung. Sie tritt bei Zirkon, Titanit und Peridot besonders deutlich zutage. Mit bloßem Auge kann man bei ihnen eine Verdopplung der unteren Facettenkanten erkennen. Hier ist die Aufgabe des Schleifers, den Edelstein so zu bearbeiten, daß die Doppelbrechung als möglichst wenig störend empfunden wird.

Beim Durchgang durch einen Kristall wird das weiße Licht aber nicht nur gebrochen, sondern auch in seine Spektralfarben aufgefächert. Das hängt damit zusammen, daß die Spektralfarben des Lichts verschiedene Wellenlängen haben und dementsprechend unterschiedlich gebrochen werden. Diese Zerlegung des weißen Lichts in die Regenbogenfarben heißt Dispersion. Nur bei farblosen Edelsteinen gibt es eine gute Dispersion. Beim Diamant, wo die Farbzerstreuung besonders groß ist, entsteht auf diese Weise ein prächtiges Farbenspiel, das »Feuer«.

Transparenz und Glanz. Für die meisten Edelsteine ist die Transparenz (Durchsichtigkeit) ein Wertfaktor. Einschlüsse von Fremdstoffen oder Luftblasen wie auch Risse im Kristallinneren beeinträchtigen die Transparenz. Die Lichtdurchlässigkeit kann auch durch starke Absorption im Kristall behindert werden.

Wir unterscheiden durchsichtige, durchscheinende (halbdurchsichtige) und undurchsichtige Edelsteine. Körnige, stenglige oder fasrige Aggregate, wie Chalcedon, Lapislazuli, Türkis oder Malachit, sind undurchsichtig, weil sich das Licht hier an all den vielen kleinen Grenzflächen immer wieder bricht, bis es schließlich vollends re-

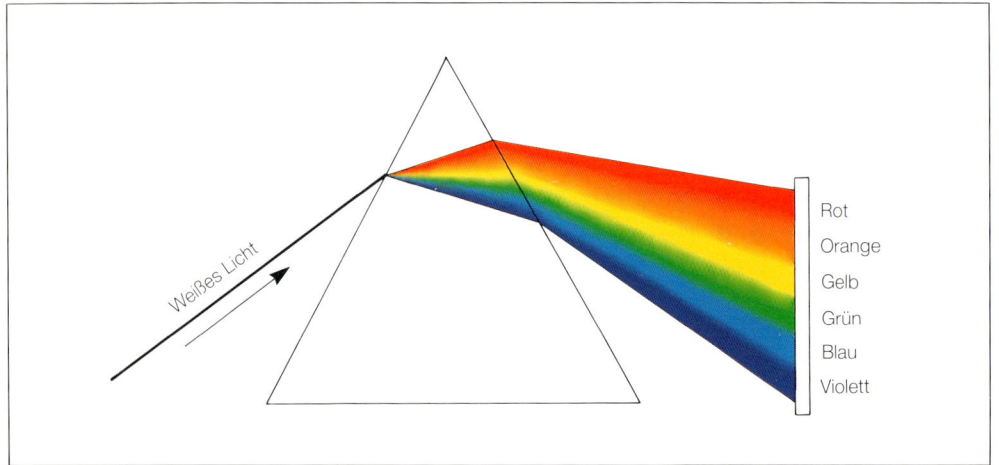

Lichtbrechung und Aufgliederung (Dispersion) von weißem Licht in die Spektralfarben beim Gang durch ein Prisma.

flektiert oder absorbiert wird. Wenn das Licht einen Edelstein stark geschwächt verläßt, spricht man von durchscheinenden Steinen.

Ebenso wie die Transparenz hat auch der Glanz Einfluß auf die Wertschätzung eines Edelsteins. Der Glanz entsteht durch Reflexion, d. h. durch Rückspiegelung von Teilen des einfallenden Lichts an der Oberfläche. Er ist vom Brechungsindex des Steins und von der Beschaffenheit der Steinoberfläche abhängig, nicht aber von der Farbe. Je höher die Lichtbrechung und je glatter die Steinoberfläche, desto stärker ist der Glanz. Eine gute Politur glättet die Oberfläche eines Edelsteins und erhöht dadurch den Glanz.

Am meisten geschätzt ist Diamantglanz, am weitesten verbreitet ist Glasglanz. Fett-, Metall-, Perlmutter-, Seiden- und Wachsglanz sind verhältnismäßig selten. Nichtglänzende Steine bezeichnet man als matt.

Der Begriff Brillanz wird in der Edelsteinpraxis kaum verwendet, er ist auch nicht überzeugend definiert. Im großen und ganzen versteht man darunter all jene Lichteffekte, die sich an der Oberfläche eines facettierten Edelsteins ergeben, das sind Glanz und Reflexion des einfallenden Lichts durch die unteren Facetten eines Edelsteins. Beim Diamantschliff ist der ideale Zustand einer Totalreflexion und damit höchste Brillanz erreicht.

Lichtfiguren und Flächenschiller.

Bei vielen Edelsteinen gibt es streifenartige Lichtfiguren und flächenhaften Schiller, die weder von der Eigenfarbe noch von der stofflichen Zusammensetzung des Steins abhängen. Sie beruhen vielmehr auf Reflexions-, Interferenz- und Beugungserscheinungen des Lichts.

Der Labradorit (eine Feldspatvarietät) zeigt z. B. ein Farbenspiel in metallisch glänzenden Tönen, häufig mit blauen und grünen Effekten, das sogenannte Labradorisieren. Ursache des Schillerns sind wahrscheinlich Interferenzerscheinungen an Zwillingslamellen. Das buntfleckige Farbenspiel des Opals, das Opalisieren, wird von keinem Edelstein übertroffen. Seine Viel-

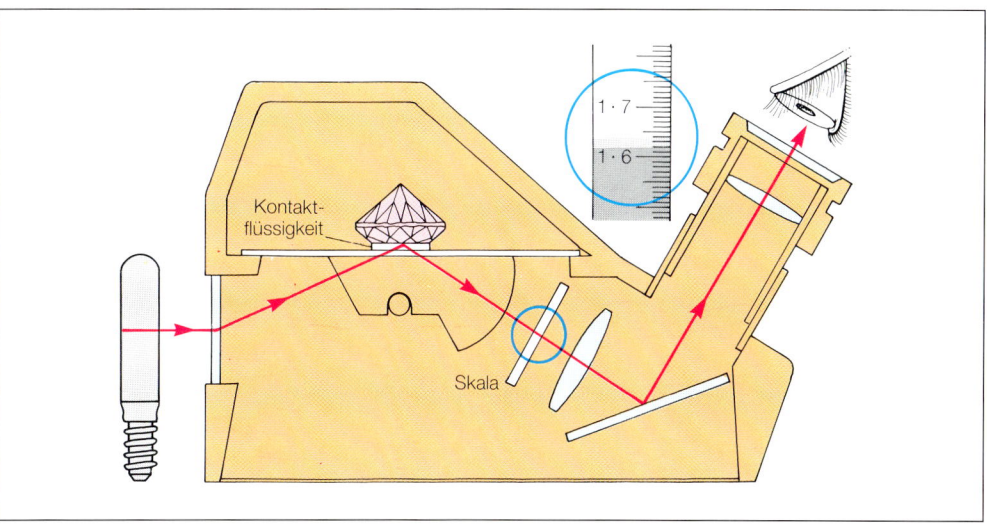

falt scheint die ganze Palette bunter Farbenpracht in sich zu vereinigen (s. S. 96).

Bei einigen Edelsteinen, wie beim Mondstein, entsteht durch Reflexion an feinfasrigen Einlagerungen bzw. Hohlkanälen seidenartiger Glanz, in Fachkreisen Seide genannt. Sind die eingelagerten Nadeln parallel gerichtet und zahlreich, kann sich bei entsprechendem Cabochonschliff ein »Katzenaugeneffekt« (Chatoyieren) einstellen, eine Lichterscheinung, die an das schlitzartige Auge einer Katze (oder anderer Tiere) erinnert. Bekannt ist das Catoyieren bei Falken- und Tigerauge (s. S. 89). Das edelste Katzenauge zeigt Chrysoberyll (s. S. 76).

Wenn die reflektierenden Fasern in verschiedenen Richtungen angehäuft liegen und sich unter bestimmten Winkeln schneiden, zeigen sich bei hoch mugeligem Cabochonschliff vier- oder sechsstrahlige Sterne. Diese Erscheinung der sternförmigen Lichtstreifen heißt Asterismus. Rubin- und Saphirsterne sind besonders eindrucksvoll.

Das spezifische Gewicht.

Unter dem spezifischen Gewicht (in der Fachsprache Dichte genannt) versteht man das Gewicht eines Stoffes in bezug auf das Gewicht des gleichen Volumens Wasser. Ein Edelstein mit dem spezifischen Gewicht 2,6 ist also 2,6 mal so schwer wie das gleiche Volumen Wasser.

Das spezifische Gewicht der Edelsteine schwankt zwischen 1 und 7. Werte un-

Links: *Der Sternrubin »Rosser Reeves Ruby«*
gilt als der schönste Sternrubin der Welt,
138,7 Karat. Fundort Sri Lanka.
Smithsonian-Museum, Washington.
Rechts: Der Sternsaphir »Star of Asia« ist
einer der größten seiner Art, 330 Karat.
Fundort Birma. Smithsonian-Museum,
Washington.

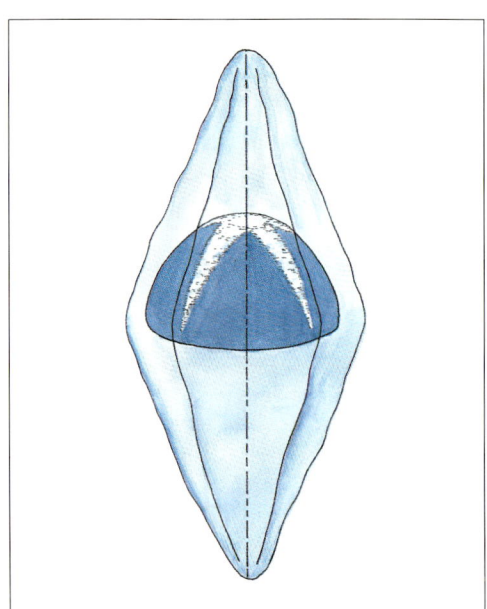

Nur bei richtiger Orientierung zur Haupt-
achse des Kristalls gelingt dem
Edelsteinschleifer ein perfekter Stern.

ter 2 werden als leicht empfunden (z. B.
Bernstein 1,1), solche von 2 bis 4 als
normal (z. B. Bergkristall 2,6) und jene
über 4 erscheinen uns als schwer (z. B.
YAG 4,6). Die wertvolleren Edelsteine
(wie Diamant, Rubin, Saphir, Granat,
Topas) haben ein spezifisches Gewicht,
das über dem von Quarz und Feldspat
liegt. Daher werden sie in Fließgewäs-
sern vor den quarzreichen Sanden
abgelagert und bilden dort durch Anhäufung die sogenannten Seifenlagerstätten (s. S. 18).

Spaltbarkeit. Viele Edelsteine lassen
sich nach ebenen Flächen spalten. Der

Fachmann spricht dann von einer
Spaltbarkeit. Sie ist vom Gitterbau der
Kristalle, von den Kohäsionskräften
zwischen den Atomen abhängig. Je
nachdem, wie leicht sich ein Mineral
spalten läßt, unterscheidet man eine
sehr vollkommene, eine vollkommene
und eine unvollkommene Spaltbarkeit.
Es gibt auch Edelsteine, die sich überhaupt nicht spalten lassen. Man kann
diese nur zertrümmern.

Edelsteinschleifer und Fasser müssen
auf die Spaltbarkeit Rücksicht nehmen.
Eine starke Beanspruchung kann die
Spaltbarkeit auslösen. Oft genügt
schon ein kleiner Schlag oder ein über-
mäßiger Druck bei der Materialprü-
fung. Beim Löten können sich auf
Grund der Temperaturspannungen im
Stein Risse entlang von Spaltflächen
bilden, die nicht nur eine Wertminde-
rung darstellen, sondern auch die Gefahr in sich bergen, daß der Edelstein
entlang dieser Linien eines Tages aus-
einanderbricht.
Mit Hilfe der Spaltbarkeit wurden
früher große Edelsteine geteilt oder
fehlerhafte Stellen abgegliedert. Heute
werden die Rohsteine vorzugsweise gesägt, um eine ungewollte Spaltung zu
vermeiden.

Mondstein mit seidigem Schimmer und
breitem Katzenauge. Fundort Sri Lanka.
(Etwa doppelte Vergrößerung)

Die Härte der Edelsteine. Wenn wir
von der Härte eines Edelsteins sprechen, ist gewöhnlich die Ritzhärte gemeint. Das ist der Widerstand, den ein
Edelstein beim Ritzen mit einem spitzen Gegenstand entgegensetzt.
Diese Ritzhärteprüfung geht auf den
Wiener Mineralogen Friedrich Mohs
(1773–1839) zurück. Nach ihm wird die
Ritzhärte auch Mohshärte genannt.
Mohs wählte zehn verschieden harte
Mineralien als Vergleichsstücke und
gab ihnen die Grade 1 bis 10. Jedes in

Rauchquarz mit sechsstrahligem
Rutileinschluß und Hämatitkern. Fundort
Brasilien. (Etwas vergrößert)

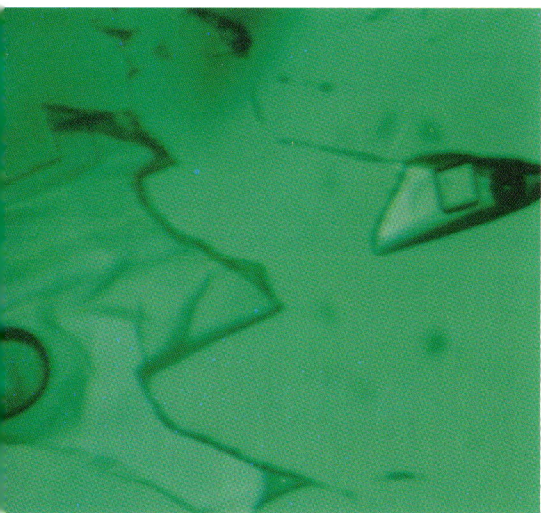

Natürlicher Smaragd. Typische Einschlüsse in einem Smaragd aus der Muzo-Mine von Kolumbien, nämlich kubische Salzkriställchen und Gasblasen. (Vergrößerung 50×)

Synthetischer Smaragd. Charakteristisches Muster von Einschlüssen in einem aus der Schmelze gezüchteten Smaragd. (Vergrößerung 50×)

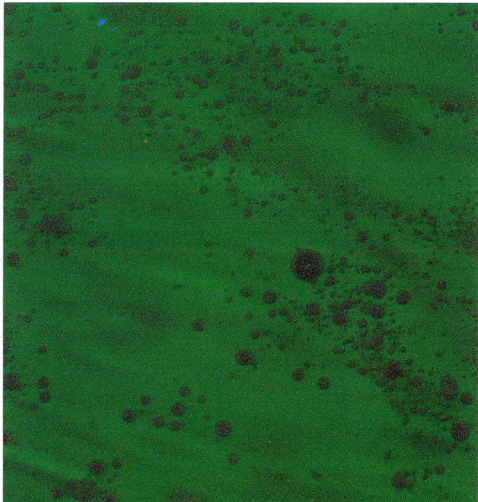

Smaragdgrünes Glas. Typische Schlieren und kuglige Luftblasen als Einschlüsse. (Vergrößerung 10×)

diese Reihenfolge eingestufte Mineral ritzt das vorhergehende und wird selbst von dem nachfolgenden geritzt. Gleich harte Mineralien ritzen sich nicht. Durch vergleichende Anwendung dieser Mohsschen Härteskala läßt sich die Härte eines jeden Edelsteins bestimmen.

Steine der Mohshärte 1 und 2 gelten als weich, jene der Grade 3 bis 6 als mittelhart und die über 6 als hart. Bei den Mineralien mit der Mohshärte 8 bis 10 sprach man früher auch von Edelsteinhärte. Diese Bezeichnung ist nicht glücklich, denn Edelsteine werden nicht ausschließlich nach der Härte beurteilt. Es gibt wunderschöne Edelsteine, die weit weniger hart sind als Mohshärte 8.

Edelsteine mit einer geringeren Härte als die des Quarzes (d. h. Mohshärte 7) sind durch den allgegenwärtigen Staub, der auch stets kleine Quarzkörner enthält, in ihrem Glanz und der Politur gefährdet. Sie werden im Lauf der Zeit matt.

Die Mohshärteskala ist eine relative Skala. Man kann mit ihr nur feststellen, welches Mineral ein anderes ritzt. Über das Maß der Härtezunahme innerhalb der Skala wird keine Aussage gemacht. Die absolute Härtezunahme zeigt die sogenannte Schleifhärte. Sie ist nur mit einem aufwendigen Instrumentarium zu erkennen.

Einschlüsse. Nur wenige Edelsteine sind ganz rein und zeigen keinerlei Unregelmäßigkeiten im Kristall. Die meisten Edelsteine dagegen haben Einschlüsse von kleinen arteigenen oder fremden Mineralien, zeigen Störungen der Kristallstruktur, besitzen Hohlräume, die von Flüssigkeiten oder Gasen erfüllt sind, oder haben sogar Sprünge und Risse aufzuweisen.

Solche Unregelmäßigkeiten können – obwohl meist mikroskopisch klein – wertmindernd sein, wenn sie die Farbe, die optischen Erscheinungen oder die mechanische Beanspruchung des Edelsteins beeinflussen.

Andere Einlagerungen bewirken aber auch eine Werterhöhung, wenn sie z. B. Ursache für bestimmte Lichterscheinungen, wie Katzenaugeneffekt, Asterismus oder Flächenschiller, sind.

Relative und absolute Härteskala

Ritzhärte (Mohs)	Vergleichs-mineral	Schleifhärte (Rosiwal)
1	Talk	0,03
2	Gips	1,25
3	Calcit	4,5
4	Fluorit	5,0
5	Apatit	6,5
6	Orthoklas	37
7	Quarz	120
8	Topas	175
9	Korund	1 000
10	Diamant	140 000

Zur Identifizierung von Edelsteinen gegenüber Imitationen oder synthetischen Steinen haben Einschlüsse in letzter Zeit zunehmend an Bedeutung gewonnen. Viele Arten von Einschlüssen sind nämlich derart charakteristisch, daß sie als starkes Indiz für die Echtheit oder auch für Nachahmungen der Edelsteine gelten. Manchmal lassen sich auf Grund typischer Einschlüsse die Fundstellen ermitteln.

Speziell zur Untersuchung von Edelsteinen entwickeltes Edelsteinmikroskop mit einer beweglichen Krallenhalterung für den Edelstein. So ist es möglich, jede gewünschte Stelle des Edelsteins in die Mitte des Gesichtsfeldes zu bringen.

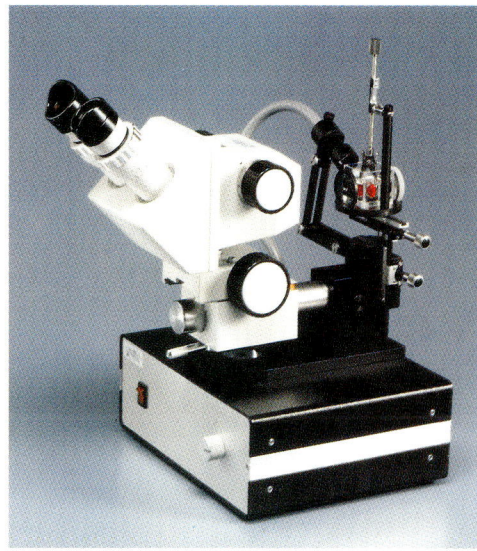

Veredlung
Gravur, Schliff und Politur

Viele Edelsteinmineralien sind im Rohzustand, vor allem wenn sie keine Kristallflächen aufweisen können, oft unscheinbar; für den Laien wirken sie vielleicht sogar unansehnlich. Erst durch den Schliff oder eine Gravur, manchmal sogar schon durch eine Politur, werden sie mit Leben erfüllt, erhalten sie Glanz, Feuer und Brillanz.

Steinschneidekunst

Steinschneidekunst, auch Steingravur oder Glyptik (griech. »geschnittener Stein«) genannt, umfaßt das Schneiden von Kleinreliefs, sogenannten Gemmen, sowie die Fertigung von Kleinplastiken und Ziergegenständen in bzw. aus edlen Steinen.

Ritzungen in Felswände oder Steinblöcke gibt es schon in der jüngeren Altsteinzeit, figürliche Darstellungen aus Ton, Kalkstein oder Bernstein seit mehr als 10 000 Jahren. Die ältesten Gravuren in Edelsteinmineralien stammen aus den ersten Hochkulturen am Persischen Golf, den Staaten der Sumerer, Babylonier und Assyrer.

Es sind zunächst mit Symbolen und Figuren versehene Plattensiegel, später Zylinder, die als Rollsiegel und als Amulett verwendet werden, zu einer Zeit, als es die Schrift noch nicht gibt (s. S. 10). Als Werkmaterial dienen Achat, Jaspis, Calcit, Lapislazuli oder Hämatit. Gravierinstrumente sind Grabstichel mit Mineralsplittern aus Quarz oder Korund.

Die ersten figürlichen Steinarbeiten finden wir bei den alten Ägyptern. Es sind Skarabäen (Blatthornkäfer), die religiösen Vorstellungen dienen, als Amulett und sicherlich auch als Schmuckstück getragen werden. Seit dem 4. Jahrhundert vor der Zeitenwende gibt es bei den Etruskern und Römern erhaben geschnittene Reliefs, eine Weiterentwicklung der ägyptischen Figurbildnisse.

In Fachkreisen unterscheidet man die mit erhabenem Bild gestaltete Kamee und das eingetieft geschnittene Intaglio. Gemme gilt als Oberbegriff für alle reliefierten Edelsteine mit flachem Niveau. Einige Fachleute verwenden den Begriff Gemme anstelle von Intaglio.

Diese strenge Unterscheidung wird bei Laien mehr und mehr vernachlässigt, so daß man heute unter Gemme sowohl einen Oberbegriff als auch die Bezeichnung für Einzelarten der Reliefgravur versteht.

Durch die Erfindung des mit einem Fidelbogen (s. S. 31) in Bewegung gesetzten Schleifrads und die Verwendung von Diamantstaub als Schleifmittel erfährt die griechische und später die römische Glyptik einen großen Anschub.

Edelsteingraveur bei der Arbeit
Das Hauptwerkzeug des Graveurs ist eine kleine Drehbank mit horizontal liegender Welle, auf die je nach Bedarf mit Diamantpulver belegte kuglige, scheiben-, kegel- oder nadelförmige Arbeitsköpfe aufgesteckt werden.
An die starre, mit 1000–5000 Umdrehungen in der Minute rotierende Spindel führt der Graveur sein Werkstück frei mit der Hand. Das erfordert höchste Konzentration und große Präzision. Bei diffiziler Gestaltung kann man eine solche Leistung nur zwei bis drei Stunden in einem Arbeitstakt erbringen.

*Die Edelsteingravur »Wildpferde«
zeigt die Kunst des Steinschneidens in
Intaglio-, Flach- und Hochrelieftechnik
zugleich, gearbeitet in einem braun-weiß-
braunen Lagenachat aus Brasilien mit
naturbelassenem Rand. Um den außer-
gewöhnlichen Kontrast herzustellen, wurde
die Achatscheibe, eingelegt in Zuckerlösung,
zwölf Wochen in einem Spezialofen unter
wechselnden Temperaturen gehalten.
Dadurch färbten sich die ursprünglich
grauen Lagen beiderseits der zentralen
weißen Schicht in dunkles Braun. Die weiße
Lage bleibt in Kontrast zu den braunen
Tönen, denn sie ist auf Grund ihrer kristallinen Struktur nicht färbbar.
Durch das Wechselspiel von Hell und Braun
stehen Reliefs, Reliefschattierungseffekte und
Intagliogravur in einem gegenseitig
belebenden Spannungsfeld nebeneinander.
Ausmaße der Kreation 24×18 cm.
Edelsteingraveur E. Pauly, Veitsrodt/
Rheinland-Pfalz.*

Im Mittelalter erhält die Steinschneidekunst mit dem Interesse an der Heraldik
zwar ein neues Aufgabengebiet, aber
sonst erfährt die Glyptik keine Weiterentwicklung. Einige bedeutende Werke, wie z. B. die 10 cm große gravierte
Bergkristallscheibe, die sogenannte
Lothar-Scheibe aus der zweiten Hälfte
des 9. Jahrhunderts, bleiben Einzel-
leistungen.
Erst die Renaissance, die Wiedergeburt
der Antike, am Übergang vom Mittelalter zur Neuzeit (etwa 1350–1600), belebt auch die Steingravur. Unter dem
Mäzenatentum reicher und kunstver-
ständiger Patriziergeschlechter im
nördlichen Italien erreicht die Glyptik
einen neuen Höhepunkt.
Neben Kleingravuren und Einlege-

arbeiten entstehen in den Werkstätten
von Mailand und Florenz Prunkgefäße
aus Bergkristall, Achat, Jaspis und
Heliotrop sowie aus Lapislazuli.
Die Weiterentwicklung der Antriebsart
vom Fidelbogen zum Tretrad ist eine
der Voraussetzungen für die Bearbeitung vasengroßer Gegenstände, für die
Entwicklung der beeindruckenden
Hohlschleiftechnik.
Um bei der bildhaften Gestaltung einer
Gravur auch verschiedene Farben
eines Edelsteins zu nutzen, werden
seit der Antike mehrschichtige Achate,
in der Fachsprache Lagensteine genannt (s. S. 135), bevorzugt.
Durch Ausdünnen der Schichten solcher Lagensteine lassen sich zusätzlich
abgestufte Farbtöne gewinnen.

Die meisten Graveure benutzen bei der Gemmengestaltung geradlinige Lagensteine. Gewölbte Lagensteine sind zwar schwerer zu beherrschen, sie können aber den dreidimensionalen Effekt der Glyptik enorm verstärken. Noch schwieriger ist es, in mehrschichtigen und gewölbten Achatlagen zu gravieren. Solche Werke gehören zu den Wunderschöpfungen der Steinschneidekunst.

Da die Natur bestimmte Farbvorstellungen bei Lagensteinen nicht immer liefert, helfen Chemie und Technik nach: Achate werden künstlich gefärbt (s. S. 135).

Gemma Augustea
Die Augustus-Kamee ist der zweitgrößte antike Gemmenschnitt. Sie gilt als das bedeutendste Werk dieser Kleinkunst. Sie wurde 10 n. Chr. oder kurz danach in einem zweischichtigen Sardonyx graviert, ihre Maße sind 23 × 19 cm. Die schmale Goldfassung stammt aus dem 17. Jahrhundert.

Die Darstellung bezieht sich auf die Niederwerfung des Dalmateraufstands 10 n. Chr. Im oberen Teil der Kamee sitzt unter einem Lorbeerkranz Kaiser Augustus auf dem Thron, zu seiner Rechten die Göttin Roma, Schutzherrin der Stadt Rom. Links im Bild entsteigt Tiberius, Stiefsohn des Kaisers und Oberbefehlshaber der römischen Truppen, einem Prunkwagen, um dem

Kaiser seine Reverenz zu erweisen. Im unteren Teil der Kamee errichten Soldaten vor den Augen von Gefangenen ein Siegeszeichen.

Die älteste Geschichte der Gemma Augustea ist nicht bekannt. Es ist anzunehmen, daß sie zunächst im Besitz des Kaisers Augustus und seiner Nachfolger war. Um die Mitte des 13. Jahrhunderts ist sie Eigentum eines Klosters in Toulouse, später des französischen Königs Franz I. (1515–1547). 1590 wird sie von Unbekannten geraubt.

Anfang des 17. Jahrhunderts erwirbt sie Kaiser Rudolf II. (1576–1612) für die damals kaum vorstellbare Summe von 12 000 Golddukaten.

Kunsthistorisches Museum, Wien

Schleifen der Edelsteine

Durch das Schleifen sollen bestimmte Eigenschaften der Edelsteine, wie Farbe, Glanz und Transparenz, Lichtfiguren und Flächenschiller sowie das in den Regenbogenfarben aufleuchtende Feuer belebt, zuweilen auch erst hervorgezaubert werden.

Die Anfänge des Edelsteinschleifens sind wohl in Indien zu suchen. Zuerst wurde der Rohstein auf einem ruhenden Sandsteinblock aus Quarzkörnern so hin- und herbewegt, daß sich allmählich eine ebene oder eine gewölbte Fläche einstellte.

Sehr harte Edelsteine, wie Rubin, Saphir, Topas, Aquamarin, Smaragd oder Granat, konnte man in den Anfängen der Schleifkunst überhaupt nicht bearbeiten. Erst mit Einsatz von Schmirgel, einem Gemenge von feinkörnigem Korund mit Magnetit, Hämatit und Quarz, und schließlich durch Verwendung von Diamantpulver war es möglich, alle edlen Steine zu schleifen. Zerstoßener Diamant wurde zur Zeit Alexanders d. Gr. (336–323 v. Chr.) von Indien bis in den vorderen Orient als Schleifmaterial exportiert.

Zunächst wurden ausschließlich undurchsichtige Edelsteine geschliffen. Durchsichtige Steine erhielten gewöhnlich nur eine Politur. Man wollte durch Schleifen keine wertvolle Steinsubstanz verlieren. Nicht die Steinform oder die Gestaltung der Oberfläche machten damals den Wert eines Edelsteins aus, sondern ausschließlich die Größe des Steins. Das galt bis zum Spätmittelalter.

Manchmal mögen uns durchsichtige Edelsteine in alten juwelenbesetzten Kostbarkeiten wie facettiert erscheinen, tatsächlich sind die glatten Ebenen aber keine Schliffe, sondern natürliche, polierte Kristall- oder Spaltflächen. Erst nach 1400 setzt sich bei transparenten Edelsteinen der Facettenschliff durch.

Mit der Erfindung der Radtechnik vollzieht sich eine revolutionäre Änderung des Steinschliffs. Bei den Sumerern wird mit Hilfe einer Kurbel eine senk-

Edelsteinschleifen in Sri Lanka. Mittels eines Fidelbogens wird die aus Blei gefertigte Schleifscheibe bewegt. Gewölbte Schliffe sind auf diese Art gut möglich, Facetten dagegen können nur grob angedeutet werden.

Aus einem Bergkristallblock hauchdünn geschliffene Schale, ein Meisterstück moderner Schleiftechnik.

recht stehende Schleifscheibe betrieben, an die der Schleifer den Edelstein von der Seite führt.

Eine Weiterentwicklung des kurbelgetriebenen Schleifgeräts ist der sogenannte Fidelbogenantrieb. Dabei werden eine mit Schnur umwickelte Walze und die daran befestigte Schleifscheibe durch Schieben und Ziehen eines mit der Schnur verbundenen Stockes in Drehung versetzt. In Süd- und Südostasien ist diese Schleiftechnik wie vor zweitausend Jahren noch verbreitet. Durch Ausnutzung der Wasserkraft entstehen in Mitteleuropa ab dem ausgehenden 13. Jahrhundert die ersten Wassermühlen, die schließlich eine halbindustrielle Abwicklung des Achat- und Farbsteinschleifens ermöglichen. Die Blütezeit der Wassermühlen umfaßt die zweite Hälfte des vorigen Jahrhunderts und die Zeit bis zum Ersten Weltkrieg.

Mit dem Aufkommen der Elektromotoren ergeben sich auch bei der Edelsteinverarbeitung viele neue Möglichkeiten. Die dabei sich herausbildende Spezialisierung der Arbeitsabläufe führt zu einer Aufgliederung der Edelsteinbearbeitung in mehrere selbständige Bereiche. Heute unterscheiden wir die Bearbeitung von Farbedelsteinen, von Achat und von Diamant.

Schleifen der Farbedelsteine

Zu den Farbedelsteinen, früher kurz Farbsteine genannt, zählen alle farbigen und nichtfarbigen Edelsteine außer Achat und Diamant. Sie werden entweder einzeln nach bestimmter Form oder in Gruppen innerhalb rotierender Behälter als sogenannte Trommelsteine geschliffen.

Alle wertvolleren Farbedelsteine werden individuell behandelt. Zunächst wird der Rohstein auf einer mit Diamantsplittern besetzten Kreissäge auf seine vorbedachte Form zurechtgeschliffen. Dann erhält er auf einem grobkörnigen, vertikal laufenden Carborundumschleifrad seine für den Feinschliff geeignete Rohform. Der Fachmann nennt diese Arbeit Vorschleifen oder Ebauchieren.

Nach der Art des Schliffs lassen sich drei Gruppen unterscheiden: Glattschliff, Facettenschliff und gemischter Schliff.

Der Glattschliff kann eben oder gewölbt (mugelig) sein. Er ist für undurchsichtige Steine und für weniger gute Qualitäten halbdurchsichtiger Steine geeignet. Ebene Flächen entstehen durch Schleifen auf großen, vertikal aufgehängten Sandsteinrädern. Edelsteine mit gewölbter Oberfläche nennt man Cabochon. Sie erhalten ihre Form auf vertikal laufenden Schleifrädern, die an der Oberfläche mit Rillen und Wülsten versehen sind.

Beim Facettenschliff werden mehr oder weniger zahlreiche kleine ebene Flächen, die Facetten, angelegt. Die meisten Facettenschliffe lassen sich auf zwei Grundformen zurückführen, auf den Treppenschliff und auf den Brillantschliff.

Der Treppenschliff ist die einfachste Art des Facettenschliffs. Mehrere Facetten bzw. Facettenreihen liegen treppenartig jeweils kantenparallel. Je nach Überlegung, ob man ein möglichst großes Steingewicht erhalten oder die optimalen Eigenschaften des Edelsteins verbessern will, kann der Treppenschliff durch weitere Facetten ergänzt werden.

Prunkgefäß aus Bergkristall mit Goldfassung, Rubinen und Smaragden und einer Neptunstatuette als Deckelknauf. Auf Bestellung des bayerischen Herzogs Albrecht V. von den Gebrüdern Sarachi in Mailand, etwa 1579, gefertigt. Gesamthöhe 51,5 cm. Die Figurengravur zeigt das Triumphgespann des Weingottes Bacchus inmitten eines Bacchantenzugs. Am bauchigen, mit dekorativem Rankenwerk gestalteten Oberteil ist das bayerische Wappen graviert. Schatzkammer der Residenz, München.

Der Facettenschliff ist der Höhepunkt in der Edelsteinbearbeitung. Er wird gewöhnlich bei durchsichtigen oder sonst wertvollen Varietäten angewendet. Die Anfänge dieser Schliffart scheinen im 15. Jahrhundert zu liegen. Berichte, wonach schon um 800 n. Chr. von einem facettierten Diamant die Rede ist, konnten wissenschaftlich bisher nicht bestätigt werden.

Ein guter Facettenschliff ist nur auf horizontal laufender Schleifscheibe möglich. Um dem Stein einen besten Schliff zu vermitteln, müssen die Facetten nach Größe, Winkeln und in der Ordnung zueinander gewisse Gesetzmäßigkeiten erfüllen.

Für eine sichere Führung des Edelsteins beim Facettenschliff sorgen ein Stab (Kittstab), auf den der Rohstein aufgekittet ist, und ein seitlich der Schleifscheibe angeordnetes Brett mit vielen Löchern, in die je nach Winkellage der Facetten das hintere Ende des Kittstabs eingeführt wird. Durch laufende Kontrolle mit der Lupe wird der Arbeitsfortgang überwacht und ein perfekter Schliff garantiert.

Im 16. und 17. Jahrhundert erfährt der Facettenschliff an den Höfen des regierenden Adels eine derart gute Aufnahme, daß er nicht nur bei Körperschmuck, sondern auch bei Trinkpokalen und figürlichen Darstellungen aus Bergkristall Anwendung findet.

Am grobkörnigen, vertikal laufenden Schleifrad erhalten die edlen Steine ihre rohe Schliffform, sie werden ebauchiert.

Auf einer horizontal rotierenden Schleifscheibe werden die vorgeformten Edelsteine facettiert.

Für Massenproduktionen gibt es neuerdings Schleifautomaten, die nach Schablonen arbeiten und immer gleich große facettierte Steine liefern. Synthetische Edelsteine sind hierfür besonders geeignet, weil der Wert des Schleifverlusts gering ist.

Der Brillantschliff, ursprünglich speziell für den Diamant entwickelt, wird heutzutage für viele verschiedene Edelsteine verwendet. Sein Charakteristikum ist nicht nur die Vielzahl der

Facetten, sondern vor allem die Anordnung der Schliffflächen. Dadurch lassen sich besonders die optischen Wirkungen eines Edelsteins deutlich betonen (s. S. 36).

Beim gemischten Schliff werden Ober- und Unterteil eines Edelsteins verschieden behandelt: Oberer Teil facet-

Durch den Facettenschliff erhalten die Edelsteine eine Vollendung nach Form und optischer Wirksamkeit.

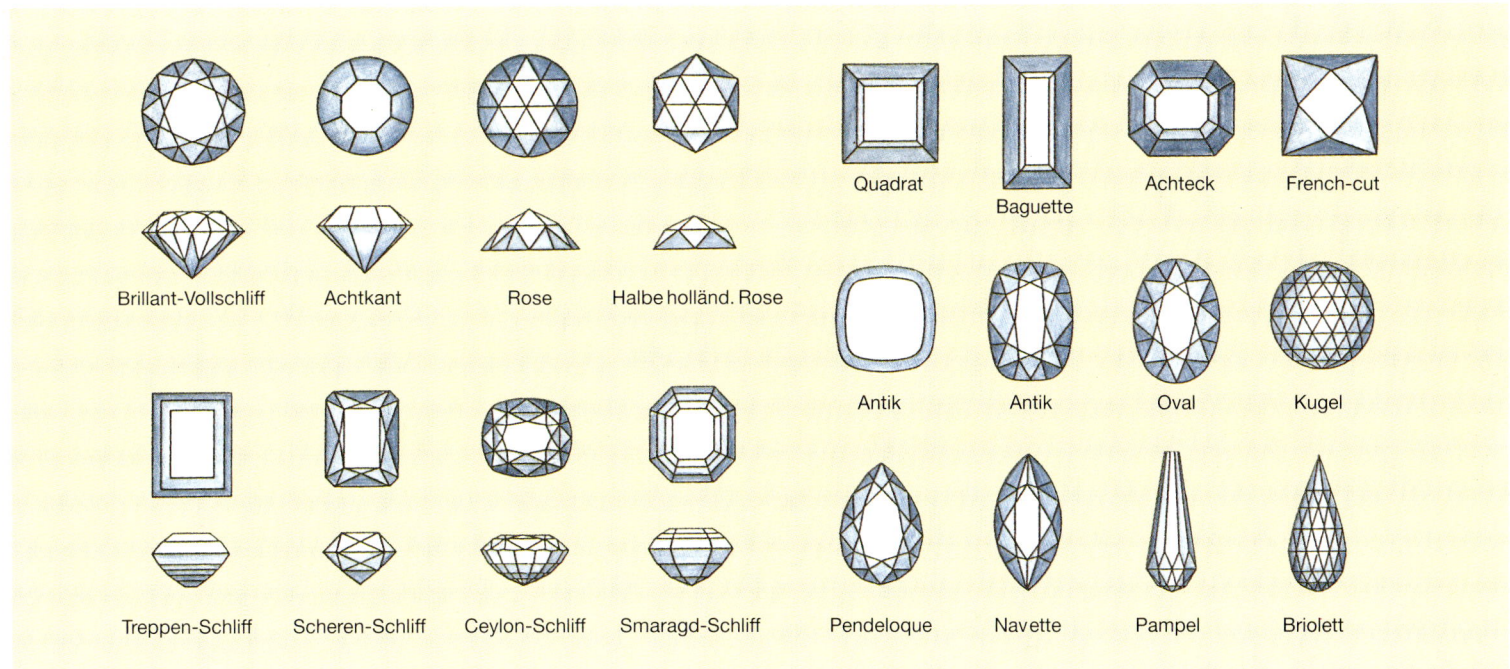

Quadrat Baguette Achteck French-cut

Brillant-Vollschliff Achtkant Rose Halbe holländ. Rose Antik Antik Oval Kugel

Treppen-Schliff Scheren-Schliff Ceylon-Schliff Smaragd-Schliff Pendeloque Navette Pampel Briolett

tiert, unterer Teil mugelig geschliffen. Oder umgekehrt: Oberteil gemugelt, Unterteil facettiert. Die häufigste Verwendung dieser Schliffart finden wir bei Imitationen und Dubletten, sonst ist sie selten.

Im Unterschied zu den einzeln bearbeiteten Edelsteinen können beim Trommelschliff je nach Größe der Behälter bis zu mehrere hundert Steine gleichzeitig geschliffen werden. Das Prinzip ist der Natur abgelauscht. So wie sich in einem Flußbett durch den Wassertransport die mitgeführten Steine gegeneinander reiben und sich dadurch rundlich und glatt schleifen, so vollzieht sich der gleiche Vorgang in einem rotierenden Behälter, der Trommel. Durch Zugabe von Schleifmitteln und durch entsprechende Steinauswahl wird das Trommelschleifen, das mehrere Wochen dauert, gesteuert und kontrolliert.

Das Ergebnis sind unregelmäßig geformte, rundlich abgeschliffene Steine, sogenannte Barocksteine.

Durch den Glattschliff kommen die lebhaften Farben und die spielerischen Schichtstrukturen des Achats am besten zum Ausdruck.

Achatschleifen

Achate werden auf Grund der Farbvielfalt und der lebhaften Schichtstrukturen sowohl für Körperschmuck, für kunstgewerbliche Gegenstände als auch für Dekorzwecke verwendet. Großflächige Bearbeitung steht im Vordergrund.

Wichtigstes Schleifgerät ist jahrhundertelang das Sandsteinrad. Mit dem Einsatz von Wasserkraft als Antriebsmittel ab der Wende vom 13. zum 14. Jahrhundert entstehen Achatschleifen, wo mehrere eineinhalb Meter große Sandsteinräder nebeneinander auf gleicher Antriebswelle laufen. Um einen großen Anpreßdruck bei den langsam drehenden Schleifrädern zu erreichen, liegen die Schleifer bäuchlings davor. Diese Körperlage ist wegen der Belastung des Magens und durch den Schleifstaub sehr schädlich.

Erst durch den Einsatz von Elektromotoren und von Carborundum als Schleifmittel kann die Rotationsachse höher gelegt und dadurch die bequemere, sitzende Arbeitsweise ermöglicht werden.

Bedeutendstes Zentrum der Achatschleiferei auf der ganzen Welt ist Idar-Oberstein in Rheinland-Pfalz. Die Anfänge gehen hier bis in die 1. Hälfte des 16. Jahrhunderts zurück.

Durch die liegende Arbeitsweise auf einem sogenannten Kippstuhl und die hintere Fußstütze erreicht der Schleifer den größten Anpreßdruck auf das langsam laufende, tief liegende Sandsteinrad. Diese Körperlage ist sehr gesundheitsschädlich, da viel Schleifstaub eingeatmet wird.

Rechts unten: Erst durch die Verwendung des Elektromotors konnte die Drehachse der Sandsteinräder höher gelegt und dadurch die bequemere, sitzende Arbeitsweise eingeführt werden. Eine Brustlehne stützt den vorgebeugten Körper und ermöglicht die freie Entfaltung der Hände.

Polieren

Da beim Schleifen mit grobem Korn Kratzer und Rillen an der Oberfläche des Edelsteins unvermeidbar sind, werden gegen Ende der Schleifaktion immer feinere Korngrößen verwendet. Nur unter der Lupe lassen sich schließlich noch feinste Schleifrillen erkennen.

Damit auch diese Arbeitsspuren verschwinden, erhält der Edelstein mit speziellen Poliermitteln auf langsam drehenden Walzen oder Rädern aus Buchenholz, Blei, Filz, Leder oder Zinn den »letzten Schliff«, eine Politur. Dieses Polieren bewirkt tatsächlich einmal das feinste Ausschleifen von Unebenheiten, dann aber auch eine durch die Polierwärme entstandene hauchdünne Schmelzschicht an der Steinoberfläche, die nach ihrem Entdecker, Sir George Beilby, benannte Beilby-Schicht. Sie macht den besonderen Glanz der Edelsteine aus. Da diese Beilby-Schicht gewöhnlich sofort rekri-

stallisiert, wird das physikalische Verhalten der Edelsteine nicht verändert. Die wirklichen Zusammenhänge zwischen der chemischen Zusammensetzung und der Körnung des Poliermittels, der Rotationsgeschwindigkeit und dem Belag der Polierscheibe wie der Zuordnung zu bestimmten Edelsteinen sind noch weitgehend unklar. Deshalb spielt die Erfahrung der Schleifer aus der Praxis heraus die wesentliche Rolle beim Polieren. Es zeigt sich nämlich immer wieder, daß gleiche Edelsteine bei gleichartiger Politur völlig anders reagieren. Die einen nehmen die Politur an, andere nur bei geänderten Bedingungen.

Beim Diamant dagegen reicht die Polierwärme nicht aus, um eine Beilby-Schicht zu erzeugen. Hier kommt es beim Schleifen allein auf die Feinheit der Korngrößen an, keine Arbeitsspuren zu hinterlassen. Fortwährende Kontrolle mit der Lupe ist geboten.

Kristallschrein
Der nach den zahlreichen Bergkristallelementen benannte Schrein besteht aus einem Gerüst von Ebenholz. Großflächige Einlagen und gerieste Säulen aus Bergkristall bestimmen das Äußere. Emaillierte Goldbeschläge, Lapislazuli, Rubine, Smaragde, Perlen und Kameen aus Onyx sind zierender Beirat. Die Gravuren auf den Fenstern zeigen Szenen aus dem Alten Testament und der griechischen Mythologie.
Der Kristallschrein ist ein Meisterwerk der Steinschneidekunst, der Gravurtechnik, der Goldschmiedearbeit und der Edelsteinkomposition. Die Edelsteinarbeiten besorgte Annibale Fontane um 1560/70 in Mailand, Holz- und Goldschmiedearbeiten erfolgten in Augsburg. Wahrscheinlich wurde der Kristallschrein von dem Bayernherzog Albrecht V. (1550–1579) in Auftrag gegeben, jedenfalls nach Fertigstellung von ihm erworben. Ausmaße: 82 cm breit, 62 cm hoch, 50,5 cm tief.
Schatzkammer der Residenz, München.

Schleifen vom Diamant

Obwohl der Diamant seit über 2000 Jahren als Edelstein genutzt wird, erfolgt eine wirkliche Bearbeitung zur Erhöhung des optischen Effekts erst ab dem 14. Jahrhundert. Davor wird der Diamant nur als Rohstein, wenn auch manchmal mit abgeschliffenen Kanten, verwendet.

Jetzt aber werden die ebenen Kristallflächen sorgfältig poliert, die optischen Wirkungen bewußt verbessert. Dieser so bearbeitete Diamant heißt nach der spitzen oktaedrischen Kristallform »Spitzstein«. Er steht am Anfang einer Entwicklungsreihe, die schließlich im Brillantschliff, der höchsten Reife moderner Schleifkunst, endet.

Um 1400 löst man sich von der durch den Kristall vorgegebenen Form, indem man zuoberst ein Flachteil, die Tafel, legt.

Mit der Verwendung der Schleifscheibe seit Ende des 15. Jahrhunderts werden, unabhängig von der oktaedrischen Kristallform, immer mehr zusätzliche Flächen angelegt. Das ist der Anfang des Facettenschliffs beim Diamant. Der Grundriß bleibt, gestützt auf der eckigen Kristallform, bis etwa 1650 ebenso eckig.

Angeblich wird auf Veranlassung des französischen Kardinals und Staats-

Früher wurden Diamantrohsteine entsprechend ihrer Kristallstruktur mit Hilfe eines klingenartigen Keils und einem kleinen Schlag geteilt.

mannes Jules Mazarin um die Mitte des 17. Jahrhunderts ein Diamantschliff mit 34 Flächen und einem gerundeten Grundriß entwickelt. Er heißt nach dem Auftraggeber Mazarin-Schliff. Ende des 17. Jahrhunderts gibt es einen Diamantschliff mit 58 Flächen und einem nahezu runden Grundriß. Die Idee zu diesem Vorläufer des modernen Brillantschliffs wird einem venezianischen Schleifer namens Vicenzio Peruzzi zugeschrieben. Nach ihm heißt dieser Diamantschliff Peruzzi-Schliff. Trotz intensiven Forschens ist die Existenz eines Peruzzi bis heute tatsächlich nicht nachzuweisen.

Um eine günstigere Form des Rohlings zu erhalten, werden Diamantrohsteine heute meist auf einer mit Diamantpulver bestrichenen Kreissäge zerschnitten.

Bis 1910 erfolgt auf Grund der fortgeschrittenen Technik auch eine Verbesserung des Brillantschliffs durch präzisere Winkel und gleichartigere Facettenflächen. Ab dann aber wird nichts mehr dem Zufall überlassen. Winkel, Flächen und Proportionen des Brillantschliffs werden jetzt, durch optische Untersuchungen und durch die Erfahrungen der Schleifpraxis unterstützt, genau festgelegt, um eine optimale Lichtausbeute und ein starkes »Feuer« zu erreichen. Das ist die Entwicklung zum »Idealbrillant«.

Da neben der Brillanz aber auch die Formgebung des Edelsteins und der Wunsch zu noch mehr Farbenpracht oder zu mehr Lichtausbeute beim Verkauf eine Rolle spielen, gibt es verschiedene Meinungen über den besten Idealschliff und dementsprechend mehrere Idealbrillanten.

Strahlengang und Totalreflexion beim Diamantbrillant. Das weiße einfallende Licht wird an den Facettenflächen gebrochen, schließlich total reflektiert und dabei in die Spektralfarben aufgegliedert. Dieses bunte Farbenspiel wird als »Feuer« bezeichnet.

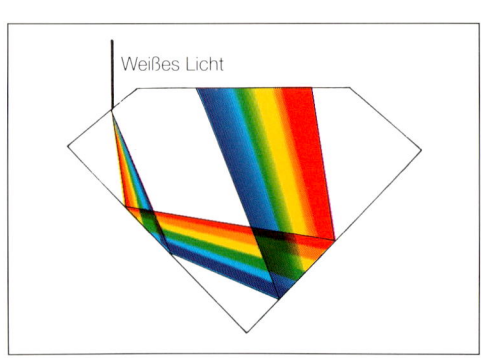

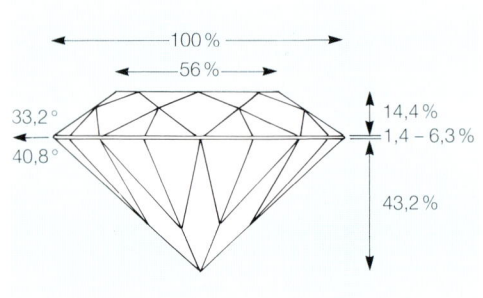

Proportionen und Winkelmaße beim deutschen Idealbrillant, dem sogenannten Feinschliff-Brillant.

36

Sie sind jeweils die Grundlage für eine Schliffgraduierung. In Deutschland ist es der »Feinschliff-Brillant«. Bei ihm wurden die Propotionen an geschliffenen Diamanten mit bester Brillanz errechnet. In den USA gilt der sogenannte Tolkowsky-Brillant, der senkrecht und schräg einfallendes Licht berücksichtigt, als Grundlage der Schliffgraduierung, in den skandinavischen Ländern ein durch die Praxis entwickelter »Standard-Brillant«.

Allen diesen Idealbrillanten ist die Anzahl von 32 Facetten und einer Tafel im Oberteil, eine kreisrunde Rundiste (Grundrißlinie) und 24 Facetten im Unterteil gemeinsam. Manchmal wird eine kleine Facette (die Kalette) an der unteren Spitze des Diamants zusätzlich angelegt. Natürlich gibt es beim Diamantschliff auch alle möglichen Phantasieformen, teilweise mit weit über 100 Facetten.

Schleifen von Diamant ist nur mit Diamant möglich, alle anderen Materialien sind zu weich. Selbst ein Schleifen mit Diamant gelingt nur deshalb, weil Diamant auf den einzelnen Kristallflächen und nach verschiedenen Richtungen unterschiedlich hart ist. Gleich harte Materialien ritzen oder schleifen nämlich einander nicht.

Da Pulver von zerstoßenem Diamant

Farbenspiel, das sogenannte Feuer, beim Diamantbrillant. (Stark vergrößert)

nach statistischer Wahrscheinlichkeit auch immer ganz harte Splitter enthält, lassen sich mit ihnen die weniger harten Flächen des Diamantkristalls schleifen.

Um unnötigen Schleifverlust zu vermeiden, werden Diamantrohsteine zunächst so zerteilt, daß eine Grundform für den späteren Schliff entsteht. Früher nutzte man die gute Spaltbarkeit des Diamants und spaltete ihn mit Hilfe eines Keils durch einen Schlag. Seit der Jahrhundertwende werden Rohdiamanten zunehmend gesägt.

Dadurch läßt sich der Rohling für den Schliff günstiger gestalten, es gibt weniger Abfall, später weniger Schleifverlust.

Versuche, mittels Laser Diamantkristalle zu zergliedern, scheinen nach neuesten Berichten aus Israel zukunftweisend zu sein. Mit Laser ließe sich jede gewünschte Form aus einem Diamantrohstein herausschneiden.

Nach dem Spalten des Diamantkristalls werden die Rohlinge durch Reiben (Grauen) von zwei Teilstücken gegeneinander als Vorbereitung für den Facettenschliff geformt.

Das Schleifen schließlich, das Anlegen von Facetten, erfolgt auf einer horizontal gelagerten, mit Diamantpulver bestrichenen Stahlscheibe. In einer Greifzange, der Doppe, eingespannt, wird jede Facette bei einer Rotationsgeschwindigkeit von 2000 bis 3000 Umdrehungen pro Minute einzeln von Hand angelegt und laufend mit der Lupe überwacht.

Durch das Schleifen kann ein Diamantrohstein mehr als die Hälfte seines ursprünglichen Gewichts einbüßen.

Die bedeutendsten Schleifzentren für Diamanten finden wir in Antwerpen, New York und in Tel Aviv. Aufstrebende Schleifereien gibt es in Indien, besonders in Bombay.

Auf einer horizontal rotierenden Schleifscheibe werden die Diamantrohlinge mit einer Greifzange, der Doppe, geführt.

Jeder Diamantschleifer bedient auf der Schleifscheibe gewöhnlich mehrere Doppen.

Im guten Glauben
Edle Steine im Dienst der Religion

Seit Jahrhunderten werden edle Steine sowohl für Schmuck als auch für kultische Zwecke verwendet. Das war in der Antike so, das gilt auch für die Gegenwart.

Edle Steine genießen in religiösen Gemeinschaften nicht nur hohe Wertschätzung als Schmuck, sondern sind auch Ausdruck glänzender Herrlichkeit bei kultischen Handlungen, sie erhöhen die Wirksamkeit liturgischer Rituale. Vielfach gelten Edelsteine aber auch als Rangabzeichen bei kirchlichen Würdenträgern.

Das Schild des Hohepriesters

Das älteste Beispiel, wie edle Steine eine Rangwürde kundtun, führt bis ins 13. Jahrhundert v. Chr. zurück, die ersten schriftlichen Quellen dazu stammen aus dem 3. Jahrhundert v. Chr. Es handelt sich um das Edelsteinschild des Hohepriesters, des jüdischen Oberpriesters am Tempel von Jerusalem. Im zweiten Buch des Mose, im Buch Exodus, werden zwölf Edelsteine erwähnt (s. S. 39), die der Hohepriester in einem Pektorale (Brustschild) trägt. Ob dieses Pektorale ein Amtsschild, eine Orakeltasche oder ein Zeichen der höchsten Gerichtsbarkeit darstellt, ist in unserem Fall ohne Belang. Es bedeutet jedenfalls eine herausgehobene Stellung sowohl der Person als auch der Edelsteine.

Um welche Edelsteine es sich handelt, ist nicht mit Sicherheit zu sagen, denn viele Edelsteinnamen haben im Lauf der Zeit einen Bedeutungswandel erfahren, andere Namen wurden erst im letzten Jahrhundert eindeutig definiert. Zudem wurden bei Übersetzungen des Alten Testaments in andere Sprachen die Namen der Edelsteine im Pektorale des Hohepriesters ganz verschieden gedeutet.

Über den Verbleib des Pektorales gibt es nur Legenden und Spekulationen.

Titelseite des Buchs »De vestitu sacerdotum Hebraeorum«, von Johannes Braun, Amsterdam 1698. Links die Person des Hohepriesters mit dem Pektorale. Nationalbibliothek, Paris.

Edle Steine in christlichen Kirchen

Ab dem 4. Jahrhundert werden die liturgischen Gewänder, die ritualen Gegenstände und Geräte mit Gold und Edelsteinen reichlich verziert. Perlen, seit den Kriegszügen Alexanders d. Gr. (336–323 v. Chr.) im Mittelmeerraum bekannt, haben schon früher in den christlichen Kirchen Einzug gehalten. Gregor d. Gr. (590–604), Papst und Kirchenlehrer mit nachhaltigem Einfluß auf die Entwicklung der Kirche während des Mittelalters, begründet Ausstattung und Schmuck in den Kirchen so: »Ein Gemälde wird aus dem Grunde in der Kirche ausgestellt, damit die des Lesens Unkundigen wenigstens an den Wänden mit den Augen lesen können, was in den Büchern zu lesen sie nicht imstande sind.«
Tatsächlich kann der größte Teil der Bevölkerung während des Mittelalters weder lesen noch schreiben. Auch die meisten der privilegierten Schichten sind des Lesens unkundig. Karl d. Gr. z. B. konnte nur sein Namenssignum zeichnen.
Klöster und königliche Kanzleien beherrschen das schriftliche Wort, im frühen Mittelalter sowieso nur in Latein. Karl d. Gr. veranlaßt Übersetzungen aus dem Lateinischen ins Deutsche und macht sich Gedanken über eine deutsche Grammatik. Latein bleibt aber die Sprache der Kirche über Jahrhunderte.
In gleichem Maß, wie das Volk Schrift und Wort der Kirchensprache nicht versteht, gewinnen liturgische Handlung und Ausstattung der ritualen Gegenstände eine Vorrangstellung beim Gottesdienst. Klöster und Kirchen werden somit mehr als die höfischen Werkstätten zum Hort der Kunst- und Schmuckgestaltung.
Eine Voraussetzung für die Förderung des Goldschmiedehandwerks und der Schmuckherstellung in den christlichen Zentren hatte schon Kaiser Konstantin (306–337) geschaffen, indem er als erster das Christentum tolerierte. Kaiser Karl d. Gr. wiederum legt mit seinem Erlaß, daß den Toten nicht

ועשית חשן משפט
מעשה חשב כמעשה אפד
תעשנו זהב תכלת וארגמן
ותולעת שני ושש משזר
תעשה אתו רבוע יהיה
כפול זרת ארכו וזרת רחבו
ומלאת בו מלאת אבן
ארבעה טורים אבן טור
אדם פטדה וברקת הטור
האחד והטור השני נפך
ספיר ויהלם והטור השלישי
לשם שבו ואחלמה והטור
הרביעי תרשיש ושהם וישפה
משבצים זהב יהיו
במלאתם

Originaltext des Alten Testaments aus dem Buch Exodus (28,15–20) in Hebräisch; entnommen dem ältesten, vollständigen Bibelmanuskript, dem »Codex Leningrad« in Petersburg/Rußland.

Übersetzung des linksstehenden Textes nach der »Vorläufigen Endfassung der Einheitsübersetzung der Bibel«:
»Mach eine Lostasche für den Schiedsspruch; als Kunstweberarbeit wie das Efod sollst du sie herstellen; aus Gold, violettem und rotem Purpur, karmesinfarbenem Stoff und gezwirntem Byssus sollst du sie herstellen. Sie soll quadratisch sein, zusammengefaltet, eine Spanne lang und eine Spanne breit. Besetze sie mit gefaßten Edelsteinen in vier Reihen: die erste Reihe mit Rubin, Topas und Smaragd; die zweite Reihe mit Karfunkel, Saphir und Jaspis; die dritte Reihe mit Achat, Hyazinth und Amethyst; die vierte Reihe mit Chrysolith, Karneol und Onyx; sie sollen in Gold gefaßt und eingesetzt sein.«

mehr wie in heidnischen Tagen Geschmeide ins Grab gelegt werden dürfe, einen gewissen Grundstock zur Ausstattung, aber auch zum Wohlstand der Kirchen, denn diese werden zum Aufbewahrer des Schmucks und anderen Kleinodien nach dem Tod der weltlichen und der kirchlichen Fürsten. Trotz jenes Verbots wurde dem Kaiser ein Talisman (s. S. 137) ins Grab gelegt.

Während sich anfangs die religiösen Kunstschöpfungen im Mittelalter frei entfalten können, engen mit der Zeit strenge Reglementierungen durch die Kirchenleitung das Schaffen ein. Bis zum letzten Viertel des 12. Jahrhunderts gibt es bei der Farbgestaltung im ganzen religiösen Bereich keinerlei Einschränkung. Danach werden die liturgischen Farben erstmals mit Weiß, Rot, Schwarz und Grün festgelegt. Später kommen Violett, Goldfarbe und Rosa dazu. Beim römischen Ritus sind Weiß, Rot, Grün, Violett und Schwarz vorgeschrieben.
Die Farbenvorgabe äußert sich entsprechend auch in der Schmuckgestaltung und bei der Verwendung der Edelsteine zu kirchlichem Gebrauch.

Evangeliare. Eine besondere Prachtentfaltung religiöser Kunst zeigen die Einbände der mittelalterlichen Evangeliare, jener Kirchenbücher mit den vier Evangelien. Da sie im Auftrag der Herrschenden in Kirche und Staat gefertigt werden, sollen sie durch ihren Schmuck nicht nur der Ehre Gottes dienen, sondern auch kirchliche und weltliche Macht und herrschaftlichen Glanz demonstrieren (s. auch »Codex Aureus«, S. 44/45).
Die Evangeliare werden in Schreib- und Malschulen der Klöster mit großem künstlerischem Engagement gestaltet. Im Innern der Bücher gibt es ganzseitige Illuminationen, Bild- und Zierleisten, goldgeprägte Initialen und Ziertitel. Häufig werden Texte in Silber oder gar in Gold geschrieben.
Als Beschreibmaterial dient Pergament, die präparierte Haut vornehmlich von Schafen. Eine ganze Herde muß einem einzigen Buch geopfert werden.
Zur Herstellung eines Evangeliars braucht man Jahre. Ein Schreiber kann pro Tag höchstens eine Seite füllen. Sicherlich sind gewöhnlich mehrere Schreiber am Werk, um den Fortgang zu beschleunigen.

Die äußere Gestaltung eines Evangeliars ist meist ebenso aufwendig wie die Innengestaltung. Die Buchdeckel werden in Gold geprägt und mit edlen Steinen besetzt. Viele Evangeliare quellen geradezu über von der Fülle des Edelsteinbesatzes.

Das Evangeliar »Codex Aureus« von St. Emmeram in Regensburg (s. S. 44) zeigt, mit welch künstlerischer und technischer Leistung der Bucheinband gestaltet ist. Jeder einzelne Edelstein ruht in einer Fassung, die jede für sich

Ring des Erzbischofs Albero von Montreuil (1131–1152). In einer rechteckigen, pyramidal angelegten Kastenfassung aus reinem Gold steckt ein gemugelter blauer Saphir. Lichte Weite des Rings 2×1,7 cm, der Fassung 1,8×1,4 cm. Domschatzkammer Trier.

ein kleines Kunstwerk darstellt. Und wenn man bedenkt, mit welch einfachen Mitteln die Goldschmiede vor eintausend Jahren ihre Werke formten, kann man die Ehrfurcht und Ehrerbietung verstehen, die Betrachter solch eines Evangeliars empfinden.

Die Evangeliare wurden zusammen mit kleinen Tragaltären bei den Reisen der Könige und Kaiser mitgeführt. Sie dienten dem Gottesdienst.

Das sogenannte Reichsevangeliar aus der Zeit Karls d. Gr. war zusammen mit der Stephansbursa auch Teil der Reichskleinodien. Es erfuhr dadurch eine große Aufwertung. Auf ihm legte der König bei der Krönung seinen Eid ab, indem er mit dem Schwurfinger die Seite mit dem Beginn des Johannesevangeliums berührte.

Der Ring des Bischofs.

Der Fingerring spielt in der christlichen Kirche eine wichtige Rolle. Er ist ein Zeichen der Bindung und der Treue, aber auch ein Standessymbol, genauso wie schon in der Antike.

Der Ring des Bischofs hat eine lange Tradition. Er wird bei der Einsetzung ins Amt zusammen mit der Mitra und dem Bischofsstab verliehen. Über die Anfänge dieses Insigniums ist nichts bekannt. Durch den Enzyklopädisten und Metropolit Isidor von Sevilla wird der Bischofsring im 7. Jahrhundert in Spanien erstmals bezeugt. Vielleicht wurde in frühchristlicher Zeit zunächst ein Siegelring als eine Art Amtszeichen verwendet. Ab dem 9. Jahrhundert jedenfalls ist der Bischofsring allgemein verbreitet.

Den Äbten stand ein Fingerring erst seit dem 12. Jahrhundert zu. Geistliche niederen Ranges durften Ringe lange Zeit überhaupt nicht tragen.

Gewöhnlich sind die Bischofsringe mit einem Edelstein geschmückt. Amethyst wird wegen der liturgischen Farbe Violett bevorzugt. Es gab aber niemals eine Verfügung über Art und Farbe des Ringsteins.

Bei Kardinälen ist Rubin als Ringstein verbreitet. Ebenso gibt es aber auch Saphire und Topase in Bischofsringen, zuweilen sogar mit Diamantdekor. Der einstige Kardinal von Essen, Franz Kardinal Hengsbach, trug sogar ein Stück Kohle in seinem Ring, um damit die Verbundenheit mit der Bevölkerung des Ruhrgebiets zu demonstrieren.

Christliche Kreuze.

Vortrage- und Standkreuze des Mittelalters sind gewöhnlich mit edlen Steinen geschmückt. Manchmal wurden auch bewußt antike, d. h. heidnische Gemmen mit verarbeitet, um die Unterwerfung der Ungläubigen durch das Christentum darzustellen (s. rechts).

Dem sogenannten Reichskreuz, einem Vortragekreuz mit reichem Steinbesatz aus der ersten Hälfte des 11. Jahrhunderts kommt eine besondere Bedeutung zu. Es gehört seit Konrad II. (1024–1039) zu den Reichskleinodien. Nur in seiner Gegenwart konnte eine Krönung vollzogen werden.

Das Lotharkreuz
Der hölzerne Kern dieses Vortragekreuzes ist mit filigraniertem Silber- und Goldblech ummantelt. Im Schnittpunkt der Kreuzarme und damit im Mittelpunkt dieses Kultgegenstandes befindet sich eine Kamee aus dreischichtigem, indischem Sardonyx (ein Lagenstein mit brauner Grund- und Oberschicht sowie weißer Mittelschicht) mit den Ausmaßen 8×7 cm. Sie stellt im Brustbild den römischen Kaiser Augustus (*63 v. Chr., † 14 n. Chr.) mit Lorbeerkranz, Zepter und Adler, dem königlichen Vogel des Imperiums, dar. Eine römische, d. h. heidnische Arbeit in einem christlichen Ritualgegenstand ist hier bewußt verwendet worden. Sie soll kaiserlichen Anspruch und christliches Herrschertum, eine Verschmelzung antiker und christlicher Elemente, symbolisieren.
Im unteren Teil des Kreuzes befindet sich ein Intaglio aus Bergkristall mit dem Brustbild des fränkischen Königs Lothar II. (855–869), eine lothringische Arbeit des 9. Jahrhunderts. Nach diesem Portrait Lothars hat das Kreuz seinen Namen, obwohl direkte Zusammenhänge zwischen Lothar und dem Kreuz nicht bekannt sind. Bei der letzten Restaurierung des Kreuzes 1932 wurde die Lothar-Gemme seitenverkehrt montiert, so daß die Inschrift jetzt nur als Spiegelschrift zu lesen ist.
Die über die ganze Kreuzfläche verteilten Edelsteine, gemugelte Smaragde, Amethyste, Rubine und Perlen, sind in konsequenter Symmetrie auf den Mittelpunkt der Augustus-Kamee bezogen. Die Edelsteine der Mittelstreifen ruhen auf herausgehobenen Arkadenfassungen. Die Balkenenden sind durch profilierte Gestaltung und große, ungeschliffene Saphire, deren Dreieckspitzen nach innen zeigen, deutlich betont.
Das Kreuz diente als Vortragekreuz beim feierlichen Einzug des Kaisers in den Dom. Um dieses Vortragekreuz auch als Standkreuz zu verwenden, wurde im dritten Viertel des 14. Jahrhunderts ein breiter Fuß angefügt.
Das Lotharkreuz ist eine rheinische Arbeit und dürfte um das Jahr 1000 entstanden sein. Es ist wohl im Auftrag des deutschen Königs und späteren Kaisers Otto III. (983–1002) für das Aachener Münster gefertigt worden. Höhe ohne Fuß 50 cm. Schatzkammer des Münsters, Aachen.

Die Stephansbursa
Die Bursa (ein Behältnis) ist nach dem Erz-
märtyrer Stephanus benannt, weil sie mit
seinem Blut durchtränkte Erde enthalten
haben soll. Sie stammt in der Hauptsache
aus dem ersten Drittel des 9. Jahrhunderts
und dürfte in der Hofstatt Karls d. Gr. oder
in Reims gefertigt worden sein. Einige
Ergänzungen folgten später.
Die Bursa besteht aus einem Holzkern, der
mit Goldblech überzogen und mit vielen
Edelsteinen dekoriert ist. Im Inneren gibt es
mehrere Aussparungen für Reliquien. Im
größten Hohlraum, der ursprünglich die
Erdreliquie Stephans enthalten haben soll,
liegt jetzt ein Stoffrest, der als Reliquie durch
ein Siegel des Wormser Domkapitels aus
der ersten Hälfte des 12. Jahrhunderts
beglaubigt wird. Es erfolgt aber keinerlei
Andeutung, in wessen Besitz dieser Stoff
gewesen sein soll.
Die Form der Bursa entspricht der einer
Pilgertasche, wie sie schon in vorkarolingi-
scher Zeit für Reliquien verwendet wird:
einem unteren, gleich breiten Kasten mit
einem spitz zulaufenden Dach.
Die Schauseite ist mit vielen Farbedelsteinen
und Perlen besetzt. Amethyste und Smaragde
herrschen vor. Die Steine sind nach Farbe,
Form und Größe sehr verschieden, aber
durchweg gemugelt. Die Anordnung ist so
gehalten, daß man in der Mitte ein Kreuz
erkennen kann.
Die Lage der Edelsteine betont mehr die
Senkrechte als die Horizontale und täuscht
damit eine schlanke Form vor. Die Räume
zwischen den Edelsteinen werden durch
dreistrahlige Erhebungen erfüllt.
Die scheinbare Unordnung der vielen Steine
wird durch die breiten ungleich hohen und
spiegelnden Muldenfassungen noch verstärkt.
Die Seitenwände sind durch geprägte
Goldmedaillons und wenig Edelsteinbesatz
gestaltet, die Rückseite besteht aus vergoldetem Silberblech. Sie war ursprünglich wie
die Seitenwände gestaltet, wurde aber dann
– etwa 1827 – in Wien in die jetzige Form
übergeführt. Die Bekrönung der Bursa ist
wahrscheinlich im 15. Jahrhundert hinzugefügt worden.
Die Stephansbursa gehörte zusammen mit
dem sogenannten Reichsevangeliar und dem
Säbel Karls d. Gr. zu den Reichskleinodien.
Höhe 32 cm.
Kunsthistorisches Museum, Weltliche
Schatzkammer, Wien.

Ikonen-Klappaltar
Hier ist die Muttergottes-Ikone in die Mitte eines Klappaltars gestellt. Durch die begleitende Schmuckausgestaltung erfährt das Ganze trotz der flachen Bilddarstellung eine große Raumwirkung.
An der mit reichem Edelsteinbesatz ausgestatteten Krone befinden sich lange Perlengehänge, wie sie früher die Zarentöchter als Kopfschmuck zu tragen pflegten.
Nach außen bestärkt ein bunter Rahmen aus Emaille, Edelsteinen und Perlen die Gesamtwirkung auf die zentrale Ikone, während die gravierten Erzengel auf den silbernen Seitenflügeln nur begleitende Funktion haben.
Der Ikonen-Klappaltar wurde für den Staatssekretär des Auswärtigen, Iwan Grjasew, von einem Meister der Moskauer Rüstkammer im ersten Drittel des 17. Jahrhunderts gefertigt. Kreml, Moskau.

Reliquiare. Die Reliquiare spielen in der christlichen Religion und in der Goldschmiedekunst eine große Rolle. Sie beinhalten sterbliche Überreste von Heiligen oder von Gegenständen, die die Heiligen angeblich in Gebrauch hatten oder mit ihnen in enger Verbindung standen. All diese Bezugsteile bezeichnen wir als Reliquien. Im Mittelalter nannte man sie Heiltümer, weil man glaubte, daß auch von den Überresten eine göttliche und Wunder wirkende Kraft ausgehe.
Bis etwa zum 12. Jahrhundert waren die Reliquien in ihren Behältnissen eingeschlossen, dem gläubigen Volk verborgen. Mit der neuen Betrachtungsweise religiöser Vorstellungen in der Gotik erhalten die Reliquiare Fenster und Öffnungen, um den Gegenstand der Verehrung sehen und gegebenenfalls eine Heilwirkung unmittelbar erfahren zu können.
Die Formen der Reliquiare sind sehr vielgestaltig. Reliquienschreine in der Gestalt kleiner Sarkophage können die sterblichen Überreste der Heiligen insgesamt aufnehmen. Bei den sogenannten sprechenden Reliquiaren sind Reliquien in figürliche Darstellungen, z. B. in Statuen, in Büsten, in Kopf- oder Armnachbildungen eingebettet. Vielfach sind Reliquien aber auch in liturgischen Geräten, wie Vortrage- und Standkreuzen, Monstranzen oder Altärchen aufbewahrt. Ebenso können Reliquien in Anhängern und in Ringen dauernd mitgeführt werden. Der »Talisman« Karls d. Gr. (s. S. 137), den man dem Kaiser sogar im Grab um den Hals gelegt hatte, enthält ein Partikel des Kreuzes Christi als Reliquie.
Die Reliquiare sind gewöhnlich von hohem künstlerischem Wert, vielfach aus Edelmetall geprägt und mit Edelsteinen reich besetzt.

Ikonen. Bei den aus der byzantinischen Reichskirche hervorgegangenen orthodoxen Kirchen, wie der russisch-, der griechisch-, der serbisch-, der bulgarisch- oder der rumänisch-orthodoxen Kirche, spielt das Bild im Unterschied zur westlichen Kirche eine viel größere Rolle, denn dort gibt es keine figürlichen Darstellungen von Christus, den Heiligen oder von biblischen Ereignissen. Es herrscht ein ganz anderes Bildverständnis. Der Innenraum der Kirche ist reich mit Bildern geschmückt.
Diese Bilder, die sogenannten Ikonen, haben eine kultische Funktion. Durch die Bilder werden die Heiligen und die Heilwahrheiten sichtbar. Die Darstellungen geben nicht die Wirklichkeit wieder, sondern zeigen typisierte Formen. Die Ikonen sind daher Gegenstand direkter Verehrung. Sie werden in kirchlicher wie in häuslicher Umgebung gefeiert. Man küßt sie, entzündet ihnen Lichter, ja man wäscht und salbt sie auch.
Bei den Ikonen in der Kirche, der Herrscherhäuser und beim herausgehobenen Adel lassen sich zwei Teile unterscheiden: das gewöhnlich auf Holz gemalte Tafelbild und eine schmückende Umrahmung, eine Art Heiligenschein, das sogenannte Oklad. Dieses Oklad ist im Gegensatz zum Tafelbild reich ausgestattet. Getriebenes Gold und Edelsteine bestimmen den Charakter. Durch die von der flachen Bildfläche etwas hervorstehende, räumlich wirkende Umrahmung wird die Gestalt des Heiligen betont.

Codex Aureus

Das Evangeliar »Codex Aureus von St. Emmeram in Regensburg« wurde für den westfränkischen König und späteren Kaiser Karl den Kahlen (843–877) von Mönchen, wahrscheinlich in Reims, geschrieben und 870 vollendet.

Im Jahre 893 schenkte es der ostfränkische König Arnulf (887–899) dem Benediktinerkloster St. Emmeram in Regensburg. Wie dieser in dessen Besitz gekommen war, ist unbekannt.

Ausgestattet mit einem prunkvollen Einband aus getriebenem Gold und reichem Edelsteinbesatz gilt dieser Codex als Höhepunkt der karolingischen Buchkunst. Er umfaßt 126 Blatt, seine Maße sind 42 und 33 cm.

Bei einer Renovierung 1966 im Institut für Buchrestaurierung der Bayerischen Staatsbibliothek konnte der Schmuck des Buchdeckels einem gründlichen Studium unterzogen werden.

Der Deckel enthält etwa 80 Smaragde und Saphire, 120 Perlen sowie einige auf dem nebenstehenden Foto nicht erkennbare kleine Granate und mehrere farbige Zellenverglasungen im Bodenbereich der Steinfassungen.

Der Farbakkord von Grün, Blau und Weiß war im byzantinischen Reich nur dem Kaiser und seiner Familie vorbehalten. Beim Codex ist eine Anlehnung an die Tradition nicht zu verkennen.

Die Edelsteine und Perlen sind in einem schmalen Rahmen um die zentrale Christusfigur und in einem breiten Rahmen am Außenrand des Deckels angeordnet. Vier Kreuzarme mit großen Smaragden, jeweils von vier Perlen flankiert, verbinden die beiden Rahmen. Steine und Perlen sind in strenger Symmetrie über die Fläche verteilt.

Alle Steine sind echt. Einschlüsse bei den blauen Saphiren deuten auf Sri Lanka als Fundort, bei den Smaragden auf Ägypten hin.

Der Grundriß der Smaragde ist viereckig, bei den Saphiren herrscht die ovale Form vor. Alle Steine haben eine gerundete, muglige Oberfläche. Nach den Vorstellungen früherer Zeiten kam es nicht so sehr darauf an, gleichmäßig geformte Oberflächen zu gestalten,

Evangeliar »Codex Aureus von St. Emmeram in Regensburg«. Bayerische Staatsbibliothek, München.

Links: Detail des Buchdeckels unten links vom Codex Aureus.

sondern vielmehr, möglichst viel Stein-substanz zu erhalten. Deshalb ent-sprechen die hier dargebotenen Oberflächenformen auch nicht den Qualitätsansprüchen unserer Tage. Die Perlen sind, nach dem Aussehen zu schließen, im Süßwasser geboren, wahrscheinlich aus den Flüssen Euro-pas gefischt.
Einige Edelsteine und mehrere Perlen des Codex Aureus sind durchbohrt, ein Hinweis dafür, daß diese edlen Steine vorher an anderer Stelle als Schmuck gedient haben.

Bei seitlicher Betrachtung des Buch-deckels erkennt man, wie hoch die Steinfassungen stehen und wie fein-ziseliert sie gestaltet sind. Jede Stein-fassung scheint einen Palast zu ver-körpern. Man könnte an ein Stadtbild mit vielen Arkaden, Toren und Säulen-hallen denken.
Die vier Ecken der Komposition sind besonders stark überhöht. Zweistöcki-ge, kastenförmige Türme tragen die größten der auf dem Buchdeckel ange-sammelten Smaragde.

Nach unten sind die Edelsteine mit Wachs und einem gazeähnlichen Stoff, die Perlen mit Papierstückchen ge-stützt, gleichzeit somit gegen Druck von oben abgepolstert.
In dem Saphir zu Füßen der zentralen Christusfigur ist ein Monogramm ein-graviert, dessen Bedeutung zwar bis heute nicht enträtselt werden konnte, das aber insofern interessiert, als es bei der großen Härte des Saphirs (Mohs-härte 9) nur mit einem noch härteren Material eingeritzt sein kann, und das ist Diamant.
Das Karatgewicht der einzelnen Edel-steine ist nicht bekannt, da nur wenige Steine bei der Restaurierung des Codex gewogen werden konnten: nur solche, die aus der Fassung gefallen waren.

Nur für den Adel
Symbol staatlicher Macht

Die feierliche Einsetzung eines Herrschers, der als Verkörperung des Staates, oft auch gleichzeitig als Leitfigur religiöser Vorstellungen galt, wurde stets mit viel Glanz, großem Aufwand und überlieferten Symbolhandlungen vollzogen.

Kaiser Franz I. von Österreich (1768–1835), im österreichischen Kaiserornat mit der Krone des Kaisers Rudolf II. (1576–1612), dem Zepter von Kaiser Matthias (1612–1619) und dem Dekor der vier österreichischen Hausorden. Nach einem Gemälde von F. v. Amerling, 1812. Kunsthistorisches Museum, Wien.

Detailzeichnung der Stirnplatte der rechtsstehenden Reichskrone. Schatzkammer des Kunsthistorischen Museums, Wien.

Bei der Krönung der Kaiser des Heiligen Römischen Reiches Deutscher Nation spielen die symbolträchtigen sogenannten Reichskleinodien eine wesentliche Rolle. Dazu gehören die Reichsinsignien (Krone, Reichsapfel, Reichszepter und Reichsschwert), Krönungsornat und die Reichsheiligtümer (Heilige Lanze, Reliquiare, Evangeliare).
Es sind Attribute der monarchischen Herrschaft, sie sollen den weltlichen Anspruch und gleichzeitig den göttlichen Auftrag demonstrieren. Dabei kommt der Krone eine besondere Bedeutung zu. Sie gilt nicht nur als Herrschaftszeichen, sondern ist gleichzeitig der sichtbare Ausdruck menschlicher Erhöhung.

Die Reichskrone

Das genaue Entstehungsdatum der sogenannten Reichskrone, der Krone des Heiligen Römischen Reiches Deutscher Nation, ist nicht bekannt. Vielleicht wurde sie zur Krönung Ottos d. Gr. im Jahre 962 hergestellt. Gewiß sind die acht durch Scharniere verbundenen Bogenplatten in der zweiten Hälfte des 10. Jahrhunderts in Deutschland gefertigt. Kronenkreuz und Bügel der jetzigen Ausstattung wurden im frühen 11. Jahrhundert, die rote Samthaube im 18. Jahrhundert hinzugefügt. Karl der Große, nach dem diese Krone – vor allem in älterer Literatur – auch benannt und mit der er auf Gemälden, wie z. B. von Dürer 1513, dargestellt wird,

hat die Reichskrone niemals getragen. Die Gesamthöhe der Krone beträgt 25 cm, die Steinplatte ist 15 cm hoch und 11 cm breit, das Kronenkreuz 10 cm hoch, der Durchmesser der Krone mißt 20,9 × 22,2 cm.
Die vier Hauptplatten (Stirn- und Nackenplatte sowie zwei Schläfenplatten) sind dicht mit Edelsteinen und Perlen besetzt. Die übrigen vier Platten tragen Emailbilder, umgeben von schmalen Rahmen voller Edelsteine. Stirn- und Nackenplatte sind symmetrisch mit 12 großen – wenn auch verschiedenen – Edelsteinen in drei Reihen belegt. Um die wenig klaren Steine durchsichtiger, mit mehr Leuchtkraft wirken zu lassen, sind die Grundplatten auf der Rückseite der Edelsteine durchbrochen.
Die Steine werden von dreizehigen Krallen gehalten, eine passende Art der Befestigung für die unregelmäßig gemugelten Edelsteine.
Große, ursprünglich 18 durchbohrte Perlen begleiten im Vierersystem jeden großen Stein der Stirn- und der Nackenplatte. Mehrere kleine Edelsteine sind im symmetrischen System der Steinanordnung noch zusätzlich eingefügt.
Bei den Schläfenplatten sind jeweils 72 Edelsteine und Perlen unterschiedlicher Größe um einen zentral postierten Smaragd angeordnet.
Der herzförmige Saphir der Stirnplatte gehört nicht zum ersten Besatz. Hier saß der »Waise«, ein Leitstein der Krone, mit großem symbolischen Wert. Vielleicht war es ein Edelopal, vielleicht auch ein Sternsaphir. Die runde

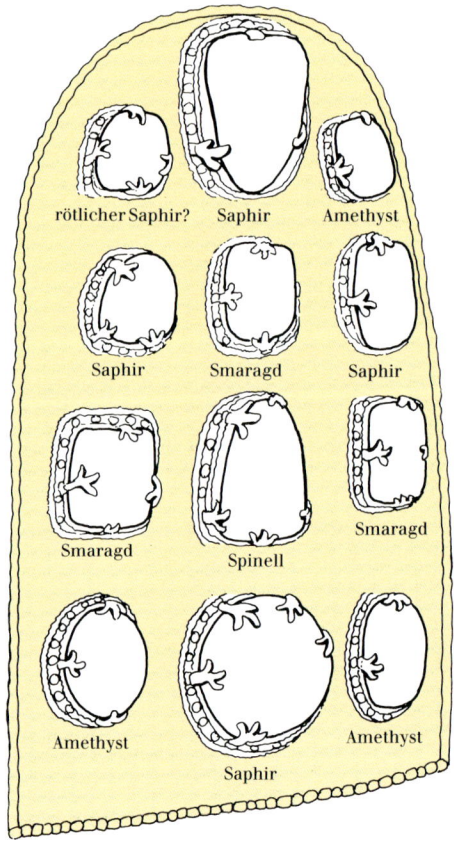

rötlicher Saphir? Saphir Amethyst
Saphir Smaragd Saphir
Smaragd Smaragd
Spinell
Amethyst Amethyst
Saphir

46

Fassung läßt die ursprüngliche Größe
des »Waisen« ahnen. Der dreieckige
Saphir paßt so gar nicht hinein.
Das Kronenkreuz wird von zwei blauen
Saphiren, einem Smaragd, einem Ame-
thyst und (wahrscheinlich) von einem
gelblichen Saphir beherrscht, der
Bügel von einer Vielzahl von Perlen.
Die Identifizierung der Edelsteine ist
schwierig, da sie wegen der Gefähr-
dung des ganzen Kleinods nicht aus der
Fassung genommen werden dürfen
und deshalb nur nach äußeren
Merkmalen bestimmt werden
können. Fast alle Kaiser des
Heiligen Römischen
Reiches Deutscher Nation
wurden mit der
Reichskrone gekrönt.

Das Zepter
mit dem Kreuz

Das bis in die Gegenwart bei der Inthronisation englischer Souveräne verwendete Zepter wurde für die Krönung Charles II. (1660–1685) angefertigt, 1910 etwas verändert, um den größten geschliffenen Diamant der Welt (Cullinan I. oder Stern von Afrika genannt, s. S. 66) aufzunehmen. Dieser tropfenförmig facettierte Edelstein bildet zusammen mit einem Amethyst von feinster Qualität und zahlreichen weiteren Edelsteinen den Kopf des Zepters. Das übergeordnete Kreuz gibt dem Zepter den Namen. Neben diesem Zepter spielt nämlich noch ein anderes, von einer Taube überragtes Zepter beim englischen Krönungszeremoniell eine wesentliche Rolle.

Zepter sind schon in den orientalischen Hochkulturen bekannt. Sie bedeuten Herrschaft und sind Symbol strenger Gerechtigkeit. Ab dem 3. Jahrhundert v. Chr. gehört der Herrscherstab zum festen Bestandteil der Insignien im Römischen Reich.

Diese Symbolik wird von den Kaisern des Heiligen Römischen Reiches Deutscher Nation übernommen, zum Zeichen des christlichen Sieges mit einem Kreuz verbrämt (Augustus-Gemme im Lotharkreuz, S. 41).

Der ursprüngliche Langstab wird als Herrschaftszeichen und als Sinnbild für Huld und Frieden von den Bischöfen entlehnt, Könige verwenden schon im Mittelalter vielfach einen Kurzstab als Zepter.

Während der Krönung wird das Zepter in der rechten Hand gehalten. Die Bischöfe führen den Langstab (Krummstab) mit der linken Hand.

Reichsapfel Friedrichs von Böhmen, des sogenannten Winterkönigs. Schatzkammer der Residenz, München.

Böhmischer
Reichsapfel

Der mit einem Äquatorband, vier Meridianspangen und einem Kreuz ausgestattete goldene Reichsapfel ist mit Saphiren, Smaragden, Rubinen, Spinellen und Diamanten reichlich besetzt.

Er wurde wahrscheinlich im Auftrag des Kurfürsten Friedrich V. von der Pfalz anläßlich seiner Krönung zum König von Böhmen (daher Böhmischer Reichsapfel) 1619 wohl in Augsburg angefertigt. Höhe 19,5 cm, Durchmesser mit Besatz 12 cm.

Die zu den Krönungsinsignien gehörenden Reichsäpfel gehen auf byzantinische Vorbilder zurück. Sie sind Symbol weltumfassender Macht. Das im Christentum hinzugefügte Kreuz ist Sinnbild der christlichen Weltherrschaft.

Mit dem Ende des mittelalterlichen Kaiserreichs sieht man im Reichsapfel jetzt das Zeichen der unabhängigen Herrschaft unter dem Kreuz. Bei der Krönungszeremonie wird der Reichsapfel in der linken Hand gehalten.

Zepter der englischen Krönungsinsignien. Länge 91 cm. Tower, London.

Votivkronen

Durch Zufall wurde 1858 bei Fuente de Guarrazar in der Nähe von Toledo/Spanien ein Schatz gefunden, der u. a. elf goldene mit reichem Edelsteinbesatz ausgestattete Kronen enthielt.

Durch die Gehänge vom unteren Kronenrand und durch eine lange Aufhängevorrichtung oben unterscheiden sich diese Kronen von den sonst üblichen Herrschaftszeichen. An Hand der aus Goldblech gestanzten Buchstaben im unteren Gehänge lassen sich zwei Kronen den beiden westgotischen Königen Swintila (621–631) und Rekkeswind (653–672) zuordnen.

Die Anhäufung ähnlicher Kronen läßt vermuten, daß sie der Kirche für zeremonielle Zwecke, als Votivkronen (Weihekronen) gestiftet worden sind, vielleicht dazu eigens angefertigt, vielleicht aber auch bei der Krönung getragen. Kronenstiftungen an Klöster sind im Mittelalter durchaus nicht ungewöhnlich.

Zu den Votivkronen zählt man auch jene Kronen, die den Kopfreliquiaren aufgesetzt sind, wie z. B. bei der Aachener Karlsbüste.

Ebenso kann man auch die sogenannten Grabkronen hierherstellen. Das sind Kronen, die toten Herrschern oder deren Frauen ins Grab gelegt wurden. Einige davon sind sicherlich zu diesem Zweck angefertigt worden, andere aber schmückten gewiß die Häupter auch zu Lebzeiten. Gewöhnlich sind solche Kronen reich ausgestattet, mit vielen Edelsteinen besetzt.

Votivkrone, 7. Jahrhundert.
Archäologisches
Museum, Madrid.

Das Bayerische Reichsschwert

Der Kopf dieses Prunkschwerts enthält im Kreuzungspunkt einen großen Smaragd, darüber eine Doppelraute aus weißem Diamant und blauem Saphir, den Farben des bayerischen Wappens. In der Mitte des Griffs befindet sich ein Saphir-Cabochon. Weitere Saphire, Rubine und Diamanten sind über den Griff verteilt. Die Spitze der Scheide ist mit einem Smaragd dekoriert. Gefertigt 1806–1807 von Ch. Pereier und M.-G. Brennais, Paris.

In biblischer Zeit gilt das Schwert, das im Auftrag Gottes geführt wird, als heilige Waffe. In römischer Zeit ist es Teil der kaiserlichen Insignien. Im Christentum soll das Schwert mehr schrecken als töten. Durch das Schwert soll der Kaiser Mehrer des Reichs und der Christenheit sein.

Mit dem Schwert wurde bei der Königs-

weihe im Heiligen Römischen Reich Deutscher Nation die Herrschaft über alle deutschen Stämme zum Ausdruck gebracht. Es wurde beim Krönungszeremoniell dem Herrscher mit der Spitze nach oben vorangetragen.

Mit dem Ende des alten Reiches 1804 wurden die Symbole der Krönungsinsignien – mit abgewandeltem Sinngehalt – von fast jedem der neu entstandenen Königreiche übernommen.

Bayerisches Reichsschwert. Länge 95,5 cm,
Breite 15,5 cm.
Schatzkammer der Residenz, München.

Teure Steine
Zeichen von Wohlstand und Reichtum

Mit Edelsteinen lassen sich Reichtum und Wohlstand am augenfälligsten darbieten. Deshalb finden sie entsprechende Verwendung nicht nur in Schmuckstücken, sondern auch bei allen möglichen kunstgewerblichen Gegenständen, die man zur Schau stellen kann.

Wer viele Edelsteine besitzt, muß vermögend sein. Aber nicht jeder, der reich ist, zeigt seinen Wohlstand. In den vergangenen Jahrhunderten dagegen versuchen Fürstenhöfe, Adel und aufstrebendes Bürgertum sich im Luxus zu übertreffen, stellen Reichtum und Wohlstand bewußt zur Schau.

In der Zeit der Renaissance und des Barock sind in Europa Verschwendung, lasterhaftes und luxuriöses Leben stark verbreitet. In östlichen Ländern und im Orient reicht solches Wohlleben einer kleinen Bevölkerungsschicht bis in die jüngste Vergangenheit herein. Kunstvoll gestaltete und mit edlen Steinen dekorierte Kleidung, Waffen, Tafelservice, aber auch Möbel und schließlich reine Schauobjekte gelten als Indikator einer gehobenen Lebensführung, sind für viele Sinnbild von Wohlstand und Reichtum.

Sogar Gegenstände des täglichen Gebrauchs, wie Uhren und Spiegel, werden mit Edelsteinen besetzt.

Bei Tisch herrscht in höfischen Kreisen ein Pomp ohnegleichen. Das Tafelgeschirr, aus Gold und Silber, ist teilweise derart dicht mit edlen Steinen besetzt, daß die Wandungen der Gefäße kaum noch zu erkennen sind. Ab 1600 etwa sind Gemmen als Besatz sehr beliebt. Tafelaufsätze aus feinstem Geschmeide ergänzen die Tischdekoration. Um sich dem jeweiligen Zeitgeschmack bei der Tischmode anzupassen, müssen die Hofjuweliere immer wieder andere Dekorationen entwerfen. Gold- und Silbergeschirr der alten

Die blau emaillierte Wandung der Deckelterrine ist unter den in Gold gefaßten 120 Kameen kaum noch zu erkennen. Zuoberst ruht eine mit einer Kamee besetzte Achatplatte. Die Negerköpfe an den Henkeln tragen Halsketten und Ohrgehänge aus Perlen. Gefertigt um 1650 wahrscheinlich in den Niederlanden. Höhe 36,4 cm. Königlich-Dänische Sammlungen im Rosenborg-Schloß, Kopenhagen.

Garnituren wird eingeschmolzen, dann völlig neu gestaltet. Nur die Edelsteine der Service bleiben erhalten. Sie wechseln allerdings wiederholt ihren Platz.

Dieser Zwang nach Umgestaltung erklärt, warum verhältnismäßig wenig vollständiges Tafelgeschirr aus der Zeit des 16. und 17. Jahrhunderts überliefert ist.

Dem Alkoholgenuß dienen Gefäße, die an Skurilität kaum zu übertreffen sind. Nicht nur reich im Dekor, absonderlich in der Figur, sondern auch noch so konstruiert, daß der Inhalt beim Trinken überschwappt, dem Genießer mit Gewißheit ins Gesicht spritzt und auf die Kleidung fließt. Mit Hilfe schmaler Hälse, ungleich großer Hohlräume und herabklappender Teile des Trinkgefäßes werden keine Mühen gescheut, sich bei Bier und Wein zu amüsieren. Die auf S. 121 abgebildete »Daphne« ist ein solches (wenn auch harmloses) Trinkgefäß. Es wurde besonders von Jägern, die die Nymphe Daphne als (von Apoll) »Gejagte« verehren, gern benutzt. Schädeldecke und Korallendekor der Daphne-Figur sind abnehmbar.

Kaffee ist zwar schon seit Beginn des 16. Jahrhunderts in Europa bekannt. Er gewinnt aber erst nach der Belagerung Wiens 1683 durch die Türken Bedeutung. Kaffeeservice kommen dementsprechend erst später in Mode. Ähnlich ist es mit Tee. Er wird um die Mitte des 17. Jahrhunderts in Europa eingeführt. Bei den Kaffee- und Teetrinkgarnituren ist der Edelsteinbesatz nahezu unbedeutend.

Im Gegensatz zur protzigen Tischgarnitur ist die Eßkultur an vielen Fürstenhöfen und Edelsitzen durchaus nicht so fortschrittlich, wie man sich sonst gerne fühlt. Selbst am Hof Ludwigs XIV.

Anhänger in Form einer Frauenbüste. Über der barocken Doppelperle sitzt eine aus Amethyst geschnittene Kamee. Die begleitenden Edelsteine sind Rubine und Diamanten. Höhe 6,6 cm. Gefertigt im späten 17. Jahrhundert in Italien. Kunsthistorisches Museum, Wien.

wird gewöhnlich mit Fingern gegessen. Aus edlen Steinen kunstvoll gefertigte oder mit edlen Steinen besetzte Schüsseln und Kannen (s. S. 117) stehen zur Händewäsche bereit. Nach dem Mahl werden die Hände über das Becken gehalten und mit dem Wasser aus den Kannen überspült.

Dekoration zum Tragen

Im 17. und 18. Jahrhundert werden in fürstlichen Kreisen Kleidung und Waffen aufwendig dekoriert. Hutgestecke und Rockanhänger (s. S. 56) mit reichem Edelsteinbesatz sind verbreitet. Ebenso werden aber auch Edelsteine als Knöpfe verwendet oder einfach auf die Kleidung geheftet.

Die im Mittelalter allgegenwärtige Brosche verschwindet völlig aus dem Schmuckangebot. Das mit Edelsteinen besetzte Armband findet – wie einst in der Antike – großen Anklang. Ebenso wird der kunstvoll gestaltete, mit edlen Steinen garnierte Fingerring zum Luxusgegenstand aufgewertet.

Übermäßig prunkvoll sind die Waffen ausgestattet. Die Griffe der Degen, Säbel und Dolche tragen wie die Scheiden reiches Edelsteindekor. Solche Waffen sind reines Instrument der Repräsentation, ein Standessignum. Sie haben nur Symbolcharakter.

In der kriegerischen Gesellschaft des Orients werden solche mit Edelsteinen besetzte Waffen wie auch Rüstungen der Heerführer und des Adels schon in früheren Zeiten getragen und selbst im Krieg mitgeführt.

Die goldene Scheide des Dolchs ist mit Diamanten ganz verschiedener Form besetzt. Der Dolchgriff wird von drei großen Saphiren und kleinen Diamanten geschmückt. Der im Orient gefertigte Dolch stammt aus dem 17. oder 18. Jahrhundert. Topkapi-Museum, Istanbul.

Pietra dura

Seit den alten Hochkulturen im Vorderen Orient ist es Mode, edle Steine zu größeren Einheiten zusammenzusetzen, um großflächige Farbkompositionen oder bildhafte Darstellungen zu erreichen. Bis zum Mittelalter sind die Einlagen, die Intarsien, jeweils durch Golddraht oder andere Fassungen voneinander getrennt. Wir sprechen von der Zellentechnik (s. S. 54).

Ab dem späten 16. Jahrhundert breitet sich von Italien die Technik des »comesso in pietre dure« (Schneiden in harten Stein), kurz »Pietra dura« genannt, über Europa aus. Wann und wo die Anfänge zu suchen sind, läßt sich nicht mehr ermitteln. Vielleicht liegen sie in Mailand, Rom oder Florenz. Das Patriziergeschlecht der Medici jedenfalls hat die Pietra-dura-Arbeiten stark gefördert und auch entscheidend beeinflußt, weshalb Pietra dura auch als »Toskanisches Mosaik« bezeichnet wird.

Bei der Technik werden die edlen Steine einzeln so zurechtgeschnitten und -geschliffen, daß sie zusammengesetzt ein Bild gemäß einer Entwurfsvorlage

Prunktisch
Der in Pietra-dura-Technik gearbeitete Prunktisch stammt vom Ende des 16. Jahrhunderts. Der Entstehungsort ist vielleicht Rom. Das Ornamentdekor der Tischplatte zeigt mit seiner strengen Symmetrie die große Kunst des Steinschneiders. In den Ecken der Platte ist blauer Lapislazuli, in der äußeren Umrahmung des Tisches sind gestreifter Achat und Jaspis zu erkennen. Die braunstreifigen Flächen des Innenteils und die Schwarzweiß gefleckten Halbkreisornamente bestehen aus verschiedenen Marmorsorten. Die Oberfläche ist spiegelglatt geschliffen. Louvre, Paris.

ergeben. Die Oberfläche der Bilder ist immer völlig eben. Zuweilen sind Pietra dura auch mit anderen Materialien, wie Edelhölzer, Gold, Zinn oder Bronze, kombiniert.

Das 17. und 18. Jahrhundert ist die hohe Zeit der Steinintarsien. Florenz ist bis heute ein Zentrum des Toskanischen Mosaiks.

Pietra dura wurde viel in Luxusmöbel als Wandfüllung oder zu Verzierungen eingebaut. Für Kabinettschränke sind die Steinmosaiken geradezu unentbehrlich. Verbreitet in fürstlichen Residenzen sind Prunktische aus Pietra dura. Aber auch ganze Wohnräume, Grabkapellen und Altarverkleidungen werden mit dieser Steinschneidearbeit dekoriert.

Die Motive sind Ornamente, Blumengebilde, aber auch Landschaften, Stadtsilhouetten, Personen und Stilleben, ebenso Themen aus der Bibel und aus der Mythologie.

Pietra-dura-Arbeiten gibt es auch bei kleinen Objekten. Im 18. Jahrhundert sind die aus Stein geschnittenen Tabaksdosen, die Tabatieren, sehr beliebt. Sie werden von Fürsten gerne anstelle von Orden Untergebenen für treue Dienste geschenkt.

Nur zur Schau

Die meisten der mit Edelsteinen besetzten Schmuck- und Dekorstücke erfüllen einen persönlichen oder einen gesellschaftlichen Zweck. Sie dienen der Zierde, sind Statussymbol, sollen als Amulett wirksam sein oder werden zur Geldanlage bzw. als Spekulationsobjekt genutzt.

Früher hatten kunstgewerbliche Arbeiten noch eine weitere Funktion. Sie waren reines Schauobjekt, zeigten unverhohlen Reichtum und dienten sicherlich ebenso der eigenen Eitelkeit. Vielleicht war es aber auch eine ungezügelte Leidenschaft, Güter von kaum schätzbaren Werten zusammenzutragen.

Zwei Beispiele, die in ihren Dimensionen nichts Vergleichbares kennen, seien hier genannt. Das ist einmal der nebenstehend abgebildete, aus edlen Steinen zusammengesetzte Blumenstrauß. Das zweite Beispiel bezieht sich auf die im Dresdner Grünen Gewölbe ausgestellte Komposition von Personen und Gemächern am Hof des um 1700 regierenden Fürsten von Indien, der sogenannte »Hofstaat zu Delhi am Geburtstag des Großmoguls Aurangzeb.« In diesem letztgenannten (hier nicht abgebildeten), 1701–1708 gefertigten Schauobjekt mit den Ausmaßen 142×114 cm sind allein 4909 in Rosenform geschliffene Diamanten verarbeitet. – Der kunsthistorische Wert solcher Schauobjekte liegt vielleicht in ihrer Einmaligkeit.

Juwelenbouquet
Diesen Edelsteinstrauß schenkte die Kaiserin Maria Theresia (1740–1780) ihrem Gemahl Kaiser Franz I. Sie läßt ihn als morgendliche Überraschung 1760 in das vom Kaiser begründete Mineralienkabinett stellen. Ungefähr 1500 Diamanten und etwa 1300 Farbedelsteine (u. a. Rubin, Saphir, Smaragd, Topas, Peridot, Hyazinth, Granat, Opal, Türkis) sind hier verarbeitet. In einem Inventar von 1823 wird von Edelsteinen »meist von erstem Rang und mitunter von ansehnlicher Größe« berichtet. Angefertigt vor 1760 von J. M. v. Grosser. Naturhistorisches Museum, Wien.

Auch zur Freude
Edle Steine in Orden und als Schmuck

Schmuck ist die älteste Art der dekorativen Kunst. Durch die Hand des Künstlers gestaltet, mit edlen Steinen besetzt, ist Schmuck ein Spiegelbild der Gesellschaft, in der er getragen wird.

Körperschmuck kann dekorativ (z. B. als Armreif oder Finger-ring), funktional (als Nadel oder Gürtelschnalle), in sozialer Funktion (als Krone oder Bischofsring) oder als Amulett getragen werden. Manchmal kann die eine Funktion mit einer anderen verknüpft sein.

Edelsteinschmuck im Altertum.
In den frühen Hochkulturen des Vorderen Orients ebenso wie in China und Indien werden Schmuckstücke gewiß nicht nur zur reinen Freude getragen, sie dienen gleichzeitig als Amulett oder haben religiöse Funktion.
Später, als der Schmuck auch Reichtum, den Status oder den Rang eines Besitzers ausdrückt, werden die Formen entsprechend auffallend gestaltet, das Schmückende mehr und mehr betont. Schließlich überwiegt die Schmuckfunktion, Schmuck ist zum Selbstzweck geworden.
Edle Steine werden in allen Arten des Körperschmucks verwendet, bei Diademen, Halsketten und Kolliers, Ohrgehängen, Armreifen und Fingerringen, Gürtel- und Schuhschnallen. Die Technik der Schmuckgestaltung steht auf hohem Niveau.
Schmuck tragen sowohl Frauen als auch Männer. Mit edlen Steinen besetzter Schmuck ist nur einer kleinen Minderheit, den herrschenden Schichten vorbehalten.
Besondere Beachtung verdienen die von den Sumerern entwickelten Intarsien: ein aus kleinen Edelsteinen (oft gemeinsam mit Glasflüssen) zu einem größeren Dekor zusammengefügtes Bild. Mit feinem Golddraht werden die einzelnen Steinchen umrahmt und gleichzeitig gegen Stoß geschützt. Die Ägypter übernehmen die Technik der Intarsie und führen sie in der Epoche Tutanchamuns zu höchster Vollendung.

Edelsteinschmuck im Mittelalter.
Während der Zeit der Völkerwanderung und bis zum 8. Jahrhundert danach gehören zu den beliebtesten Schmuckarten Fibeln (Gewandschließen) in der Gestalt von Vögeln. Häufig benutzt man dazu die Technik der Intarsie, die von den Ägyptern schon so perfekt gehandhabt wurde. Während aber bei den Ägyptern die feinziselierten, fast spielerisch scheinenden Formen überwiegen, wirkt die Gestaltung bei den Germanen, besonders durch die Verwendung des roten Granats, wuchtig (s. S. 80).
Im Hochmittelalter, einer Zeit der Auseinandersetzung zwischen Kaiser und Papst, beherrscht der sakrale Charakter das Kunstgeschehen.
Schmuck als Statussymbol ist per Dekret nur gewissen Gesellschaftsschichten zu tragen erlaubt. Der Diamant als Symbol der Stärke, des Muts und der Unbesiegbarkeit wird bis ins 15. Jahrhundert ausschließlich von Königen getragen.
Mit der Entwicklung der Wappenkunde im späten Mittelalter als Mittel der Identifikation führen alle, die berechtigt sind, Waffen zu tragen, einen mit ihrem Wappen gravierten Siegelring. Männer, die Waffen nicht mit sich führen dürfen, z. B. Kaufleute, können nur mit einfachen Vorrichtungen und unedlen Metallen siegeln.
Gegen Ende des Mittelalters erlangt der Schmuck zunehmend dekorativen Charakter. Fingerringe und Ringbro-

Schmuck und Kultzeichen zugleich ist dieser geflügelte Skarabäus aus dem Grab des ägyptischen Königs Tutanchamun (1347–1336 v. Chr.) über dem Skarabäus aus Jaspis die rote Sonnenscheibe aus Karneol. Zellenschmelz und Edelsteine sind in vollendeter Harmonie in dieser Intarsie vereint. Ägyptisches Museum, Kairo.

Eine Mantelschließe (Tassel) aus Goldfiligran mit sieben Saphiren, zwei Amethysten und fünfzehn (von einst sechzehn) Perlen. Es ist eine westdeutsche Arbeit vom Ende des 10. Jahrhunderts. Seitenlänge 7 cm, Höhe 0,9 cm. Die Schließe wurde zusammen mit einem zweiten Stück 1896 am Westchor des Doms zu Mainz gefunden. Hessisches Landesmuseum, Darmstadt.

lichen Kunst, vielmehr eine Neubelebung antiker Vorbilder mit einem hohen technischen und künstlerischen Niveau.

Durch aufkommenden Handel über den Lokalbereich hinaus beginnt schon im Spätmittelalter auch im abendländischen Europa ein wirtschaftlicher und sozialer Aufschwung weiter Bevölkerungskreise. Reformation, Buchdruck und Wiederbewaffnung der Bauern mit Schwert und Spieß tragen mit bei zu der geistigen Befreiung des Menschen in der Renaissance. In der Renaissance entstehen Kunstwerke mit völlig neuem Gehalt. Man entdeckt den menschlichen Körper auch für die Kunst. Während im Mittel-

alter die Zurschaustellung von Nacken und Schultern des weiblichen Körpers verboten ist, wird in der Renaissance die Halslinie immer mehr betont. Das Haar, früher unter Hauben versteckt, wird jetzt mit Schmuck dekoriert, hoch gesteckt, um Ohr und Schönheit des Halses zu zeigen und mit Gehängen und Ketten zu würdigen.

Das Dekolleté wird mehr und mehr geöffnet, ist ein Ort neuer Schmuckgestaltung, wird zum Blickfang für die Frau wie für den Schmuck.

Die Portraitmalerei erlebt einen Aufschwung sondergleichen. Sie dient der Eitelkeit der Auftraggeber, die in möglichst aufwendigen Roben und vielseitigem Schmuck mit glitzernden Edel-

schen zur Befestigung von Gewändern sowie Schuhschnallen sind nicht mehr Statussymbol einer kleinen Gruppe, sondern werden mittlerweile von breiten Bevölkerungsschichten verwendet.

Edelsteinschmuck in der Renaissance.

In der Renaissance (die in Italien um 1350, nördlich der Alpen um 1500 einsetzt und das ganze 16. Jahrhundert umfaßt) wird der christlich-abendländische Universalismus durch ein Erwachen des bürgerlichen Selbstbewußtseins abgelöst. Die in Oberitalien entstandenen Stadtstaaten repräsentieren Handel und Reichtum, es entstehen Stadtpaläste und andere Profanbauten. Patriziergeschlechter, durch Handel reich geworden, werden Förderer der Kunst. Es gibt keine Fortsetzung der mittelalter-

Heinrich VIII. (1509–1547), König von England. Der wertvolle Edelsteinbesatz der Garderobe dokumentiert nicht nur Schmuck und Wohlstand, sondern vor allem politische Macht. Gemälde von Hans Holbein d. J., 1540. Ausmaße 89×75 cm. Galleria Nazionale, Palazzo Barberini, Rom.

Dekorativ gestalteter Schmuckanhänger aus Emaille und Edelsteinen. Um 1600. Grünes Gewölbe, Dresden.

Hutagraffe der sogenannten Bergmannsgarnitur des sächsischen Kurfürsten Johann Georg II., ausnahmslos aus sächsischen Edelsteinen. Gefaßt von S. Klemm 1676. Höhe 16 cm, Breite 11 cm. Grünes Gewölbe, Dresden.

steinen Macht, Status und Wohlstand dokumentieren.

Die Gravur, in der Antike hoch geschätzt, lebt wieder auf. Führende Goldschmiede und Steinschneider arbeiten in Werkstätten am Hof der einladenden Fürsten. Sie fertigen Kameen nach Vorbild der Antike, aber auch Pokale, Schalen und Kleinplastiken aus Bergkristall, Achat und anderen edlen Materialien. Für Ringsteine wird die rechteckige Form bevorzugt. Tafelsteine sind groß in Mode.

Perlen erfreuen sich beim Körperschmuck und bei der Dekoration von Gewändern zunehmender Beliebtheit. Ungleichförmig entwickelte Perlen, die sogenannten Barockperlen, sind sehr gesucht. Sie werden zu dekorativem Figurenschmuck verarbeitet (s. S. 126). Auch die politischen Entwicklungen während der Zeit der Renaissance fördern letzten Endes Schmuckgestaltung und Edelsteinhandel. Denn der Dualismus zwischen Kaiser und Reichsständen führt in Mitteleuropa schließlich zur Verselbständigung einer großen Zahl von Fürstentümern.

Um Macht und Unabhängigkeit zu demonstrieren, eifern die Fürsten großen Vorbildern nach, übernehmen deren Mode und deren verschwenderische Gewohnheiten. Durch übermäßigen Prunk an den Höfen erleidet das Wirtschaftsleben vielfach einen starken Rückschlag.

Vorbild, dem man in Mode und Pomp nachstrebt, ist zunächst Italien. Ab der Mitte des 16. Jahrhunderts eifert man dem durch die amerikanischen Kolonien reich gewordenen spanischen Hof nach. Hier bleibt allerdings die bloße weibliche Haut unter Brokat und Samt versteckt. Die Hände sind dafür mit Juwelen überschüttet. Auch Männer tragen übertrieben viel Schmuck. Bald übernimmt Frankreich die führende Position in Hofhaltung und Mode. Das Bürgertum versucht, wenn auch mit bescheidenen Mitteln, es dem Adel in der Mode gleichzutun.

Durch die Aufgeschlossenheit für Dinge der Natur entstehen in der Renaissance an vielen Fürstenhöfen Kunst- und Wunderkammern, wo Seltenes, Skurriles, Wertvolles und weniger Mu-

Bänd
Acha

Karneol

Achat

Muschelgemme

Edeltopas

Türkis

Edeltopas

Tur

Modeschmuck, wie er besonders von jungen Leuten gern am Hals getragen wird. Die einzelnen Steine (hier Onyx, Bergkristall, Zoisitfels und Jaspis) können beliebig ergänzt oder ausgetauscht werden.

Heliotrop

Achat

Peridot

Lapislazuli

Granat

Bergkristall (blaue Folie unterlegt)

Smaragd

Achat

Malachit

Opal

Koralle

Edeltopas

Amethyst

Stückleinkette
In achteckigen Gliedern sind zwanzig verschiedene, gemugelte oder facettierte Edelsteine sowie eine Muschelgemme in Gold gefaßt. An den Steckverbindungen befinden sich Perlen. Die Kette ist aus wertvollen Einzelstücken zusammengesetzt (daher der Name) und wurde zwischen 1530 und 1540 in Nürnberg angefertigt. Sie gehörte zum Schmuck der Nürnberger patrizischen, mit einer Krone herausgeputzten Braut, der sogenannten Kronbraut. Länge 39,2 cm. Germanisches Museum, Nürnberg.

seales gesammelt wird, wie Straußeneier, Kokosnüsse, Elfenbein, Rhinozeroshörner, Korallen, häufig zu kunstvollen Prunkgefäßen und Tafelaufsätzen verarbeitet. Wertvolle Geschmeide aus Gold und Edelsteinen werden eigens für diese Kunstkammern gefertigt. Viele unserer heutigen Schatzkammern gehen auf jene Gründungen zurück.

Edelsteinschmuck im Barock. Die Zeit des Barock (etwa 1600 bis zur Französischen Revolution 1789) wird geprägt vom Absolutismus der Landesherren. In Deutschland und in Frankreich werden den Bürgern und Bauern alte Rechte genommen, die Städte verlieren ihre Selbstverwaltung.
Alles ist auf den Landesherren ausgerichtet. Prunk und Pomp dienen seiner Verherrlichung. Der Adel wird in den unmittelbaren Dienst der Fürsten gestellt, er lebt lange Zeit des Jahres am Hof des Landesherren. Der Adel wird bis zur Marionette entblößt, ein Spielball des Landesherren.
Die Verwaltung des Landes wird zentralisiert, dem Adel entzogen, jetzt von Ministerien bewerkstelligt. Das Bürgertum drängt in den Hof- und Staatsdienst, wetteifert mit dem Erbadel und bringt einen neuen Adel, den Amtsadel im Dienst des Landesherrn, hervor. Klöster und Geistlichkeit sind dem Staat untergeordnet, sind eine wichtige Stütze des Absolutismus.
Der Höhepunkt des Absolutismus zeigt sich unter Ludwig XIV. (1661–1715), König von Frankreich. Versailles bildet

Die Uhr mit dem »Auge der Zeit«, eine Schöpfung des spanischen Künstlers Salvador Dalí (gest. 1989). Die emaillierte Platinuhr wird von facettierten Diamanten und einem Rubin-Cabochon umrahmt. Breite 6,4 cm, Höhe 4 cm. Sammlung Minami, Tokio.

stattungen mit vielen Einzelstücken (Orden, Hutgestecke, Anhänger, Degengriffe bis hin zu Rockknöpfen und Schuhschnallen, s. S. 65).
Eine solche Prunkansammlung von edlen Steinen ist selbst von einem despotischen Herrscher in kurzer Zeit nicht beizubringen. Gewöhnlich bedarf es sogar der Ansammlung über mehrere Generationen.

den Rahmen des uneingeschränkten Königtums. Ludwig XIV. wird Vorbild für die Territorialfürsten in Deutschland.
Dem Schmuck kommt in dieser Zeit eine große Bedeutung zu. Er unterstützt den formalen Status von Landesherr und Adel, belebt das Zeremoniell. Geschliffene und facettierte Edelsteine stehen im Mittelpunkt. Pokale und andere Prunkerzeugnisse aus edlen Steinen dienen den Gästen zur Schau.
Die katholische Kirche versucht durch Prachtentfaltung in Kirchen und in

neuen Klosteranlagen als Mittel der Gegenreformation auf die Menschen einzuwirken. Viele Gotteshäuser werden »barockisiert«.
Edelsteinimitationen sind im Barock wie nie zuvor im Gebrauch. Sie sind bedingt einmal wegen der großen, nicht zu bewältigenden Nachfrage nach Edelsteinen, dann wegen der hohen Preise der natürlichen Edelsteine. Der Bürger, der sich teure Steine nicht leisten kann, versucht mit Imitationen die Kluft zum Adel zu verringern.
In der zweiten Hälfte des 18. Jahrhunderts ist Straß, eine Diamantimitation (s. S. 31) sogar salonfähig, nachdem er vorher als Unterschiebung benutzt wurde. Gegen Ende des Barock ist Bergkristall als Diamantersatz, vor allem bei Accessoires, verbreitet.
Ausdruck des uneingeschränkten Absolutismus, der den totalen Machtanspruch eines Herrschers sinnfällig widerspiegelt, sind die sogenannten Edelsteingarnituren, Schmuckaus-

Edelsteinschmuck nach 1800.

Zu keiner anderen Zeit wird die Schmuckgestaltung von den politischen Verhältnissen mehr beeinflußt als vor 1800, in der Renaissance und im Barock. Zwar gibt es auch später Dirigismus von Landesherren, Verbote und Gebote, ob, wann und wie Schmuck zu tragen sei. Aber das sind kurzzeitige Episoden. Die Schmuckgestaltung, die Mode, hat sich verselbständigt.
Neue Schmuckmaterialien, moderne Techniken und Modeschöpfer bestimmen viel mehr einen Trend als politische Tendenzen.
Die Diamantfunde in Brasilien und Südafrika nehmen dem Edelstein Diamant etwas von seiner Einmaligkeit. Er steht zukünftig in großen Mengen zur Verfügung, genauso wie andere Edelsteine weltweit geschürft und gehandelt werden. Mit zunehmendem Wohlstand der Bevölkerung verlieren Schmuck und Edelsteine ihre einstige Bedeutung als Statussymbol, Schmuck wird zum Ausdruck persönlicher Empfindung.
Von der Vielzahl befähigter Kunstschöpfer, die edle Steine verarbeiten, muß ein Name herausgestellt werden: Peter Carl Fabergé (1846–1920), ein russischer Juwelier, Goldschmied und Steinschneider. Seine figürlichen Schöpfungen aus edlen Metallen und Edelsteinen sind so einmalig, daß sein Name in aller Welt ein Begriff für Kunst und Gestaltung ist.

Eine moderne Gravur, losgelöst vom traditionellen Oval der Kamee. Hier wird in einem mehrfarbigen Achat eine Silhouette vorgeführt, die in ihrer Form, den Farben, der graphischen Anordnung des umrahmenden Goldes und der durch Diamanten gesetzten Lichtpunkte neue Denkanstöße vermittelt. »Psyche« von Erwin Pauly, 1991.

Orden und Ehrenzeichen

Ursprünglich sind Orden Gemeinschaften, deren Mitglieder sich bestimmten Regeln unterwerfen. Zu den ersten gehören die Mönchsorden der christlichen Religion, ab Mitte des 11. Jahrhunderts auch geistliche Ritterorden.

Der älteste weltliche Ritterorden ist wahrscheinlich der von Eduard III. (1327–1377) im Jahr 1350 begründete Hosenbandorden. Einer der bekanntesten Orden ist der 1430 begründete Orden vom Goldenen Vlies.

Aus den gewöhnlich reich mit Edelsteinen besetzten Insignien dieser Orden entwickeln sich die sogenannten Verdienstorden. Das sind Ehrenzeichen für besondere Verdienste gegenüber dem Landesherrn (Hausorden), dem Staat oder im Krieg (Tapferkeitsauszeichnungen). Die Inhaber bilden keine Ordensgesellschaften, sie sind Einzelträger einer Ehrung.

Die ursprünglichen Ordenszeichen sind aus edelsten Materialien, aus Gold und Edelsteinen gefertigt. Allmählich werden sie kleiner, weniger kostbar. Heute haben viele Orden nur noch einen symbolischen Wert. Ihr Material ist Blech und Emaille.

Ehrenzeichen für Verdienste um den Staat und für Tapferkeit im Krieg verliehen schon die Pharaone im alten Ägypten.

Schwurkreuz des Ordens vom Goldenen Vlies. 5 Rubine, 21 Saphire und 24 große Perlen tragen zur strengen Form dieses Kreuzes bei, auf das die neuernannten Ritter seit der Gründung des Ordens den Eid ablegten. In Frankreich gegen 1400 angefertigt, der Fuß zwischen 1453 und 1467 dazugefügt. Höhe 35,9 cm. Kunsthistorisches Museum, Weltliche und Geistliche Schatzkammer, Wien.

Der Orden vom Goldenen Vlies
Ein orientalisch, roter Almandin (Granat) von seltener Reinheit im Zentralteil wird von Rubinen, weiteren Almandinen und Brillanten begleitet. Das goldene Vlies (Widderfell) ist an Hörnern und Hufen ebenso mit Brillanten dekoriert. Gefertigt etwa 1760/70. Höhe 15,7 cm, Breite 7,1 cm. Schatzkammer der Residenz, München. Der Orden vom Goldenen Vlies wird 1430 von Philipp dem Guten, Herzog von Burgund, gestiftet. Die Ordenssouveränität geht durch Erbfolge an die Habsburger und an die Bourbonen über, so daß es nach dem Spanischen Erbfolgekrieg 1714 zwei Ordensgemeinschaften, eine österreichische und eine spanische gibt.

Diamant
Der Edelste unter den Edlen

Diamant gilt als König der Edelsteine, als Symbol für Reichtum und erhabenen Schmuck. Er besitzt viele edle Eigenschaften, mehr als jeder andere Edelstein.

Die Griechen nannten den Diamant »adamas«, den Unbezwingbaren. Man kannte seine Härte, man hielt ihn für fähig, Eisen zu zersprengen und jedem Feuer zu widerstehen.

Diamant besteht aus reinem Kohlenstoff, wie Steinkohle oder Graphit. Seine Atome sind jedoch so dicht gepackt, daß er die größte Härte besitzt, die wir kennen. Seine Schleifhärte z. B. ist 140 mal so groß wie die des nächst härteren Minerals, des Korunds, dem Hauptbestandteil des Schmirgels. Diese Härte hebt den Diamant von allen anderen Materialien, ob Stein oder Stahl, ab. Er wird nicht zerkratzt, nicht abgeschliffen, seine Politur kann niemals erblinden.

Im Gegenteil: Mit Diamant lassen sich alle anderen Materialien ritzen und schleifen. Königin Luise von Preußen, die vor Napoleon auf der Flucht war, ritzte mit ihrem Diamantring zum Zeichen ihrer Trauer die Goetheschen Verse »Wer nie sein Brot mit Tränen aß, . . .« in die Fensterscheibe ihres Notquartiers bei einem Fischer auf der Kurischen Nehrung in Ostpreußen. Wegen seiner Härte genießt Diamant in der modernen Technik eine Vorrangstellung. Jeder Glaser verwendet ihn in seinem Glasschneider. Auch sonst wird Diamant für Schneid-, Schleif- oder Bohrzwecke besonders dort eingesetzt, wo sich andere Materialien schnell abnutzen oder nicht genügend wirksam sind. Bei der Erdölsuche z. B. werden Bohrkronen verwendet, die mit Tausenden von Diamantsplittern besetzt sind. Zeit ist hier Geld. Schnelles Bohren spart viel Geld. Natürlich besitzen diese in Technik und Industrie verwendeten Diamanten keine Edelsteinqualität.

Die für Schmuckzwecke geeigneten Diamanten haben nur einen geringen Anteil an der Gesamtdiamantenproduktion. Der Prozentsatz ist von Mine zu Mine verschieden. Bei den Seifenlagerstätten Namibias ist der Anteil der Diamanten mit Edelsteinqualität sehr hoch. Er beträgt im Mittel über 90 %. Bei der Argyle-Mine Westaustraliens machen die Schmuckdiamanten dagegen kaum 5 % aus.

Die meisten Diamanten gehen in die Industrie. Die Nachfrage nach solchen Industriediamanten ist allerdings so groß, daß man diese Menge von den Diamantfeldern nicht gewinnen kann. Deshalb wird ein immer größerer Teil des Bedarfs durch künstlich hergestellte, sogenannte synthetische Diamanten gedeckt. Heute kommen schon drei Viertel des Bedarfs aus »Diamant-Fabriken«.

Gegenüber den im Haushalt verwendeten chemischen Produkten ist Diamant unempfindlich. Dennoch ist er nicht unvergänglich. Das liegt an seiner guten Spaltbarkeit. Durch Schlag (in bestimmter Richtung) kann man ihn zerteilen. Diese Tatsache nutzt der

Diamantkristall als Oktaeder mit typisch dreieckigen Wachstumsfiguren. Der Schleifer kann an Hand dieser Figuren den kristallographischen Aufbau des Diamants erkennen und danach die günstigsten Bearbeitungsrichtungen bestimmen. Fundort Südafrika. (Stark vergrößert)

Ansammlung roher, meist kantengerundeter Diamantkristalle, wie sie auf einer Mine gewonnen werden. Fundort Südafrika. (Vergrößerung etwa dreifach)

wirkung von Katalysatoren in einer viel geringeren Tiefe entstehen könnten. Nach neuesten Erkenntnissen geht man jetzt davon aus, daß Diamanten lange vor den vulkanischen Ereignissen, die sie nach oben beförderten, entstanden sind. Sie wurden im oberen Erdmantel auskristallisiert, etwa 150 bis 300 km unter der Erdoberfläche, also weit unterhalb der nur 30 bis 50 km dicken Erdkruste. Als kleine Fremdkörper schwebten sie in dem sonst zähflüssigen Magma. Durch vulkanische Eruptionen gelangten sie in die Erdkruste, schließlich bis zur Erdoberfläche.

Schleifer bei der Bearbeitung des Diamants für Schmuckzwecke (vgl. S. 36). Beim Fassen des Diamants und beim Tragen als Schmuck sollte man harte Stöße unbedingt vermeiden.
Diamant kann in allen Farben erscheinen. Die meisten Diamanten sind jedoch gelblich, viele auch schwarz. Für Schmuckzwecke werden weiße und klar durchsichtige Kristalle bevorzugt. Schönfarbige Steine sind sehr selten. Sie erbringen Spitzenpreise. Farbe und Reinheit der Kristalle sind neben dem Gewicht und dem Schliff zwei Säulen, auf denen die Diamantgraduierung basiert (s. S. 149).

Diamanten entstehen tief in der Erde. Früher hielt man 80 km oder mehr für möglich, weil erst dort die hohen Drücke und die Temperaturen von etwa 1300 °C herrschen, die man bei der Bildung von Diamant für notwendig erachtete. Später neigte man zu der Annahme, daß Diamanten unter Mit-

Negersklaven waschen in Brasilien Diamanten aus edelsteinhaltiger Erde. Mit Peitschen ausgerüstete Aufseher kontrollieren den Arbeitsablauf. Etwa Mitte des 18. Jahrhunderts.

Ein mehrstöckiges Spinnennetz von Seilen überspannt das Diamantenfeld der Kimberley-Mine 1875, weil nur so die 430 Claims, besonders aber die in der Mitte, zu erreichen sind. Mit Seilwinden wird die diamanthaltige Erde nach oben befördert, mit ihnen gelangen aber auch die Digger in die Tiefe.

Auf primärer Lagerstätte finden wir Diamanten am unteren Ende des einstigen Vulkanschlots, dort, wo die Eruption alte Gesteinspakete der Erdkruste durchstoßen mußte. Wir sprechen hier von Durchschlagsröhren oder (nach einem englischen Ausdruck) von Pipes.

Sicherlich standen ursprünglich mächtige Vulkane oder Ringwälle über den Kraterröhren. Sie wurden im Lauf von Jahrmillionen von Wasser, Wind und Eis abgetragen. Da auch die ganze Umgebung der Vulkane der Erosion zum Opfer fiel und um mehrere hundert Meter erniedrigt wurde, reichen die

Pipes in unserer Zeit bis zur Erdoberfläche.

Muttergestein der Diamanten in der Schlotfüllung ist ein zertrümmertes, wieder verfestigtes Olivingestein, der Kimberlit. Nach seiner bläulichen Farbe wurde er von den Minenarbeitern »blue ground« (Blaue Erde) genannt. Die weiter oben liegenden Schlotfüllungen heißen »yellow ground« (Gelbe Erde). Sie sind durch Witterungseinflüsse gelbbraun verfärbt.

Die Form der Pipes ist immer rundlich. Der Durchmesser liegt zwischen wenigen Metern und ein bis zwei Kilometern. Die Tiefe des diamanthaltigen Gesteins kann 1000 Meter übersteigen. Nicht alle Pipes führen Diamanten. Vielleicht haben ihre zugehörigen Eruptionen nie Diamanten gefördert, vielleicht wurden die in den früher höher gelegenen Partien der Kraterröhre eingelagerten Diamanten aber auch zwischenzeitlich ausgewittert, fortgeschwemmt und auf Seifenlagerstätten deponiert, wie in Namibia (s. S. 20).

Bis 1871 wurden Diamanten nur aus Edelsteinseifen gewaschen. Jahrhundertelang war Indien der Hauptlieferant. Vereinzelt kamen Diamanten auch aus Borneo.

1725 fand man Diamanten in Brasilien. Mit Hilfe afrikanischer Sklaven wurden die Seifenlagerstätten ausgebeutet. Blütezeit der Diamantproduktion waren das 18. und 19. Jahrhundert, bis in Südafrika Diamantfelder entdeckt wurden.

Der erste Diamantfund auf einer Seifenlagerstätte im Quellgebiet des Oranje 1866 leitet eine neue Ära in der Diamantgewinnung ein. Südafrika wird über lange Zeit der bedeutendste Diamantenproduzent. Dazu verhalfen die zahlreich aufgespürten Primärlagerstätten der Pipes.

Heute beliefern viele Länder den Diamantenmarkt. Die bedeutendsten Produzenten von Diamanten mit Edelsteinqualität sind Botswana, Südafrika, Sibirien/Rußland, Zaire und Namibia. 1983 begann in Westaustralien die

Argyle-Mine ihre Förderung auf primärer Lagerstätte. Sie hat sich inzwischen zur größten Diamantmine der Welt entwickelt. Ein Drittel der Weltproduktion kommt gegenwärtig von Australien. Der Anteil von Diamanten mit Edelsteinqualität liegt allerdings nur bei knapp 5 %.

Die Kimberley-Mine

Die bekannteste und berüchtigtste Pipe-Lagerstätte ist die Kimberley-Mine im Norden der Kapprovinz in Südafrika. Durch Zufall 1871 entdeckt, lösen die Diamantfunde einen Rush sondergleichen aus, nur mit dem Goldrausch in Kalifornien zu vergleichen. Und ebenso wie in Amerika sind die Grundbesitzer machtlos gegen die Scharen der Digger.

Die Besitzer der Farm, auf der sich das Diamantfeld befindet, müssen ihr Land verkaufen. Sie machen zwar einen guten Gewinn dabei, am Diamantenboom haben sie aber keinen Anteil. Dennoch wird ihr Name, der Gebrüder D. A. und J. N. De Beer, aufs engste mit dem Diamantengeschäft verbunden bleiben. Das spätere Diamanten-Syndikat, das den Diamantenhandel weltweit kontrollieren wird, übernimmt den Namen ihrer Farm »De Beer's« für ihre Firmenbezeichnung, der »De Beers Consolidated Mines Limited«.

Das Areal der Pipe, mit 460 m im Durchmesser, wird in 430 Claims aufgeteilt. Damit ist das Chaos vorprogrammiert. Die ursprüngliche Vorstellung nämlich, daß man nur wenig tiefe Gruben werde ausbeuten können, wie bei den Seifenlagerstätten am Oranje und am Vaal, bewahrheitet sich

Die Kimberley-Mine am Ende ihrer Ausbeutephase, 1914.

nicht. Immer tiefer werden die Löcher. Die in der Mitte des Diamantenfeldes schürfenden Digger können nur über fremde Claims, später nur über Notstege zu ihrer Arbeitsstätte gelangen. Bald sind die inneren Claims nur noch durch die Luft zu erreichen. Mit Seilwinden wird die diamanthaltige Erde nach oben geschafft, mit ihnen gelangen die Arbeiter auch in die Tiefe. Ein dreistöckiges Spinnennetz aus Seilen überspannt das Diamantenfeld. Ein geordneter Abbau ist kaum noch möglich.

Die Konzessionäre erkennen, daß nur ein Zusammenschluß zu größeren Fördereinheiten und Investitionen zur technischen Verbesserung der Arbeitsbedingungen eine weitere Ausbeute der Pipe garantieren. Zwei Männer, von gegensätzlichem Charakter und verschiedenen Zielvorstellungen getrieben, setzen sich durch: Cecil John Rhodes und Barney Barnato. Beide stammen aus England. Cecil Rhodes ist der endgültige Sieger. Er begründet ein Diamantenmonopol, das bis heute Bestand hat (s. S. 146).

»Big Hole« (Das Große Loch), so wird die stillgelegte Kimberley-Mine jetzt genannt. Es ist das größte von Menschenhand gegrabene Loch. An der Oberfläche 460 m im Durchmesser, reicht es 1070 m tief. Heute ist die einstige Mine bis zur Hälfte von Grundwasser erfüllt. Insgesamt wurden hier 4,5 Millionen Karat Diamanten (2900 kg) gewonnen.

Sand
Basalt
Tonschiefer
Melaphyr
Wasser
Quarzit
Melaphyr
Quarzporphyr
Geröll und Schutt
Quarzit
Konglomerat
Granit und Gneis
Blue Ground

305
366
463
561
658
768
1073

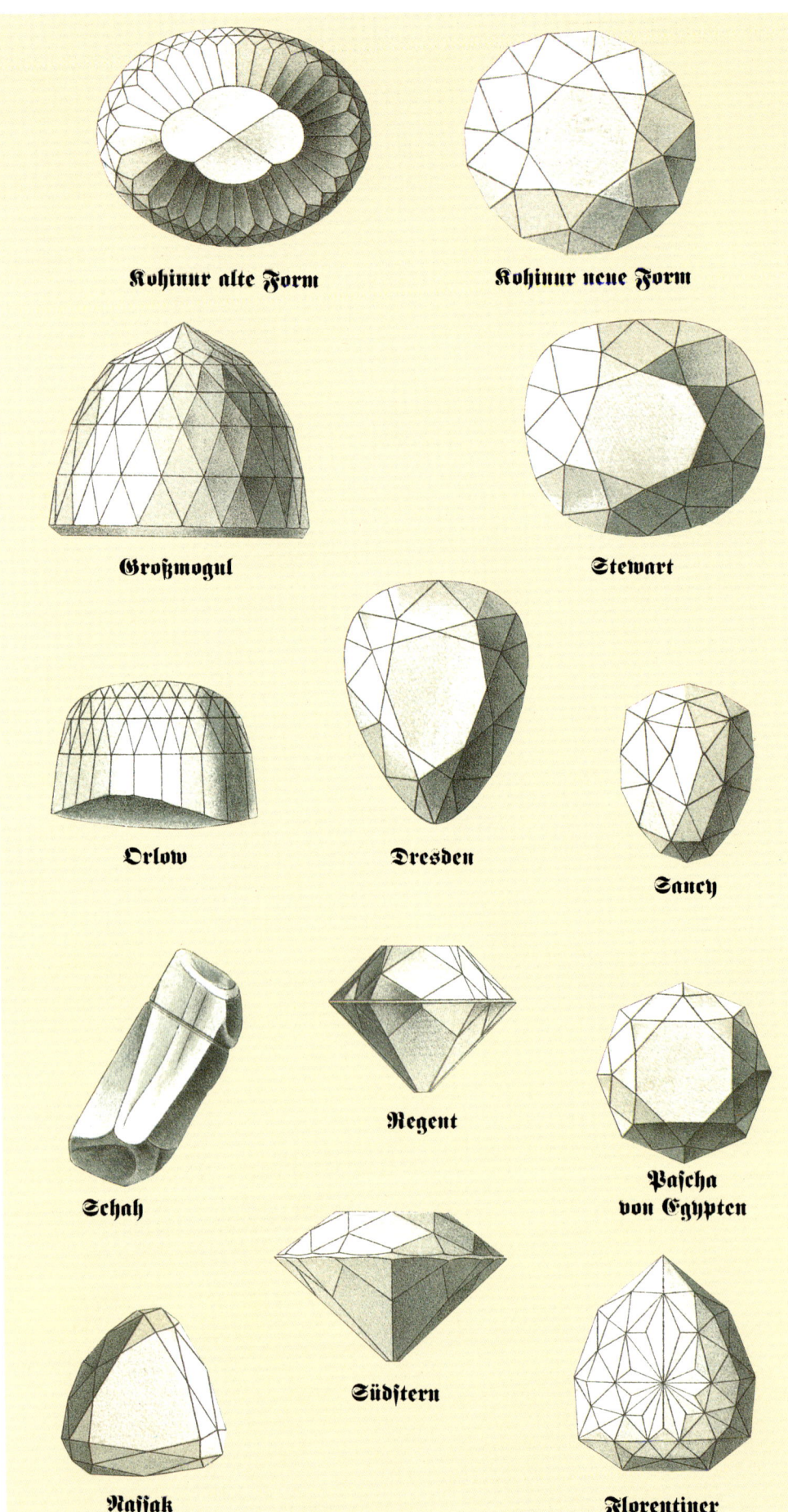

Kohinur alte Form

Kohinur neue Form

Großmogul

Stewart

Orlow

Dresden

Sancy

Schah

Regent

Pascha
von Egypten

Raffak

Südstern

Florentiner

Auswahl berühmter Diamanten in natürlicher Größe aus einem der bedeutendsten Standardwerke des vorigen Jahrhunderts: Max Bauer, Edelsteinkunde, Leipzig 1896.

Die Brillanten-Garnitur
Die in der Gesamtheit von geschliffenen Diamanten geprägte Garnitur umfaßt Orden, Degenbesatz, Hutgestecke, Anhänge- und Ansteckschmuck, Rock- und Westenknöpfe bis zu Gürtel- und Schuhschnallen. Sie wurde unter dem sächsischen Kurfürsten August dem Starken um 1700 begründet und von seinen Nachfolgern ständig vergrößert.
Um die Mitte des 18. Jahrhunderts erreicht sie mit 22 Schmuckstücken, 60 Rock- und 50 Westenknöpfen ihren umfangreichsten Bestand. In der Achselschleife (oben Mitte) ist der berühmte »Sächsische Weiße«, in der Hutagraffe (rechts daneben) der weltbekannte »Grüne Dresden« integriert. Edelsteingarnituren dienten Repräsentationszwecken zu festlichen Garderoben. Acht weitere Edelsteingarnituren, u. a. mit Rubin, Smaragd und Saphir, besaß das sächsisch-polnische Herrscherhaus.
Grünes Gewölbe, Dresden.

Der Hope-Diamant
Dieser nach dem einstigen Besitzer Henry Philip Hope benannte Diamant ist der wohl berühmteste und auch berüchtigtste seiner Art. Über die Herkunft dieses größten blauen Diamants von 45,5 Karat ist nichts Genaues bekannt. Er gehörte wahrscheinlich einstmals zum Kronschatz Ludwigs XIV. von Frankreich. Während der Französischen Revolution verschwunden, taucht er 1830 in London auf, wo ihn der Bankier H. Ph. Hope für 18 000 Pfund erwirbt. Nach wiederholtem Besitzerwechsel kauft 1949 der amerikanische Juwelier Harry Winston für 179 920 Dollar den Hope und schenkt ihn 1958 dem Smithsonian Museum in Washington. Dort ist er – von weißen, verschiedenartig geschliffenen Diamanten umgeben – eine der Attraktionen des Museums.
Der Ruf des Hope, Unglück zu bringen, ist durch eine geradezu krankhafte Verleumdsung bedingt. Zwar starb die einst reiche Familie der Hopes angeblich in Armut, aber bestimmt nicht wegen des Besitzes dieses einmalig schönen blauen Diamants. (Vergrößerung dreifach)

Berühmte Diamanten

Von kaum vorstellbar großen Diamanten erfuhr Europa erstmals durch die Reisen des französischen Kaufmanns J.-B. Tavernier nach Indien in der zweiten Hälfte des 17. Jahrhunderts. Der Großmogul Aurangzeb zeigte ihm in Delhi seine Schätze.
In Indien hatten große Diamanten schon seit Jahrhunderten eigene Namen, in Europa entwickelte sich dieser Brauch erst im 18. Jahrhundert.

Viele berühmte Diamanten stammen aus Indien, so der Kohinor, der Schah, der Nassak, der Regent, vielleicht auch der Grüne Dresden und der Hope.
Von anderen großen Diamanten ist die Herkunft nicht bekannt, manchmal ist sie sagenumwoben und von Mystischem verklärt und entstellt.
Der größte je gefundene Diamant wurde 1905 auf der Premier-Mine bei Pretoria/Südafrika entdeckt. Er wog 3106 Karat. Man nannte ihn nach dem Vorsitzenden der Minengesellschaft, Sir Th. Cullinan, ebenso Cullinan. Die

Regierung von Transvaal kaufte den Stein für 150 000 Dollar und schenkte ihn König Edward VII. von England. Die Firma Asscher in Amsterdam spaltete ihn und schliff daraus 9 größere und 96 kleinere Steine. Der größte von ihnen, Cullinan I. oder Stern von Afrika, ziert das Zepter des englischen Kronschatzes (s. S. 48). Er ist der größte geschliffene Diamant der Welt, er wiegt 530,2 Karat. Der nächstgrößere aus dieser Serie, Cullinan II., schmückt die englische Staatskrone (s. S. 77). Er wiegt 317,4 Karat.

Zirkon
Manchmal fast wie ein Diamant

Obwohl schon seit der Antike bekannt, konnte sich der Zirkon als Schmuckstein nie so richtig durchsetzen, weil er sehr gegensätzliche Eigenschaften besitzt.

Z irkon hat viele edle Eigenschaften. Er kommt farblos und in allen Farbtönen vor, zeigt lebhaften Glanz, hat eine hohe Lichtbrechung, eine große Dichte und besitzt eine starke Dispersion, ein sprühendes Feuer.

Der farblose Zirkon ist in vielem dem Diamant ähnlich. Deshalb wurde er auch immer wieder mit Diamant verwechselt, aber ebenso dem Diamant untergeschoben.

Im Edelsteinhandel wurde er früher nach einem Fundort im Süden Sri Lankas deshalb als Matura- oder Matara-Diamant oder auch als Ceylon-Diamant bezeichnet.

1977 erschien ein synthetischer Edelstein auf dem Markt, der Zirkonia genannt wird. Er ist als Diamantersatz gedacht. Er ähnelt dem Diamant wie aber auch dem Zirkon. Sein Farbenspiel, das Feuer, ist bunter als beim Diamant. Wichtiges Unterscheidungsmerkmal des Zirkons gegenüber dem Diamant ist die starke Doppelbrechung. Mit einem gewöhnlichen Vergrößerungsglas kann man die gegenüberliegenden Facettenkanten doppelt sehen.

Weil Zirkon aber sehr spröde, daher schwer zu schleifen und kantengefährdet ist, fehlt ihm eine weite Verbreitung als Schmuckstein. Auch die Farben sind nicht immer beständig. Bläuliche Farbtöne werden meist künstlich durch Brennen bei Temperaturen um 1000 °C erzeugt. Solch ein farbveränderter Zirkon wurde früher vom Handel als Siam-Aquamarin angeboten.

Der Name Zirkon kommt wahrscheinlich aus dem Persischen. Seine Bedeutung ist ungewiß.

Wenn auch seit der Antike bekannt, wurde Zirkon erst Ende des 18. Jahrhunderts als eigenständiges Mineral erkannt. Davor gab es sehr unterschiedliche Namen für Zirkon und seine Varietäten. Heute werden nur noch die orange- bis rotbraune (Hyazinth), die strohgelbe (Jargon) und die blaue Abart (Starlit) mit eigenen Namen bedacht.

Der Apotheker und Chemiker Martin H. Klaproth analysierte 1789 aus dem Zirkon ein neues Element, das er nach dem Edelstein Zirkon Zirkonium nannte.

Zirkone sind ursprünglich als Körner im Gestein eingewachsen. Da sehr widerstandsfähig gegen mechanische Beanspruchung und gegen chemische Einflüsse bleiben sie bei Verwitterung des Muttergesteins erhalten und sammeln sich als abgerollte Schwermineralkörner in Sanden an. Zirkone mit Edelsteinqualität findet man fast nur auf solchen Seifenlagerstätten. Bedeutende Fundstellen gibt es in Sri Lanka, Kambodscha, Birma, Thailand.

Brillantgeschliffener, farbloser Zirkon mit diamantähnlichem Feuer. (Stark vergrößert)

Ganz oben: *Kurzsäuliger braunroter Zirkonkristall mit typisch pyramidalem Abschluß auf Muttergestein. Fundort Birma. (Natürliche Größe)*

Hyazinth La Bella
Dieser Hyazinth genannte Edelstein gehört tatsächlich nicht zur Zirkon-Gruppe, wie Name und Aussehen vermuten lassen, sondern ist ein Almandin aus der Familie der Granate. Wahrscheinlich wurde er im frühen 15. Jahrhundert erstmals gefaßt, also zu einer Zeit, als man die Eigenständigkeit des Zirkon-Minerals noch nicht kannte. Der Stein ist 6,8 cm hoch, 3,9 cm breit und wiegt 416 Karat, das sind 83,2 Gramm. Kunsthistorisches Museum, Weltliche und Geistliche Schatzkammer, Wien.

Rubin
Einer der Karfunkelsteine

Rubin, früher gemeinsam mit Spinell und Granat als Karfunkelstein bezeichnet, zählt zu den wertvollsten Edelsteinen. Manchmal ist er teurer als ein gleichgroßer Diamant. Weil man in ihm die mächtige Sonnenkraft gespeichert sah, war er der bevorzugte Edelstein von Königen und Fürsten.

Schleifwürdige Rubin-Kristalle in Muttergestein. Fundort Indien. (Etwa doppelte Vergrößerung)

Die uns heute als Rubin, Spinell und Granat bekannten Edelsteine bezeichnete man im Mittelalter zusammenfassend als Karfunkel oder Karfunkelsteine. Erst um 1800 wurde Rubin als zur Korundgruppe gehörig erkannt.

Der Name Rubin stammt aus dem Lateinischen und bedeutet »rot« (lat. »rubens«). Rubin ist die rote Varietät des Minerals Korund. Einfarbiges Tiefrot ist am begehrtesten. Meist ist die Farbverteilung aber ungleich, streifig oder fleckig.

Manchmal zeigt der Rubin bei gerundetem Schliff auf Grund verschieden orientierter, eingelagerter Rutilnadeln einen zarten hellen Schimmer, die sogenannte Seide. Bei gleichartig gerichteten oder nach bestimmten Mustern orientierten Rutilnadeln ergibt sich ein Katzenaugeneffekt oder ein sechsstrahliger Stern (s. S. 26).

Die Gewinnung des Rubins erfolgt gewöhnlich auf Seifenlagerstätten. Muttergesteine sind dolomitisierte Marmore oder manchmal auch verwitterte Basalte. Die bedeutendsten Fundstellen liegen in Süd- und Südostasien insbesondere in Sri Lanka, Birma und Thailand.

Rubin zählt zu den wertvollsten Edelsteinen. Das liegt einmal an der großen Härte, denn er wird darin nur vom Diamant übertroffen. Seine Seltenheit ist ein weiterer Grund bei der Preisgestaltung. Schließlich gilt der Rubin seit Jahrhunderten wie der rote Feuerball der Sonne als Symbol der Macht. Er war der bevorzugte Edelstein der Fürsten. Deshalb finden wir ihn häufig in Kaiser- und Königskronen sowie in anderen Krönungsinsignien.

Die böhmische Wenzelskrone König Karls IV. von 1346 ziert ein Rubin von etwa 3×4 cm Größe. Er wiegt 250 Ka-

Schürfgruben in Sri Lanka. Die Gewinnung der Rubine erfolgt gewöhnlich sehr primitiv in Kleinstbetrieben wie seit Jahrhunderten. Mehrere Meter tiefe, von Hand gegrabene, nur dürftig ausgesteifte Schächte führen zu den im Talboden vor langer Zeit zusammen geschwemmten edelsteinhaltigen Seifen. Mit Körben wird der Kies-Schlamm-Aushub nach oben befördert, um hier gesiebt und ausgewaschen zu werden. Eine Überdachung der Gruben schützt vor der starken Sonneneinstrahlung. In die Schächte eindringendes Regen- oder Grundwasser wird bei »moderneren« Betrieben maschinell ausgepumpt. Bei Zwillingsgruben, wie auf dem Foto, kann in einer der beiden Gruben immer am Schachtboden gearbeitet werden, während aus der anderen eingedrungenes Wasser gepumpt, Schachtwände gesichert oder eingestürztes Erdreich ausgeräumt werden.

rat. Das ist der größte, nicht facettierte Rubin von feinster Qualität in einem Schmuckstück. Als größter facettierter edler Rubin gilt der Edward-Rubin im Britischen Naturhistorischen Museum von London. Er wiegt 167 Karat. In vielen Museen gehören Rubine zum kostbarsten Inventar.

Doch auch so mancher für Rubin gehaltene Edelstein wurde enttarnt. So sind der »Black Prince's Ruby« in der englischen Krone (s. S. 77) wie auch der »Timur Ruby« in einer Halskette der englischen Kronjuwelen tatsächlich Spinelle. Auch die tropfenförmigen roten Edelsteine in der Wittelsbacher Krone von 1830, seinerzeit als Rubine erworben, entpuppten sich bei neueren Untersuchungen als Spinelle.

In der mittelalterlichen Astrologie wird der Rubin dem Mars zugeordnet. Er gilt als Glücksstein des Monats Juli und für die im Zeichen des Löwen Geborenen.

Die Statuette des Ritters St. Georg

Die Statuette wurde um 1590 als Reliquiar für eine St.-Georgs-Reliquie im Auftrag des bayerischen Herzogs Wilhelm V. geschaffen, der Sockel in seiner heutigen Form 50 Jahre später hinzugefügt.

Die Szenerie gibt den Augenblick wieder, als der Heilige Georg dem auf dem Rücken liegenden, sich noch einmal aufbäumenden, schon schwer verletzten Drachen – der Verkörperung des Bösen – mit dem Schwert den Todesstoß versetzen will.

Die prunkvolle Ausstattung des Reliquiars mit Gold, Silber, Edelsteinen, Perlen und Email entspricht der Prachtentfaltung und der Sammelleidenschaft vieler Fürsten jener Zeit, spiegelt aber auch die reformatorische Glaubensspaltung in Europa wieder. Die Höhe der Statuette einschließlich Sockel beträgt 50 cm. Rubine bestimmen den Gesamteindruck: Geschnittene blutrote Steine markieren die Federbüsche auf dem Haupt des Ritters, über Stirn und Schweif des Pferds. Von der Schabracke hängen an Goldfäden auf-

gezogene Rubine in Tropfenform. Eine Vielzahl flach geschliffener Rubine finden wir auf der weiß-emaillierten Pferderüstung, an der Schwertscheide sowie am goldenen Sockel der Statuette. Rundgeschliffene Rubine sind unregelmäßig über den Kopf und den Bauch des Drachen verteilt; sie deuten den Todeskampf des blutüberströmten Ungeheuers an.

Der unbedeckte Roßkörper besteht aus grauem, teils rotbraunem Chalcedon. Die Drachenhaut wird neben Email von dunkelgrünen Smaragden dargestellt. Schwertklinge und Drachenzähne sind aus Bergkristall, die Augen des Pferds aus schillerndem Opal. Blaue Saphire gibt es nur im Rauten-Wappenschild des Sockels.

Die über die ganze Statuette verteilten Diamanten zeigen den Stand der damaligen Edelstein-Schleiftechnik: Flachschliff, nur einfacher Facettenschliff bei meist eckigem Umriß des Steins. Eine relativ hohe Schleifkunst präsentieren die pyramidenähnlichen Spitzsteine an der Stirn des Rosses, am Bruststück der Schabracke und hinter dem Sattel. Die höchste Entfaltung der damaligen Schleiftechnik zeigt der mit einem Facettennetz überzogene oval geformte Diamant über der Roßstirn.

Brillantschliff war damals noch unbekannt.

Viele Perlen sind über der ganzen Statuette verteilt. Prachtvoll entwickelte sogenannte Birnperlen mit seidigem Schimmer stehen in den drei Federbüschen, eine hängt tropfenartig unter dem Kinn des Pferds.

Bei der Statuette des Heiligen Georg sind insgesamt wohl etwa 4000 Edelsteine und Perlen, davon über 500 leuchtendrote Rubine, verarbeitet.

Links: *St.-Georgs-Statuette. Schatzkammer der Residenz, München.*
Oben: *Detail der St.-Georgs-Statuette.*

Saphir
Nicht nur in Blau

Saphir ist eine Varietät des Minerals Korund. Er ist nicht nur blau, wie die meisten Schmuckliebhaber meinen, sondern umfaßt alle Farben außer Rot. Die rote Korundvarietät heißt Rubin.

Doppelpyramidaler Saphirkristall, tonnenförmig gewölbt und typisch horizontal gerieft. Fundort Sri Lanka. (Etwa doppelte Vergrößerung)

Ein Prunksäbel vom Ende des 17. Jahrhunderts. Der goldene Griff ist mit blauen Saphiren unterschiedlicher Tönung und mehreren Diamantbändern besetzt. Die arabischen Schriftzeichen nehmen Bezug auf den einstigen Besitzer dieser Prunkwaffe und auf den Koran. Grünes Gewölbe, Dresden.

Unter Saphir versteht man heute alle Farbvarietäten des Minerals Korund, außer Rot. Die roten Korunde heißen Rubin. Erst um 1800 wurde erkannt, daß Saphir und Rubin Abarten des Korunds sind. Bis dahin bezeichnete man mit dem Begriff Saphir nur blaue Steine. Im Mittelalter war unter dem Namen Saphir allerdings der uns heute als Lapislazuli bekannte Edelstein gemeint.

Der Name Saphir kommt aus dem Griechischen (griech. »sappheiros«) und bedeutet »blauer Stein«, nimmt aber wahrscheinlich Bezug auf ein asiatisches Fremdwort, dessen Ursprung wir nicht kennen.

Wie oben schon betont, umfaßt der Edelstein Saphir alle Farben außer Rot. Wenn von Saphir ohne jedes Beiwort gesprochen wird, ist immer nur der blaue Saphir gemeint. Andere Farbvarietäten müssen stets mit einem vorangestellten qualifizierenden Wort näher gekennzeichnet sein, z. B. gelber Saphir, grüner Saphir usw. Nur beim farblosen Leukosaphir und beim Padparadscha, einem rötlichgelben bis gelborangen Saphir, braucht es keine nähere Erklärung, weil die Farbe durch den Namen immer eindeutig ist. Eine scharfe Abgrenzung zwischen Saphir und Rubin gibt es nicht. Lichtrote oder rosarote Steine werden vom Handel zu den Saphiren gezählt, weil sie dort eine höhere Wertstellung haben als bei Rubin, wo sie als minderwertige Sorten gelten würden.

Am begehrtesten sind sattes Königsblau oder Kornblumenblau. Auch Padparadscha, dessen Name sich aus dem Singhalesischen herleitet und wahrscheinlich »Lotosblume« oder auch »Morgenblüte« bedeutet, ist wegen seiner warmen, seltenen Farbtönung gesucht.

In Saphir eingelagerte Rutilnadeln, Haarrisse oder feinste Kanäle bewirken seidigen Glanz, bei parallel orientierter Lagerung Katzenaugeneffekt, bei sich kreuzender Orientierung einen sechsstrahligen Stern (s. S. 26). Sternsaphire gibt es in allen Farben. Einer der bekanntesten Sternsaphire, der »Star of India« im American Museum of Natural History in New York, hat einen Durchmesser von 4 cm und wiegt 536 Karat. Der größte Sternsaphir wurde 1966 in Oberbirma bei Mogok gefunden. Er hat ein Gewicht von 63 000 Karat, das sind 12,6 kg. Saphir wird fast nur auf alluvialen Lagerstätten gewonnen. Muttergesteine sind dolomitisierte Marmore, Basalt und Pegmatite. Saphir ist weiter verbreitet und in größeren Mengen vorhanden als die Korundvarietät Rubin. Die wichtigsten Fundstellen liegen gegenwärtig in Sri Lanka, Birma, Thailand und Australien. Begleitmineralien sind u. a. Rubin, Spinell, farbige Quarze, Topas und Granat. Die Ausbeute erfolgt über 1–10 m tiefe Schächte oder in offenen Gruben. Die Gewinnungsmethoden sind primitiv.

Da man im frühen Mittelalter in der blauen Farbe des Saphirs eine Beziehung zu den Augen des Menschen und zum Himmel sah, wurde der Saphir in die Glaubensrituale der christlichen Kirche stark einbezogen.

In der mittelalterlichen Mystik wurde Saphir dem Monat September zugeordnet. Er galt als Glücksstein für die im Zeichen der Fische Geborenen. Seine magische Kraft wurde unmittelbar von Gott hergeleitet. Deshalb waren seine Wirkungen besonders dauerhaft. So verlieh er angeblich über lange Zeit

Verschiedenfarbige facettierte Saphire in natürlicher Größe. Oben rechts ein Padparadscha.

Gesundheit, schützte den Träger vor Verrat und bewirkte klare Reinheit der Seele.

In letzter Zeit kommen immer mehr schöne blaue Saphire aus Thailand und Sri Lanka auf den Markt, die ihre Farbe erst durch spezielle Behandlung erhalten haben. Durch Brennen bei Temperaturen oberhalb 1550° C können undurchsichtige weiße Saphir-Rohsteine bestimmter Lagerstätten alle möglichen blauen Farbtöne annehmen. Das Brennen der Saphire erfolgt in den Fundländern oder in einigen speziell

dafür eingerichteten Zentralen Südostasiens.

Erkennungsmerkmale der gebrannten Saphire sind zuweilen feinste Spannungsrisse. Sie entstehen aber nur, wenn die behandelten Steine zu schnell abgekühlt wurden. Manchmal zeigt sich auch eine gewisse Trübe im Stein. Insgesamt ist es aber für den Laien unmöglich zu erkennen, ob der Saphir gebrannt oder naturbelassen ist, vor allem auch deshalb, weil die Brennprozesse immer mehr verfeinert werden und die Endprodukte dadurch den unbehandelten Steinen im Aussehen und in der Innenstruktur sehr nahe kommen. Nur der Fachmann kann hier sicher identifizieren.

Da die durch den Brennvorgang erwirkte Farbe nicht durch eine Manipulation an der Steinsubstanz entstanden ist, braucht die Farbveränderung dem Käufer nicht mitgeteilt zu werden. Anders bei einigen Methoden, wo dem geschliffenen, hellfarbigen Saphir pulverförmige Chemikalien beim Brennvorgang zugegeben werden, da hierbei die Steinsubstanz verändert wird. Diese Steine müßte man dem Kunden als »behandelt« anzeigen. In der Praxis ist das aber kaum der Fall, schon gar nicht dort, wo die Saphire gebrannt werden.

Edelsteinschürfen in Sri Lanka

In dieser relativ großen vom Staat betriebenen offenen Edelsteinmine wird genauso primitiv geschürft wie in den zahllosen Kleinstbetrieben mit jeweils 2–5 Mann. Stechspaten und Hacke sind die wichtigsten Werkzeuge. Einzige motorische Kraft ist eine Pumpe, die das in die Grube eindringende Wasser absaugt.

Zunächst müssen die überlagernden Deckschichten abgeräumt werden, bis man in einigen Metern Tiefe schließlich auf die edelsteinführende Schicht, den Illam, wie die Einheimischen sagen, stößt.

Wichtigstes Transportmittel sind flache Körbe, die gegenläufig bewegt werden. Die vollen Körbe werden flach geworfen, die leeren gleichzeitig in Gegenrichtung darüber zugeworfen.

Smaragd
Unverwechselbar in seinem Grün

Smaragd zählt neben Rubin und Diamant zu den wertvollsten Edelsteinen überhaupt. Die grüne Farbe des Smaragds ist so einmalig, daß dieser Edelstein schon seit 4000 Jahren eine bevorzugte Rolle bei Königen, Fürsten und Juwelieren genießt.

Der Name Smaragd (griech. »smaragdos«) bedeutet »grüner Stein«. Er entstammt letztlich der persischen oder der altindischen Sprache. In der Antike wurden viele Edelsteine so benannt. Erst seit Ende des 18. Jahrhunderts wird der Name nur auf unseren heutigen Smaragd bezogen.

Smaragd gehört mit Aquamarin und Edelberyll zur Mineralgruppe der Berylle. Sein Grün ist so unvergleichbar, daß man auch außerhalb der Mineralien- und Edelsteinkunde diesen Farbton eigenständig als smaragdgrün bezeichnet.

Nur allerfeinste Sorten sind klar durchsichtig. Gewöhnlich ist Smaragd durch Einschlüsse von Gasen, Flüssigkeiten und Fremdkristallen oder durch Hohlkanäle und verheilte Risse getrübt. Auch die Farbverteilung ist oft unregelmäßig, gefleckt oder gestreift. Das alles

Facettierter Smaragd im sogenannten Smaragdschliff, d. h. mit abgeschrägten Ecken. Fundort Brasilien. (Etwa zweifache Vergrößerung)

Stufenweiser Abbau der smaragdführenden Schichten im Tagbau. Chivor/Kolumbien.

Dieses Smaragdgefäß ist von unschätzbarem Wert. Auf Geheiß des Kaisers Ferdinand III. (1637–1656) wurde der faustgroße, von Muzo in Kolumbien stammende Smaragd von hervorragender Qualität 1641 von dem Steinschneider Dionysio Miseroni in etwa zweijähriger Arbeit in Prag ausgehöhlt und mit Dekor versehen. Um den Materialverlust kleinzuhalten, folgt der Umriß des Gefäßes der natürlichen Steinform. Der Deckel ist aus dem Aushub gearbeitet. Ausmaße: 10,9 cm hoch, 8,5 cm lang, 7,2 cm breit; Smaragdgewicht 2680 Karat. Kunsthistorisches Museum, Weltliche und Geistliche Schatzkammer, Wien.

ist nicht unbedingt ein Mangel, sondern vielmehr Hinweis auf seine Echtheit.

Smaragde finden sich in Pegmatiten oder in deren Nähe, in der Grenzzone von zwei verschiedenen, aneinanderstoßenden Gesteinsarten. Da das spezifische Gewicht der Smaragde ähnlich dem der Quarzsande ist, kann Smaragd auf sekundärer Lagerstätte kaum ausgewaschen werden.

Deshalb wird Smaragd gewöhnlich nur auf primärer Lagerstätte, d. h. aus dem Muttergestein, gewonnen. Er muß aus Adern oder von den Wänden kleiner Hohlräume herausgebrochen und freigeklopft werden. Kristalle über Daumengröße sind selten.

Die ältesten Smaragdgruben lagen in Oberägypten. Von hier kamen die berühmten Smaragde der Königin Kleopatra. Seit der Inkazeit liefert Kolumbien die besten Qualitäten. Weitere Fundstellen gibt es in Brasilien, seit einigen Jahrzehnten auch in mehreren Staaten Afrikas. Die österreichischen Smaragdvorkommen vom Habachtal im Salzburgischen sind nur für Sammler und Hobbyschleifer interessant. Die Ausbeute ist gering.

Die Gewinnung aus dem Muttergestein erfolgt sowohl im Tagbau als auch un-

terirdisch durch Stollen. Bei stark verwittertem Gestein ist der Einsatz von Großgeräten und moderner Technik vielerorts lohnend.

Große Smaragde sind geschätzt wie Diamanten. Bei Krönungsinsignien, bei sakralen Gegenständen und bei vielen anderen Prunkstücken stehen Smaragde häufig im Mittelpunkt der Schmuckgestaltung. Tiefes Grün wird am meisten geschätzt.

Da Smaragd etwas spröde ist, sind spitz auslaufende Facetten durch Stoß gefährdet. Deshalb wurde ein Treppenschliff entwickelt, bei dem die Ecken der quadratischen oder länglichen Tafel abgeschrägt sind. Wir sprechen bei dieser Schliffart allgemein von Smaragdschliff, obwohl sie mittlerweile bei allen Edelsteinen verwendet wird.

Die magische Kraft des Smaragds scheint besonders vielseitig zu sein. Im Lauf der Jahrhunderte wurden ihm immer neue Wirksamkeiten zugeschrieben. Smaragd würde Reichtum und Gnade vermitteln, Furcht und böse Geister vertreiben, epileptische Anfälle lösen, den Frauen die Entbindung erleichtern und wohltuend für die Augen sein. Smaragd galt geradezu als Symbol der Unsterblichkeit.

Mohr mit Smaragdstufe
Die Mineralstufe mit 16 großen Smaragden in Muttergestein schenkte Kaiser Rudolf II. (1576–1612) 1581 dem sächsischen Kurfürsten August. Um 1724 ließ August der Starke die mit reichlich Schmuck versehene Trägerfigur des Mohren dazuarbeiten. Höhe der Statuette 63,8 cm. Grünes Gewölbe, Dresden.

Aquamarin
Blau und grün wie das Meer

Wie das Wasser des Meeres, so ist die Farbe des Aquamarins.
Er ist der Glücksstein der Seeleute und ihrer Mädchen.

Aquamarin-Anhänger mit Diamant-Brillanten dekoriert. (Etwa doppelte Vergrößerung)

Der Aquamarin gehört mit Smaragd und Edelberyll zur Mineralgruppe der Berylle. Der Name Aquamarin (lat. »aqua marina«) bedeutet »Wasser des Meeres«. Seine Farbe schwankt zwischen grün und blau, wie die Wasser der Meere. Erst seit Anfang des 16. Jahrhunderts wird der Name Aquamarin als selbständiger Begriff gebraucht. Früher sprach man nur von einem grünlichen oder bläulichen Beryll.

Am begehrtesten, in der Natur aber auch am seltensten, ist tiefes Blau. Die meisten der heute angebotenen schönen blauen Aquamarine mit großer Farbtiefe haben ihre Farbe durch Wärmebehandlung erhalten. Sie sind von naturfarbenen Steinen nicht zu unterscheiden, da der Brennvorgang ähnlich den Prozessen in der Natur ist. Als Rohmaterial für die Wärmebehandlung werden nahezu farblose, farbschwache oder grünliche Aquamarine verwendet. Nicht jede Mine liefert brauchbares Material. Auch die Brenntemperatur muß je nach Lagerstätte verschieden angesetzt werden. Sie schwankt zwischen 350 °C und 450 °C. Bei Temperaturen über 500 °C werden die Aquamarine wieder entfärbt. Nur einschlußfreies Rohmaterial darf für die Behandlung verwendet werden. Bei Einschlüssen besteht die Gefahr von Spannungen, die sich nach dem Erhitzen bald oder später in Rissen äußern und zum Zerspringen des Steins führen können. Als Rohmaterial werden nur kleine Stücke verwendet, größere Steine müssen vor der Wärme-

Aquamarinkristall auf Muttergestein. Fundort Minas Gerais/Brasilien. (Etwa doppelte Vergrößerung)

behandlung bereits facettiert sein. Die durch Wärmebehandlung erzielten blauen Farbtöne der Aquamarine sind beständig.

Seit den siebziger Jahren werden Aquamarine von auffallend tiefer Farbe angeboten. So weit durch wissenschaftliche Untersuchungen festgestellt, handelt es sich hier um bestrahlte Berylle verschiedener Färbung. Die durch Bestrahlung erwirkten blauen Farben sind nicht immer beständig, manchmal bleichen sie bei Sonnenlicht schon in wenigen Stunden aus.

Eingelagerte Hohlkanäle lassen bei vielen Aquamarinen das Licht mitunter weiß reflektieren, bei orientierter Anordnung ist Katzenaugeneffekt, selten auch Asterismus mit sechsstrahligem Stern möglich.

Aquamarinlagerstätten gibt es in der ganzen Welt. Am bedeutendsten sind die Vorkommen von Brasilien und Madagaskar. Muttergestein sind Pegmatite und grobkörnige Granite. Die einst bekannten Lagerstätten im Ural und in Transbaikalien/Rußland sind wahrscheinlich weitgehend erschöpft. Die Gewinnung erfolgt teils aus dem festen Fels, teils aus dessen Verwitterungsschutt, manchmal auch aus Seifen. Große Kristalle sind nicht selten. Aber nur wenige davon besitzen Edelsteinqualität. Der größte schleifwürdige Aquamarinkristall wurde 1910 in Minas Gerais/Brasilien geborgen. Er wog 110,5 kg, war 48,5 cm lang und bis 42 cm dick. Viele einschlußfreie Edelsteine von guter Farbqualität wurden aus ihm im Gesamtgewicht von etwa 200 000 Karat geschliffen.

Die Kristalle sind oft klar durchsichtig und ungetrübt. Wegen der langgestreckten Kristallform wird der rechteckige Treppenschliff bevorzugt, aber auch Brillantschliff ist verbreitet. Blaßfarbige Steine werden größer und dicker gehalten, um den Farbeindruck zu verstärken.

Aquamarin ist etwas spröde und druckempfindlich. Bei Fassungsarbeiten größte Vorsicht, denn bei Temperaturen über 500 °C kann der Stein verblassen oder ganz entfärbt werden. Aquamarin gilt als Glücksstein der Seeleute und des Monats März.

Edelberyll
Nie smaragdgrün, nie aquamarinblau

Edelberyll umfaßt alle Farbvarietäten des Minerals Beryll, außer dem grünen Smaragd und dem bläulichen Aquamarin.

Facettierte Edelberylle. Links Goldberyll, Mitte Heliodor, rechts Morganit. (Etwa doppelte Vergrößerung)

Nach der Farbe unterscheiden wir bei der Mineralgruppe der Berylle drei Varietäten: den grünen Smaragd, den bläulichen Aquamarin und den in vielen anderen Farben auftretenden Edelberyll.

Der Name Beryll kommt aus dem Griechischen, geht aber auf indischen Ursprung zurück. Seine Bedeutung ist nicht bekannt.

Vom Wort Beryll leitet sich der Name Brille für unsere Augengläser ab. Schon zur Römerzeit wurden aus dem farblosen Beryll Linsen zur Verbesserung der Sehschärfe geschliffen.

Ebenso geht der Name des metallenen Elements Beryllium auf das Mineral Beryll zurück, nachdem es 1798 von dem französischen Chemiker Nicolas-Louis Vauquelin erstmals im Beryll nachgewiesen wurde.

Im Handel führen einige Farbvarietäten der Edelberylle eigene Namen. Der farblose Beryll heißt Goshenit, der helle, gelblichgrüne Heliodor, der stachelbeerrote Bixbit. Am meisten bekannt ist der Goldberyll. Seine Farbe schwankt zwischen zitronengelb und goldgelb. Als Morganit oder Rosaberyll wird die rosafarbene bis hellviolette Beryllvarietät benannt.

Allen Beryllen ist eine gewisse Sprödigkeit und damit Empfindlichkeit gegen Druck gemeinsam. Mit dem sogenannten Smaragdschliff (einem Treppenschliff mit abgeschägten Ecken) kann man diesen Mangel ausgleichen.

Gute Edelberyllsorten sind durchsichtig und frei von Einschlüssen. Katzenaugeneffekt und Asterismus sind selten. Schönfarbige Varietäten werden gesucht, ausgefallene Farben erreichen Phantasiepreise.

Vorkommen der Edelberylle meist zusammen mit Aquamarin in Pegmatiten oder in deren Verwitterungsschutt am Fuß steiler Berge.

Mit Beryll lassen sich viele Krankheiten heilen. Gelblicher Beryll z. B. kuriert Leberschäden. Darüber hinaus hält Beryll eine junge Liebe frisch und erneuert die Liebe unter Eheleuten.

Verschiedenfarbige facettierte Edelberylle in natürlicher Größe.

So steht es in den Steinebüchern des Mittelalters.

Von der Beryllgruppe werden Aquamarin und Smaragd am meisten begehrt. Zwar haben auch Edelberylle ihre Liebhaber, große Mengen von Edelberyll sind jedoch nicht abzusetzen, zumal viele Farben wenig attraktiv sind. Da man andererseits die Nachfrage nach schönen Aquamarinen nicht befriedigen kann, werden Edelberylle zunehmend durch Wärmebehandlung in aquamarinfarbene Berylle umgewandelt.

Durch systematische Brennversuche konnte festgestellt werden, welche Farben der Edelberylle sich gut verändern lassen und welche Edelsteinminen für Brennzwecke geeignete Steine liefern können, denn nicht von allen Beryll-Lagerstätten sind die Steine für eine Wärmebehandlung brauchbar. Grüne Berylle aus Brasilien sind zum Brennen weniger geeignet, sie verändern ihre Farbe nur unzureichend. Brasilianische gelbe Berylle lassen sich überhaupt nicht brennen. Grüne Edelberylle aus Simbabwe dagegen können leicht zu Aquamarin umgewandelt werden, gelbe Varietäten nehmen sogar nach Erhitzen eine intensiv blaue Farbe an.

Die Farben der gebrannten Berylle sind beständig und von den natürlichen Aquamarinen gewöhnlich nicht zu unterscheiden.

Rosaberyll wird häufig hitzebehandelt, um die Ursprungsfarbe zu verbessern, besonders wenn er einen Stich ins Gelbliche oder ins Bräunliche zeigt.

Chrysoberyll
Wechselt manchmal die Farbe

Obwohl schon seit der Antike bekannt, hat Chrysoberyll als Edelstein zu keiner Zeit eine größere Bedeutung gehabt. Die beiden Varietäten Alexandrit und Chrysoberyll-Katzenauge dagegen zählen zu den begehrtesten und teuersten Edelsteinen.

In der Antike wurde Chrysoberyll (griech. »chrysos« = Gold) als eine goldfarbene Abart des Edelsteinminerals Beryll betrachtet. Erst um 1800 erkannte der Mineraloge Abraham Gottlob Werner, daß Chrysoberyll ein eigenständiges Mineral ist.
Die Farbe kann goldgelb, grünlichgelb oder bräunlich sein. Gewöhnlich durchsichtig und mit großer Härte, starkem Glanz und hoher Lichtbrechung ausgestattet, besitzt er alle Eigenschaften eines wertvollen Edelsteins. Dennoch konnte sich Chrysoberyll nie richtig durchsetzen. Vielleicht liegt das am Namen.
Die wichtigsten Vorkommen finden sich auf Seifen in Brasilien und Sri Lanka. Muttergesteine sind Pegmatite und Metamorphite. Größere Steine mit Edelsteinqualität sind selten. 100 Karat Gewicht ist bei einem Chrysoberyll-Rohstein geradezu eine Sensation. Berühmt ist der makellose Hope-Chrysoberyll, ein hellgrüner, facettierter Stein von 45 Karat.
Eine sehr seltene, aber begehrte Abart des Chrysoberylls ist der Alexandrit,

Chrysoberyll-Katzenauge, 58,2 Karat. Fundort Sri Lanka. Smithsonian-Museum, Washington/USA. (Etwa doppelte Vergrößerung)

Facettierte Chrysoberylle. (Etwa doppelte Vergrößerung)

benannt nach dem späteren Zar Alexander II. von Rußland (1855–1881). Erstmals 1830 in den Smaragdgruben des Urals nördlich von Swerdlowsk entdeckt, liegen die wichtigsten Vorkommen heute auf den Seifenlagerstätten von Sri Lanka und Brasilien. Die russischen Lagerstätten sind erschöpft. Alexandrit wechselt die Farbe. Bei Tageslicht ist er grün oder blaugrün, bei künstlichem Licht (außer bei Leuchtstofflampen) rot bis violett. Ursache dafür ist eine verschiedene Absorption der unterschiedlichen Lichtspektren. Alexandrit wirkt wie eine Art Filter. Beste Sorten zeigen reines Smaragdgrün beziehungsweise leuchtendes Rubinrot. Der Farbwechsel kommt bei dickeren Steinen am besten zum Ausdruck. Schleifwürdige Steine über 2 Karat sind selten. Der größte facettierte Alexandrit wiegt 65,7 Karat. Er wird im Smithsonian-Museum von Washington/USA zur Schau gestellt.

Alexandrit als Ringstein, links bei Tageslicht, rechts bei Kunstlicht. Naturhistorisches Museum, Wien.

Eine andere attraktive Varietät des Chrysoberylls ist das Chrysoberyll-Katzenauge, in Fachkreisen auch Cymophan (oder Kymophan) genannt. Bei hoch muglig geschliffenem Stein zeigt sich ein silberweißer Streifen (ähnlich der schlitzartigen Pupille einer Katze), der beim Bewegen des Steins über die Oberfläche wogend hinweggleitet. Der Katzenaugeneffekt entsteht durch Reflexion des Lichts an feinen, parallel angeordneten Hohlkanälen in trübdurchscheinenden Kristallen.
Wenn bei Edelsteinen von einem Katzenauge (ohne jeden Zusatz) gesprochen wird, ist immer das Chrysoberyll-Katzenauge gemeint.
Chrysoberyll-Katzenauge wird vornehmlich in den Edelsteinseifen von Sri Lanka und Brasilien gefunden.

Spinell
Erst spät gewürdigt

Bis vor 200 Jahren galten die roten Spinelle als Abart des Rubins. Erst um 1800 wurde Spinell als eigenständiges Edelsteinmineral erkannt. Dementsprechend gibt es berühmte rote Edelsteine, die früher für Rubine gehalten wurden, tatsächlich aber Spinelle sind.

*Facettierte Spinelle.
Oben: Chlorospinell; links Mitte: Rubicell; links unten: Ceylanit; rechts Mitte: Rubinspinell; unten: Saphirspinell.*

Den Namen Spinell gibt es erst seit dem 16. Jahrhundert. Er taucht in mehreren europäischen Sprachen auf, ohne daß man seine Wortbedeutung genau weiß. Wahrscheinlich kommt sie aus dem Griechischen (»Funke«) oder auch aus dem Lateinischen (»Spitze«). Zunächst bezeichnete man alle roten Edelsteine als Spinell. Erst um 1800 wurde die mineralogische Eigenständigkeit des Spinells erkannt. Davor zählte er zur Gruppe der Rubine.

Die Farben des Spinells beschränken sich nicht nur auf rot. Nahezu das ganze Farbenspektrum wird von ihm vertreten. Mehrere Varietäten führen eigene Namen. Der gelbrote bis rotgelbe Spinell heißt Rubicell, der blaßrote Balasrubin, der blutrote Rubinspinell, der blaue Saphirspinell, der grüne Chlorospinell, der braune Picolit und der grünschwarze bis schwarze Ceylanit oder Pleonast. Die Edelsteinvarietäten des Spinells sind bis auf Ceylanit durchsichtig und zeigen starken Glasglanz.

Spinell wird fast ausschließlich – zusammen mit Rubin und Saphir – auf Seifenlagerstätten gewonnen. Hauptvorkommen liegen in Birma und in Sri Lanka.

Größere Steine sind selten. Die zwei größten je gefundenen Spinelle besitzt das Britische Museum in London. Einer ist abgerollt, der andere zeigt eine oktaedrische Kristallform. Beide Steine wiegen ungefähr je 520 Karat.

Die böhmische Königskrone, die St.-Wenzels-Krone von 1347, birgt neben Rubinen mehrere der größten Spinelle der Welt.

Mehrere berühmte Edelsteine, die lange Zeit für Rubine gehalten wurden, entpuppten sich bei weiteren Untersuchungen als Spinell. Dazu gehört der »Black Prince's Ruby« in der englischen Staatskrone wie auch der 361 Karat schwere »Timur Ruby« in einer diamantbesetzten Halskette der englischen Kronjuwelen. Auch die tropfenförmigen, geschliffenen roten Steine in der Wittelsbacher Krone von 1830 sind keine Rubine, wie ursprünglich geglaubt, sondern Spinelle.

Synthetische Spinelle werden seit den zwanziger Jahren in großen Mengen produziert. Sie ahmen nicht nur den natürlichen Spinell nach, sondern auch viele andere Edelsteine.

Auf Grund der Farbenvielfalt ist Spinell mit zahlreichen Edelsteinen leicht zu verwechseln. An der fehlenden Doppelbrechung kann der Fachmann den echten Spinell jedoch sicher identifizieren.

Britische Staatskrone (Imperial State Crown) mit dem roten »Black Prince's Ruby« in der Stirnplatte und darunter dem funkelnden Cullinan II., dem zweitgrößten facettierten Diamanten überhaupt. Der »Black Prince's Ruby« ist nach neueren Untersuchungen kein Rubin, sondern ein Spinell. Er ist etwa taubeneigroß, 5 cm hoch, ungeschliffen, nur poliert. Tower, London.

Topas
Eine bunte Palette

Der Topas zeigt viele Farben. Er kann daher mit zahlreichen anderen Edelsteinen verwechselt werden. Die einstige berühmte Fundstelle vom Schneckenstein in Sachsen lieferte bis zum 18. Jahrhundert Steine für auserlesenen Schmuck und für Staatsinsignien so mancher Herrscherhäuser.

Goldring des böhmischen Königs Přemysl Ottokar I. († 1230) mit einem muglig geschliffenen Topas. Ringdurchmesser 21 mm, Steingröße 14×13 mm. Museum der Burg, Prag. Der Topas, gleichmäßig gefärbt und durchscheinend, stammt wahrscheinlich vom Schneckenstein in Sachsen. Der Ring wurde dem König ins Grab gelegt.

Ebenso wie bei einigen anderen Edelsteinen ist auch der Begriff Topas erst in jüngerer Zeit genau interpretiert worden. In der Antike wurden gelbe und goldbraune, aber auch grüne Edelsteine als Topas bezeichnet. Mitte des 17. Jahrhunderts erhielt Topas seine wissenschaftliche Definition als fluorhaltiges Aluminiumsilicat.

Der Name Topas ist in seiner Grundbedeutung nicht zu klären. Vielleicht wurde er von der Vulkaninsel »Topazos« im Roten Meer (heute Zebirget oder St. John genannt) abgeleitet. Tatsächlich gab es hier jedoch immer nur grüne Edelsteine, die wir jetzt als Peridot bezeichnen, die aber in früheren Zeiten vielleicht zu den Topasen zählten. Hinter dem Namen Topas kann sich aber ebenso gut auch ein altindischer Begriff verbergen.

Die gewöhnlich nur blaß ausgebildeten Farben des Topas reichen von Rot über Gelb und Grün bis nach Blauviolett. Am häufigsten ist Gelb mit einem Stich ins Rötliche, als besonders wertvoll gilt Rosa und kräftiges Blau. Auch farblose Topase (wie der sogenannte Sächsische Diamant), die dem Diamant unterschoben werden können, sind bekannt. Topas besitzt eine hohe Spaltbarkeit. Das erleichtert zwar das Zerlegen großer Kristalle, erschwert aber die Verarbeitung, insbesondere das Schleifen und das Fassen.

Fundstellen des Topas gibt es im festen Fels von Pegmatiten bzw. in deren Nachbarschaft, im Verwitterungsschutt jener Gesteine wie auch auf Seifenlagerstätten zusammen mit anderen Edelsteinen.

Die bedeutendste Topaslagerstätte Europas war bis zum 18. Jahrhundert der Schneckenstein, eine von steilen Felsen überragte Schieferzone im Vogtland/Sachsen. 1737 begann eine systematische Ausbeute im Auftrag der sächsischen Kurfürsten.

Die Farbe der Schneckensteiner Topaskristalle schwankt zwischen hellgelb und dunklerem Gelb. Selten gibt es rötliche oder grünlichgelbe, häufiger dafür farblose Steine. Im allgemeinen sind die gewonnenen Kristalle klein und trüb. Sie erreichen kaum einen Zentimeter Länge.

Die größeren Schneckensteiner Topase wanderten in die Schatzkammer des kurfürstlichen Hofes. Die meisten Steine davon wurden einer Schmuckgarnitur zugeführt, besonders zu Rock-, Westen- und Schnallensteinen verarbeitet, die kostbarsten Topase für Ringsteine verwendet. Ebenso wurden Orden mit großen facettierten Topasen besetzt. Mehrere hundert Schneckensteiner Topase von bester Qualität zieren englische Krönungsinsignien.

Nach mehrmaligen Unterbrechungen wurde die Topasgewinnung am Schneckenstein um 1800 endgültig ein-

Topaskristall von Ouro Preto in Minas Gerais/Brasilien. (Etwa doppelte Vergrößerung)

gestellt, nachdem große Topaslagerstätten mit schleifwürdigen Steinen im Ural und in Brasilien ihre Produktion aufgenommen hatten.

Die Vorkommen des Urals sind inzwischen weitgehend erschöpft. Die bedeutendsten und ergiebigsten Lagerstätten befinden sich heute in Brasilien, im Staat Minas Gerais. Die Gewinnung erfolgt aus dem anstehenden, aber stark verwitterten Fels im Tagbau oder aus dem tonigen Hangschutt am Fuß steiler Berge. Einige Minen sind modern mechanisiert. Nach dem Abschub durch Bulldozer werden die Verwitterungsmassen durch Wasserstrahlen aufbereitet, schließlich über Sieben gewaschen. Die letzte Auslese erfolgt von Hand.

Aus Brasilien sind Topase von nahezu einem Meter Länge und vielen Kilogramm Gewicht bekannt, für eine Verwendung als Edelstein allerdings nur in kleinen Teilen geeignet.

1985 hat das Museum für Naturgeschichte in New York von einem ungenannten Stifter einen hellblauen geschliffenen Topas von 21 327 Karat (etwa 4,3 kg), genannt »Brasilianische Prinzessin«, erhalten, dessen ursprüngliches Gewicht 34 kg betragen haben soll. »Prinzessin« wurde 1977 in Minas Gerais/Brasilien gefunden.

Als berühmtester Topas gilt der 1680 Karat schwere, 1740 in Ouro Preto im Staat Minas Gerais/Brasilien gefundene »Braganza« in den Kronjuwelen des portugiesischen Königs Johann V. (1706–1750). Da farblos, hielt man ihn ursprünglich für einen Diamant.

Die im Handel als Gold- und Madeiratopas angebotenen Steine sind tatsächlich gelbe Quarzvarietäten, d. h. Citrine oder gelb gebrannte Amethyste. Sogenannter Rauchtopas ist mit richtigem Namen Rauchquarz. Um den echten Topas von jenen zu unterscheiden, wird der wirkliche Topas häufig als Edeltopas bezeichnet.

Es gibt aber auch Topase, die nach der mineralogischen Zusammensetzung zwar echt sind, durch Brennen aber künstlich in der Farbe verbessert wurden. Andererseits können manchmal Topase im Sonnenlicht auch ausbleichen. Hierzu gehören Topase, u. a. von Transbaikalien/Rußland, aus Japan und Utah/USA.

Granat
Auch einer der Karfunkelsteine

Neben Rubin und Spinell wurden im Mittelalter auch die roten Granatvarietäten als Karfunkelstein bezeichnet. Erst um 1800 erkannte man, daß Granat eine selbständige Mineralart ist.

Granat ist nicht nur ein roter Edelstein, wie viele glauben, sondern Name für eine Gruppe ähnlicher Silikatmineralien. Alle Farben, außer blau, sind vertreten. Die einzelnen Varietäten tragen eigene Namen. Pyrop und Almandin, die bekanntesten Granate, sind rot, Pyrop mit einem Stich ins Bläuliche, Almandin mit einem Stich ins Violette. Spessartin zeigt orange bis rotbraune Töne, Uwarowit smaragdgrüne Farben. Grossular kann farblos, braunorange, zitronengelb oder grün sein. Vom Andradit werden insbesondere die Varietäten Demantoid und Melanit als Edelstein genutzt.

Der Name Granat kommt aus dem Lateinischen. Entweder bezog man ihn wegen der roten Farben auf die roten Blüten des Granatbaums bzw. auf dessen Frucht oder auf seine körnige Struktur (lat. »granum« = Korn).

Die rote Granatvarietät Pyrop war Modestein des 18. und 19. Jahrhunderts. Eine der Hauptfundstellen lag in Nordböhmen. Danach wurde der Pyrop auch als Böhmischer Granat be-

Ostgotische Brustspange, eine Adlerfibel, aus der Zeit Theoderichs d. Gr. (471–526), 12 cm hoch. Gefunden 1893 in der Republik San Marino. Die Zelleneinlagen bestehen aus Almandin, die Zellengitter aus Gold. Die in Form eines Kreuzes angeordneten Rundfassungen sind leer, sie trugen ursprünglich große Almandine.
Germanisches Museum, Nürnberg.

zeichnet. Die Steine dieser Lagerstätten zeichnen sich durch eine sehr geschätzte rubinrote Farbe aus.

Die Nutzung der böhmischen Lagerstätten geht bis ins 14. Jahrhundert zurück, denn in Schmuckstücken Kaiser Karls IV. (1355–1378) sind Böhmische Granate vertreten. Eine systematische Edelsteinsuche gibt es seit dem 16. Jahrhundert.

Die böhmischen Granatlagerstätten haben nur noch historischen Wert. In den letzten Jahren wurden einige Tagebaue versuchsweise reaktiviert. Bedeutendes Verarbeitungszentrum ist Turnov.

Die einzelnen Granatkörner sind gewöhnlich klein. Bohnengröße ist selten, noch größere Steine sind Rarität. Der größte in Böhmen je gefundene Pyrop ist ein ovaler Cabochon mit den Ausmaßen 35×27×8 mm und einem Gewicht von 46,75 Karat. Er schmückt zusammen mit 318 Brillanten den Orden des Goldenen Vlieses, eines herausragenden Schaustücks im Grünen Gewölbe von Dresden.

Südafrika liefert heute beste Sorten roter Granate, die als Nebenprodukt bei der Diamantgewinnung anfallen. Zentimetergröße ist bei diesen Pyropen, die im Handel irreführend als »Kaprubine« bezeichnet werden, nicht selten. Weitere Pyropgewinnung gibt es in den Diamantfeldern Sibiriens, in Brasilien und in Arizona/USA.

Bedeutende Almandin-Lagerstätten finden sich in Sri Lanka und Indien. Schleifwürdige Almandine werden gewöhnlich auf Seifenlagerstätten gewonnen. Die bekannten großen Almandinkristalle im Gneis und im Glimmerschiefer besitzen meist keine Edelsteinqualität. Auch die Almandine aus dem Ötztal und dem Zillertal, im Volksmund »Tiroler Granat« genannt, sind selten schleifwürdig.

Sehr dunkle Almandine werden bei der Schmuckgestaltung an der Unterseite ausgehöhlt (ausgeschlägelt), damit sie lichtdurchlässiger sind und so heller wirken. Der größte geschliffene Almandin ist ein Cabochon und wiegt 175 Karat. Er befindet sich heute im Smithsonian-Museum in Washington/USA.

Der smaragdgrüne De-
mantoid, Abart des Andra-
dits, gilt als der wertvollste
Granat überhaupt. Er wur-
de erstmals Mitte des vorigen Jahrhunderts im Ural
entdeckt. Wegen des star-
ken Glanzes und der hohen
Dispersion ist er leicht mit
Diamant zu verwechseln.
Daher auch sein Name. Ge-
schliffene Steine (meist mit
Brillantschliff) von zwei Karat sind eine
große Seltenheit. Tansania und Zaire
sind die Hauptproduzenten des De-
mantoids.

Die andere Abart des Andradits, der
Melanit, ist schwarz und undurchsichtig. Er wurde früher zu Trauerschmuck
verarbeitet.

Edelsteinqualitäten des orangefarbe-
nen Spessartins, benannt nach seinem
ersten Fundort im Spessart, liefern
Sri Lanka, Madagaskar, Birma und
Brasilien.

Fundstellen des seltenen grünen Uwa-
rowits gibt es im Ural/Rußland und in
Finnland. Schleifwürdige Steine von
einem Karat sind so selten, daß sie als
Museumsstücke gelten.

1972 wurde eine smaragdgrüne Abart
der Granatvarietät Grossular in Kenia
gefunden, der Tsavorit. Er ist sehr selten. Fundstätten gibt es nur in Kenia
und Tansania. Wegen seiner starken
Dispersion ist Tsavorit ein begehrter
Edelstein.

*Brosche aus
Böhmischem
Granat,
19. Jahrhundert.
(Etwas vergrößert)*

*Bei dieser
»Regenbogenlinie«
des Granats
erkennt man
die vielen Farb-
varietäten der
grünen, gelben
und der roten
Granate.
(Natürliche Größe)*

*Almandin in Glimmerschiefer. Fundort
Zillertal/Österreich. (Natürliche Größe)*

Turmalin
Der Bunteste von allen

Dieser farbenreiche Edelstein ist im Mittelmeerraum seit der Antike bekannt, im abendländischen Europa aber erst seit dem 18. Jahrhundert. Im Biedermeier war er der Lieblingsstein.

Turmalinkristalle mit verschiedenfarbigen Kristallkernen. Fundort Brasilien. (Etwas vergrößert)

Turmalin ist der farbenreichste Edelstein überhaupt. Dementsprechend gibt es viele Varietätennamen: Achroit ist farblos, Dravit hell- bis dunkelbraun, Indigolith blau, Rubellit rosa bis rot, Schörl schwarz, Siberit lilarot bis violettblau und Verdelith grün. Die Wissenschaft unterscheidet Turmaline nach der chemischen Zusammensetzung und hat dafür wieder andere Namen. Einfarbige Turmaline sind recht selten. Oft gibt es am gleichen Kristall verschiedene Farbtöne. Dafür haben Volksmund und Handel wiederum spezielle Namen. Farblose oder farbschwache Turmaline mit schwarzen Enden heißen Mohrenkopf, grüne mit rotem Kristallende Türkenkopf, solche mit einem roten Kern und grüner Umhüllung nennt der Volksmund Wassermelone.

Die Kristalle zeigen meist dreieckigen Querschnitt, sind gestreckt und auf den leicht gewölbten Längsflächen gerieft. Im Farbenreichtum, insbesondere in der Vielgestaltigkeit der inneren Farbstrukturen des Turmalins glauben viele Menschen besondere Kräfte zu erkennen, die auf Physis, Seele und Geist angenehme Wirkungen erzielen.

Die physikalischen Eigenschaften des Turmalins scheinen solche Vorstellungen zu bestätigen. Nach Erhitzen und Abkühlung, bei Druck und Reiben zieht der Turmalin Staubteilchen und kleine Papierschnitzel an, als wenn geheimnisvolle Kräfte tätig wären. In Wirklichkeit ist dies ein bekannter physikalischer Vorgang, die sogenannte Pyro- und Piezoelektrizität, was es auch bei anderen Mineralien gibt; es ist kein übernatürlicher Effekt.

Holländische Ostindienfahrer, die den edlen Turmalin Anfang des 18. Jahrhunderts im abendländischen Europa einführten, kannten die »Anziehungskraft« des Turmalins. Sie zogen damit,

Links: Rubellit-Stufe aus Madagaskar. (Etwa halbe Größe)

Unten: Querschnitt eines Turmalins mit typisch dreieckiger Kristallausbildung und Verschiedenfarbigkeit innerhalb der Kristallstruktur. Fundort Brasilien. (Natürliche Größe)

zum Beweis für die Echtheit des Steins, Asche aus dem Torffeuer oder aus den damals beliebten Meerschaumpfeifen. Die Holländer nannten den Turmalin wegen dieser Eigenschaft »Aschentrekker«, d. h. Aschenzieher.

Der Name Aschentrekker hat sich aber nicht durchgesetzt, sondern das singhalesische Wort »turamali«, was soviel bedeutet wie »roter Stein«.

Auch von uns ungewollt, zieht Turmalin immer etwas Staub an. Deshalb muß er im Schmuckstück öfter als andere Edelsteine gereinigt werden.

Daß Turmalin nicht nur rot ist, sondern eine Vielzahl von Varietäten umfaßt, weiß man allerdings erst seit etwa 1800, wo man begann, die komplizierte chemische Zusammensetzung dieses Silicatminerals zu erforschen.

Turmalin findet sich entweder in Pegmatiten eingewachsen, freistehend in granitischen Drusenräumen oder auf Seifenlagerstätten. Edelsteinqualitäten gibt es u. a. in Madagaskar, Mozambique, Sri Lanka, Kalifornien/USA und insbesondere in Brasilien.

Turmalin hat einen ungewöhnlich starken Dichroismus. Geschickte Schleifer nutzen diesen Effekt, indem sie durch eine entsprechende Schleifrichtung dunkle Steine aufhellen und hellen Turmalinen eine tiefere Farbe verleihen.

Papageienpaar. Körper der Vögel aus verschiedenfarbigem Turmalin, Schnäbel aus Labradorit, Augen aus Diamant. Der Stamm, auf dem die Vögel sitzen, ist Bergkristall mit aufgerauhter Oberfläche. (Etwas verkleinert)

In diesen Farbkreisen zeigt sich nur ein Teil der Farbenpracht des Edelsteins Turmalin.

83

Kunzit und Hiddenit

Die Edlen des Spodumens

Es gibt Edelsteine, die erst in jüngster Zeit entdeckt wurden. Dazu gehören Kunzit und Hiddenit, zwei Varietäten aus der Mineralgruppe der Spodumene.

Vertikalgestreifter Kunzitkristall. Fundort Brasilien. (Etwa doppelte Vergrößerung)

Hiddenit

Der Hiddenit erhielt seinen Namen zu Ehren von W. E. Hidden, dem Entdecker dieses Edelsteins 1879 in North Carolina/USA.

Die Farben schwanken zwischen gelb, grüngelb, gelbgrün und smaragdgrün. Smaragdgrün ist am begehrtesten. Bedeutende Fundorte liegen in Brasilien, Madagaskar und in North Caroli-

Säulenförmiger, längsgestreifter Hiddenitkristall auf Muttergestein. Fundort Brasilien. (Etwa doppelte Vergrößerung)

na/USA. Hiddenit ist viel seltener als Kunzit. Die Kristalle sind gewöhnlich klein.

Einer der feinsten facettierten Hiddenite befindet sich im Smithsonian Museum in Washington/USA. Er ist von satter gelber Farbe, wiegt 327 Karat und stammt aus Brasilien.

1958 wurde in Brasilien ein Hiddenitkristall in Edelsteinqualität von 3675 Karat (735 g) gefunden. Nach Bearbeitung mit Smaragdschliff wiegt er noch 1804 Karat (360,8 g). Seine Ausmaße sind 9,8×3,7 cm. Er befindet sich im Royal Ontario Museum von Toronto/Kanada.

Kunzit

Eine 1879 in Connecticut/USA erstmals entdeckte lavendelfarbige Varietät des Minerals Spodumen wurde nach dem Edelsteinfachmann G. F. Kunz, der diesen Edelstein analysierte und ausführlich beschrieb, Kunzit benannt.

Die Farben bewegen sich zwischen zartrosa und dunkelviolett. Kräftig gefärbte Kunzite sind selten.

Die wichtigsten Lieferländer sind Brasilien und Madagaskar. Berühmte Fundstellen gibt es auch in Kalifornien und in Maine/USA. Muttergesteine sind jeweils Pegmatite.

Wegen der Durchsichtigkeit bietet sich ein Facettenschliff an. Die Verarbeitung ist jedoch insofern etwas schwierig, als Kunzit eine hohe Spaltbarkeit besitzt und daher druckempfindlich ist. Die unterschiedliche Farbtiefe im Kristall, der sogenannte Pleochroismus, kann durch entsprechenden Schliff vorteilhaft ausgenutzt werden. Ursprünglich blasse Steine können so farbkräftiger erscheinen.

Das Smithsonian-Museum in Washington/USA besitzt einen fehlerfreien, tiefviolettfarbenen, herzförmig geschliffenen, facettierten Kunzit von 880 Karat. Er ist einer der größten geschliffenen Kunzite und stammt aus Brasilien.

Links drei facettierte Hiddenite, rechts drei facettierte Kunzite. (Etwas vergrößert)

Rhodonit und Rhodochrosit
Immer rosenrot

Nach der roten Farbe haben Rhodonit und Rhodochrosit ihre Namen erhalten. Das griechische Wort »rhodon« heißt »Rose«, griechisch »rhodochroos« bedeutet »rosenfarbig«.

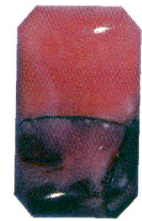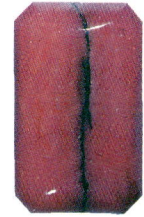

Geschliffene Rhodonite in natürlicher Größe; oben ein Cabochon, unten zwei Tafelsteine.

Rhodonit

Der Edelstein Rhodonit ist seit Ende des 18. Jahrhunderts bekannt. Seine Farbe schwankt zwischen fleischrot und dunkelrot, manchmal mit einem Stich ins Bläuliche. Gewöhnlich ist Rhodonit von schwarzen Adern aus Manganoxid, sogenannten Dendriten, durchsetzt. Einfarbig rote und durchsichtige Steine sind selten.

Rhodochrositaggregat mit gezackter Bänderung und eingeschlossenem Pyrit. Fundort Argentinien. (Natürliche Größe)

Nach der chemischen Zusammensetzung wird Rhodonit in der Mineralogie auch als Mangankiesel bezeichnet. Fundstellen gibt es auf Manganlagerstätten, so z. B. im Ural, in Schweden, Australien und den USA.
Rhodonit wird für Halsketten, als Ringstein, vor allem aber für kunstgewerbliche Gegenstände verwendet. Im vorigen Jahrhundert war Rhodonit mit der Entdeckung der Lagerstätten bei Jekaterinburg im Ural einer der beliebtesten Edelsteine in Rußland.
Ein Prachtstück des Fersmann-Museums in Moskau ist eine 200 kg schwere Vase aus massivem Rhodonit. Ein Prunkstück anderer Art ist die Moskauer U-Bahn-Station Majakowskaja. Hier wurden ganze Wandflächen mit Rhodonitplatten der uralischen Lagerstätten vertäfelt.

Rhodochrosit

Rhodochrosit ist einer der jüngsten Edelsteine. Er wurde 1938 erstmals in Edelsteinqualität entdeckt, seit dem Zweiten Weltkrieg ist er auf dem Markt. In Argentinien reicht seine Bildung nicht weiter als 700 Jahre zurück. Hier wurde er in den im 13. Jahrhundert verlassenen Silberminen der Inkas gefunden.
Die Farbe des Rhodochrosits ist rosenrot bis fast weiß. Am begehrtesten ist Himbeerrot. Darauf zielt auch sein Synonym Himbeerspat, die Mineralogen sprechen von Manganspat. Aggregate zeigen wegen der stalagmitischen Entwicklung eine Bänderung mit gezacktem Verlauf. Da diese dekorative Zeichnung bei größeren Flächen am besten zum Ausdruck kommt, liegt eine besonders vorteilhafte Verwendung für kunstgewerbliche Gegenstände nahe.
Die wichtigsten Fundstellen befinden sich in den argentinischen Anden. Klar durchsichtige und schleifwürdige Kristalle liefert seit zwei Jahrzehnten Südafrika, seit kurzem auch Japan.

Rhodochrositkristalle auf Muttergestein. Fundort Hotazell/Südafrika. (Etwa doppelte Vergrößerung)

Bergkristall und seine Verwandten
Große Vielfalt in Form und Farbe

Bergkristall und seine Verwandten gehören zur Quarz-Familie. Mehr als drei Dutzend Varietäten werden als Edelstein genutzt. Ihre Verwendung ist sehr vielseitig, als Schmuckstein, für Skulpturen und Gefäße bis hin zu Wandvertäfelungen.

Bergkristall ist das bekannteste Mineral aus der Familie der Quarze.

Alle Quarze haben ähnliche Eigenschaften. Sie sind so hart (Mohshärte zwischen 6½ und 7), daß die Politur der geschliffenen Steine vom allgegenwärtigen Staub nicht angegriffen wird. Auch gegenüber Chemikalien und mechanischer Beanspruchung sind sie unempfindlich. Edelsteinqualitäten gibt es nur in Drusen, Klüften und in Pegmatiten.

Eine Unterscheidung innerhalb der Quarz-Familie erfolgt nach dem kristallinen Aufbau und der Farbe. Die Varietäten, deren Kristalle mit bloßem Auge zu erkennen sind, heißen makrokristalline Quarze, jene mit mikroskopisch kleinen Kristallen mikrokristalline Quarze. Zur ersten Gruppe gehören Bergkristall, Citrin, Rosenquarz, Rauchquarz, Amethyst, Falkenauge und Tigerauge sowie Aventurin. Zur zweiten Gruppe zählen wir die Chalcedone mit Karneol, Chrysopras, Moosachat, Holzstein, Heliotrop, Jaspis sowie die Achate.

Bergkristall

Weil die Griechen den Bergkristall für Gefrorenes hielten, nannten sie ihn »kristallos«, d. h. Eis. Während des ganzen Mittelalters hieß der Bergkristall einfach Kristall.

Lagerstätten mit Edelsteinqualitäten gab es früher in den Zentralalpen, jetzt liegen die bedeutendsten in Brasilien, Madagaskar, Japan, Nordkarolina und Arkansas/USA.

Citrin

Die zitronengelbe Farbe gab dem Citrin den Namen. Bis zum Ende des Mittelalters allerdings wurden mehrere gelbe Edelsteine so benannt. Erst nach und nach bezog man den Namen Citrin nur auf die gelbe Quarz-Varietät. Um einen höheren Wert beim Käufer vorzutäuschen, wird er bei Juwelieren oft als Goldtopas bezeichnet. Citrin ist in der Natur viel seltener als Bergkristall. Die im Handel angebotenen Citrine sind gewöhnlich durch Hitze künstlich umgefärbte Amethyste oder Rauchquarze. Brasilianische Amethyste minderer Qualität z. B. werden bei etwa 470–560 °C in citrinfarbene Quarze verwandelt, meist allerdings mit mehr bräunlichen als gelben Farbtönen und mit einem Stich ins Rötliche. Citrin galt im Mittelalter als Geburtsstein für das Sternbild der Zwillinge, gelber Citrin für das der Jungfrau und orangefarbener Citrin als Glückstein für Waage-Kinder.

Rosenquarz

Der rosenfarbene Rosenquarz ist meist etwas trüb und oft rissig, gewöhnlich nur für Cabochonschliff geeignet. Der Name existiert seit etwa 1800. Hauptlieferanten sind Brasilien und Madagaskar. Vorkommen meist als Bestandteil von Pegmatiten. In der Wandvertäfelung der weltberühmten Wenzelskapelle im Veitsdom auf dem Prager Hradschin ist Rosenquarz neben Amethystquarz und Chrysopras reichlich vertreten.

Rauchquarz

Die rauchig-braunen Quarz-Varietäten heißen Rauchquarz (im Handel irreführend Rauchtopas genannt), sehr dunkle bis schwarze Abarten Morion. Nadelförmig eingelagerter goldgelber Rutil ist eine interessante Bereicherung dieses Edelsteins. Bei gesetzmäßiger Anordnung der Rutilnadeln entstehen im Innern des Rauchquarzes gebündelte Rutilsterne (s. S. 26).

Vorkommen in den Schweizer Alpen, im Ural, in Brasilien, Madagaskar, Colorado/USA, Zimbabwe.

Oben: Facettierter Citrin. Mitte: Facettierter Rosenquarz. Unten: Rauchquarz mit Rutileinlagerungen im Cabochonschliff. (Etwa doppelte Vergrößerungen)

Bergkristallstufe mit farblosen und durchsichtigen Kristallspitzen von Edelsteinqualität. Fundort Brasilien. (Etwa doppelte Vergrößerung)

Amethyst

»Nicht betrunken« bedeutet der Name Amethyst im Griechischen, denn er galt als Amulett gegen Trunkenheit. Die wertvollsten, kräftigsten Farben liegen in den Kristallspitzen. Deshalb gibt es keine sehr großen Amethyststeine mit bester Edelsteinqualität. Verwachsungen von derbem Amethyst mit milchigem Quarz heißen Amethystquarz. Die Wenzelskapelle in Prag ist neben Chrysopras, Rosenquarz und Jaspis mit Amethystquarz-Platten ausgekleidet.

Die bedeutendsten Fundstellen des edlen Amethyst liegen in Brasilien, Uruguay, Madagaskar, Mexiko. Vorkommen in Hohlräumen von Magmatiten, gewöhnlich in Melaphyrmandeln. Amethystdrusen von vielen Zentnern sind bekannt.

Dem Amethyst wurden besonders wirksame übernatürliche Kräfte nachgesagt. Er galt als Glücksbringer schlechthin, verlieh Standfestigkeit und Vernunft, schützte vor Zauberei und Heimweh. In der Antike wurde er der Venus zugeordnet. Die mittelalterliche Astrologie sah mehr eine Beziehung zum Jupiter, dem Tierkreis der Fische und zum Monat Februar. Amethyste schmücken gemäß den liturgischen Farben der katholischen Kirche viele Ritualgegenstände, Weihgefäße und Bischofsinsignien.

Die abgebildeten facettierten Amethyste zeigen die ganze Palette dieser schönfarbigen Edelsteine, vom leicht wäßrigen bis zum tiefvioletten Farbton. Durch den Facettenschliff wird die Vielfalt der Farben und der Farbtiefe mannigfach variiert. Traditionelle Schliffformen wie geometrisch-moderne Gestaltung stehen gleichwirksam nebeneinander. (Etwa natürliche Größe)

Die turmartige Amethyststufe macht deutlich, daß nur die äußersten Spitzen der Kristalle eine große Farbtiefe besitzen. Das Können des Edelsteinschleifers beginnt daher schon bei der Auswahl des Rohmaterials, denn nur aus etwa gleichfarbigen Stücken lassen sich Rohsteine von guter Schmuckqualität facettieren. Höhe 15 cm. Fundort Uruguay.

Mugelig geschliffene Anhänger aus Falkenauge. (Etwas verkleinert)

Falkenauge und Tigerauge

Erst in der zweiten Hälfte des vorigen Jahrhunderts wurden die Edelsteinmineralien Falkenauge und Tigerauge in Südafrika entdeckt. Die einzig bedeutende Lagerstätte gibt es nach wie vor im West-Griqualand bei Griquatown, 150 km westlich von Kimberley. Kleine Lagerstätten auch in Namibia, Sri Lanka, China und Australien.

Falkenauge ist ein bläulich schimmerndes, feinfasriges, undurchsichtiges Quarzaggregat mit Einlagerungen des Hornblendeminerals Krokydolith. Beim goldbraun schimmernden Tigerauge ist dieser Krokydolith unter Beibehalt seiner stengligen Struktur in Quarz umgewandelt. Das wenige verbliebene Eisen wurde oxidiert und gab dem Tigerauge die goldbraune Tönung.

Beide Edelsteine zeigen Flächenschiller. Bei gerundetem Schliff ergibt sich ein über die Steinfläche hinweggleitender, wogender schmaler Lichtschein (das sogenannte Chatoyieren), der an die schlitzartige Pupille einer Katze und mancher Vögel erinnert. Das führte zu den Namen Falkenauge und Tigerauge.

Beide Edelsteine werden zu Halsketten, Broschen und kunstgewerblichen Gegenständen, häufig auch zu Tierfiguren verarbeitet.

Der Handel hat zur Geschäftsbelebung das Falkenauge dem Sternbild des Wassermanns, das Tigerauge dem der Zwillinge zugeordnet. Tigerauge gilt auch als Glücksstein des Monats November.

Aventurin

Aus reinem Zufall (ital. »a ventura«) soll im 17. Jahrhundert in den Glashütten von Murano bei Venedig durch Zugabe metallischer Splitter in die Glasschmelze eine attraktive Glassorte entdeckt worden sein, die sich dadurch auszeichnet, daß ein punktartiges Glitzern und Funkeln die sonst einheitliche Fläche belebt.

Ein Quarzmineral, das dieser Glassorte ähnlich ist, erhielt so seinen Namen Aventurin. Das eingelagerte Glimmermineral Fuchsit bewirkt einen grünen Schiller, Hämatitblättchen führen zu roten und braunen Farbtönen.

Bestes Edelsteinmaterial liefern Indien, Rußland und Brasilien. Verwendung für Ziergegenstände, mit gerundetem Schliff für Körperschmuck, plan geschliffen für flächige Dekoration.

Dekorschale und Cabochons aus grünem Aventurin. (Etwas verkleinert)

Der grüne Aventurin wurde als Glücksstein für den Monat August und für die im Zeichen des Krebses Geborenen erkoren.

Der Aventurin heißt auch Aventurinquarz, um seine Zugehörigkeit zur Quarz-Familie deutlich zu machen, denn es gibt einen ähnlich aussehenden, rotbraun glitzernden Edelstein aus der Familie der Feldspäte, den Aventurinfeldspat, mit Zweitnamen Sonnenstein genannt (s. S. 100).

Schildkröte aus Tigerauge. Fundort des Rohmaterials ist Südafrika. (Etwa zweifache Vergrößerung)

Chalcedon

Als Chalcedon wurden in der Antike sehr verschiedene Edelsteine bezeichnet. Erst im Mittelalter bildet sich allmählich eine einheitliche Mineralbezeichnung heraus.

Den Namen Chalcedon führt zwar eine Stadt am Bosporus im antiken Griechenland, ein Zusammenhang zwischen ihr und der Quarzvarietät ist aber nicht zu beweisen.

Heute verstehen wir unter Chalcedon einmal die ganze Gruppe der mikrokristallinen Quarze oder – im engeren Sinne – nur die bläuliche Abart. Chalcedone besitzen eine hohe Härte (Mohshärte etwa $6\frac{1}{2}$) und sind im allgemeinen widerstandsfähig gegen mechanische und chemische Beanspruchung. Im Unterschied zu den glasglänzenden Kristall-Quarzen (wie z. B. Bergkristall und Amethyst) sind sie wachsglänzend oder matt.

Chalcedon-Druse mit stalaktitischer Ausbildung. Fundort Brasilien. (Etwa doppelte Vergrößerung)

Karneol

Die fleischrote Farbe ist das begehrteste Rot des Karneols. Er kann aber auch bis ins Bräunlichrote hineinspielen. Rotbraune bis braune Karneole heißen, angeblich nach einer Stadt in Kleinasien, Sarder. Eine strenge Abgrenzung zwischen Karneol und Sarder ist nicht möglich.

Woher der Name Karneol kommt, läßt sich nicht sicher nachweisen. Wahrscheinlich kann man ihn von den leuchtendroten Steinfrüchten der Kornelkirsche herleiten.

Feinste Sorten kommen von Indien, Brasilien, Uruguay.

Weil man von der Farbe des Karneols leicht eine Beziehung zum Blut findet, galt er in früheren Zeiten als stillend bei Nasenbluten. Auch wurde ihm die Wirkung zugeschrieben, den Zorn zu mildern, Glück und Wohl zu vermitteln.

Chrysopras

Über die ursprüngliche Bedeutung des Namens Chrysopras gibt es keine Klarheit. Sicherlich war in der Antike nicht die apfel- oder lauchgrüne Chalcedonvarietät unserer Tage gemeint.

Der bedeutendste Fundort war lange Zeit die schon seit dem 14. Jahrhundert ausgebeutete Lagerstätte Frankenstein (Zabkowice) in Oberschlesien/Polen. Von hier kamen die Platten für die Vertäfelung der Wenzelskapelle des Veitsdoms auf dem Prager Hradschin und für das Schloß Sanssouci Friedrichs d. Gr. in Potsdam.

Seit den sechziger Jahren liefert vor allem Queensland/Australien sehr feine Sorten. Große Stücke sind selten, da Chrysopras oft rissig und die Farbverteilung gewöhnlich ungleichmäßig ist.

Links:
Dicke Karneolschale einer Geode. Fundort Idar-Oberstein/Rheinland-Pfalz. (Etwa natürliche Größe)

Mitte:
Chrysopras als Spaltenfüllung. Fundort Australien. (Etwa natürliche Größe)

Rechts:
Strahlig ausgebildeter Moosachat. Fundort Brasilien. (Etwa natürliche Größe)

Moosachat

Die moosähnlichen Einlagerungen von grüner, stengliger Hornblende oder grünem Chlorit gaben dem durchscheinenden Chalcedon den Namen. Man findet ihn in Spalten oder als Geröll. Beste Qualitäten gibt es in Indien und im Ural.
Bei dünn geschliffenen Steinen kommt die moosähnliche Zeichnung am besten zum Ausdruck.

Holzstein

Holzstein ist ein zu Stein gewordenes Holz, eine Versteinerung. Natürlich können organische Stoffe wie Holz nicht zu Stein erstarren. Es ist vielmehr ein Austausch von organischer Substanz durch kieslige Mineralien, wie z. B. Chalcedon.
Wenn dieser Austausch so vor sich geht, daß zirkulierende Bodenwässer jeweils nur etwas organisches Material aus dem Holz herauslösen und die dadurch entstandenen Hohlräume im Holz unmittelbar durch Kieselzufuhr füllen, können feinste Strukturen des Holzes überliefert werden, wie Jahresringe und Bau der Zellen. Manchmal sind sogar Wurmlöcher und Kriechgänge zu erkennen.

Die bekannteste und größte Lagerstätte ist der »Versteinerte Wald« bei Holbrook in Arizona/USA. Tausende von Baumstämmen wurden hier zusammengeschwemmt, von mächtigen Sedimentschichten zugedeckt und dann allmählich zu Holzstein verkieselt. Weitere Lagerstätten gibt es in Alberta/Kanada und in Wyoming/USA.

Polierte Holzstein-Platte. Fundort Arizona/USA. (Etwa natürliche Größe)

Heliotrop

Heliotrop ist ein undurchsichtiger grüner Chalcedon mit punktartigen oder aderförmigen roten Einlagerungen aus Eisenoxid.

Weil man im Mittelalter die roten Tupfen für Blutstropfen Christi hielt, wurden dem Heliotrop besonders starke magische Kräfte zugeschrieben. Zusammen mit bestimmten Kräutern ließen sich – nach damaliger Vorstellung – die Sonne verdunkeln und sogar Menschen unsichtbar machen.

Sicherlich hat der Name Heliotrop, der nach dem griechischen Ursprung »Sonnenwender« bedeutet, mit den magischen Wirkungen zu tun, ohne daß wir eine genaue Erklärung herleiten könnten.

Im Handel wird Heliotrop wegen der roten Sprenkel auch Blutjaspis (nicht Blutstein) genannt. Unter Blutstein dagegen versteht man immer nur den rotgefärbten Hämatit.

Bedeutende Fundorte gibt es in Indien, Australien, Brasilien und den USA.

Jaspis

Unter Jaspis versteht man die körnig ausgebildete Varietät des Chalcedons. Da er stets fremdartige Beimengungen enthält, gibt es eine Vielzahl von Farb- und Strukturvarianten, dementsprechend auch viele Handelsnamen. Einheitlich gefärbte Sorten mit gleichmäßiger Farbverteilung sind selten.

Jaspis ist als Spaltenfüllung oder in Knollenform zu finden. Lagerstätten gibt es weltweit. Schönfarbige Steine kommen aus Indien, Brasilien, Madagaskar, Australien und dem Ural.

Die Bedeutung des Namens Jaspis ist nicht mehr zu ermitteln. Das Wort stammt jedenfalls aus orientalischen Sprachen und ist schon im Altertum auch im Mittelmeerraum verbreitet. Wahrscheinlich meinte man aber damals andere Steine als unseren heutigen Jaspis.

Als Amulett könne Jaspis angeblich gegen Sehstörungen, den Bauern gegen trockene Felder helfen. Roter Jaspis gilt als Glücksstein für die im Tierkreis des Widders Geborenen und als Stein des Monats März.

Die Wände der Kapelle auf der Burg Karlstein bei Prag und die Wenzelskapelle auf dem Hradschin in Prag sind

Heliotrop-Pokal. *Aus einem Stück gearbeitet von dem berühmten Steinschneider Gasparo Miseroni, Mailand 1556. Höhe 39 cm. Schatzkammer der Residenz, München.*

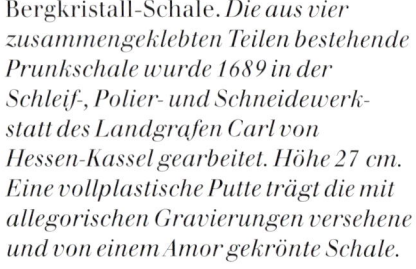

Bergkristall-Schale. *Die aus vier zusammengeklebten Teilen bestehende Prunkschale wurde 1689 in der Schleif-, Polier- und Schneidewerkstatt des Landgrafen Carl von Hessen-Kassel gearbeitet. Höhe 27 cm. Eine vollplastische Putte trägt die mit allegorischen Gravierungen versehene und von einem Amor gekrönte Schale.*

Jaspis-Schale. *Aus braunrotem Jaspis in der Mitte des 14. Jahrhunderts in Venedig gearbeitet, 1627 in Dänemark mit Gold gefaßt. Königlich-Dänische Sammlungen im Rosenborg Schloß, Kopenhagen.*

mit blutrotem Jaspis belegt. Dieser Jaspis stammt vom Müglitztal südwestlich von Dresden.
In der Eremitage in St. Petersburg ist Jaspis zu ganzen Säulen verarbeitet.

Landschaftsachat

Auf Grund gelbbrauner und rötlicher Farbtönungen sowie dunkler Eisen- und Manganeinlagerungen im Chalcedon ergeben sich manchmal Zeichnungen und Bilder, die an Landschaften erinnern. Oftmals kann erst der Edelsteinschleifer durch die Wahl des Ausschnitts und durch entsprechende Bearbeitung dieser reinen Zufallsbildungen im Stein landschaftliche Bilder vermitteln.
Da die Bilder meist in unterschiedlicher Tiefe des Steinstückes liegen, sollte der Steinschleifer versuchen, durch Abschleifen der oberen Partien die Bildzeichnungen näher an die Oberfläche zu bringen, was dann allerdings eine unterschiedliche Steinoberfläche zur Folge hat.

Landschaftsachat aus Brasilien mit einer Zeichnung, die an die bizarren Formen des Monument Valley in Utah/USA erinnern könnte. (Vergrößerung dreifach)

Dendritenachat

Baum- oder farnartige Zeichnungen, die sogenannten Dendriten (griech. »baumartig«), bestimmen das Aussehen dieses sonst farblosen oder nur sanftfarbenen, durchscheinenden Chalcedons.
Die Dendriten sind Eisen- und Manganausscheidungen und haben mit der organischen Welt nichts zu tun. Vergleichbar den Eisblumen am winterlichen Fenster, die sich durch Kantenwachstum nahezu zweidimensional entlang der flachen Scheibe ausdehnen, bilden sich die Dendriten durch Auskristallisieren zirkulierender Verwitterungslösungen benachbarter Gesteine entlang von Rissen, Schichtfugen oder in porösen Lagen des Chalcedons. Je nach Erscheinungsbild gibt es viele Phantasienamen.
Schöne Dendritenchalcedone liefern Brasilien, Indien und die USA.
Synonyme zu Dendritenachat sind Baumstein und Mokkastein.

Dendritenachat mit radialstrahliger Ausbildung. Fundort Brasilien. (Etwa doppelte Vergrößerung)

Dendritenachat mit baumartiger Darstellung. Fundort Brasilien. (Etwa doppelte Vergrößerung)

Achat

Der Achat hat seinen Namen wahrscheinlich von einem in der Antike bekannten Fundort, einem Flußtal in Sizilien. Welcher Fluß sich dahinter verbirgt, ist heute nicht mehr auszumachen.

Achat ist kein selbständiges Mineral, sondern eine Strukturvarietät, ein gestreifter Chalcedon, grau oder in verschiedenen Farben.

Gegenüber den im normalen Umgang verwendeten Chemikalien ist Achat unempfindlich. In dünnen Platten ist er stets durchscheinend.

Über die Entstehung der Achate gibt es in der Wissenschaft noch keine einheitliche Meinung. Sicher ist, daß eine Ausfällung kieselsäurereicher Lösungen in einstigen Gashohlräumen vulkanischer Gesteine den streifigen Aufbau der Achate bewirkt. Da Gase stets irgendwie rundgeformte Räume schaffen, herrschen auch bei den Achaten die Rundformen vor.

Während man früher glaubte, daß die kieselsäurehaltigen Lösungen in die Gasblasenhohlräume einströmten, sich teilweise an den Hohlraumwänden absetzten und dann wieder ausströmten, wollte man später die Entstehung der Achate gleichaltrig mit der Bildung der Muttergesteine sehen. Der grundlegend neue Gedanke ist jetzt die Vorstellung, daß nicht Flüssigkeiten die Achatwände durchdringen, sondern kolloide Lösungen, d. h. Stoffe mit allerfeinsten Korngrößen in den Achathohlraum einfließen, die jeweiligen Wandschichten benetzen und sich im Innenraum als Gel ansammeln. Diecserart können die feinsten Poren, selbst der kristallinen Chalcedonschichten an den Wänden der Achatmandeln durchdrungen werden. Aus den amorphen Gelen kristallisieren schließlich Chalcedone, im Zentrum der Achatmandeln auch makroskopische, d. h. große Mineralien aus. Durch zugeführte Pigmente erhalten die Achatbänder ihre verschiedenen Farben.

Die kugligen oder mandelförmigen Achate der einstigen Lagerstätten von Rheinland-Pfalz und dem Saargebiet waren kaum größer als 30 cm im Durchmesser. In Brasilien sind Achatmandeln von über 2 m Durchmesser gefunden worden.

Die Gewinnung der Achate erfolgt im Tagebau. Mit Bulldozern werden die Tagebaue geöffnet. Das Einsammeln aus dem verwitterten Muttergestein geschieht nach wie vor in recht mühevoller Handarbeit.

Achatdruse. *Schön ausgebildete Amethystkristalle haben die Wände der inneren Öffnung besetzt. Wegen der senkrecht zur Schnittebene verlaufenden, von Farbkreisen umringten Röhren wird dieser Achat Röhrenachat genannt. Farben naturecht, Schnittfläche der Halbkugel poliert. Fundort Idar-Oberstein. (Etwas vergrößert)*

Achatgeode. *Da die Ecken der streifigen Zeichnung wie Bastionen einer alten Festungsanlage nach außen ragen, spricht der Handel von einem Festungsachat. Die Farben sind hier naturecht, die Schnittfläche der Halbkugel ist poliert. Fundort Mexiko. (Um ein Drittel vergrößert)*

Ist der innerste Teil einer Achatmandel nicht voll ausgefüllt, spricht man von einer Druse. Deren Wände sind häufig mit schön ausgebildeten Kristallen besetzt, denn hier hatten die Kristalle Platz und konnten sich voll entwickeln. Wenn Achatknollen durch und durch mit Mineralsubstanz erfüllt sind, nennen wir solche Vollkugeln Geoden. Das streifige und farbliche Erscheinungsbild der Achate ist außerordentlich vielgestaltig. Dementsprechend gibt es auch viele Handelsnamen.

Zu den bedeutendsten Achatlagerstätten zählten bis zum Anfang des 19. Jahrhunderts die von Idar-Oberstein in der Rheinpfalz. Eine blühende Wirtschaft hatte sich hier auf der Grundlage der Achatverarbeitung entwickelt. Mit dem Rückgang der Achatgewinnung in den heimischen Lagerstätten folgte auch ein Niedergang der gesamten Wirtschaft.

Eine Gruppe von Auswanderern, die musizierend durch Brasilien zog, kam dabei 1823 zufällig zu Farmern in Rio Grande do Sul, auf deren Gelände Achatknollen unbeachtet umherlagen. Die Musiker erkannten die Chance. Sie schickten 1827 einige Achatkugeln zur Probe nach Idar-Oberstein. Das war der Anfang einer Wiederbelebung der Achatindustrie in Idar-Oberstein. Heute ist diese Stadt weltbekannter Standort einer vielseitigen Edelsteinverarbeitung.

Die südamerikanischen Achate sind gewöhnlich grau, eine Streifung ist kaum zu erkennen. Erst durch Färben werden ihre wie im Verborgenen ruhenden Strukturen belebt. Die Idar-Obersteiner beherrschen diese Färbekunst (vgl. S. 135).

Die meisten der heute angebotenen Achate sind gefärbt. Achatische Kleinodien vergangener Jahrhunderte sind dagegen in ursprünglichen, natürlichen Farben.

Neben Brasilien liefert auch Uruguay große Mengen Achat.

Achat wird seit der Antike zu Schmuckstücken, Trinkgefäßen und Ziergegenständen verarbeitet.

Im Altertum und auch noch danach galt Achat als Amulett gegen Gift und gegen Fieber. Gelber Achat ist Glücksstein für die im Zeichen der Jungfrau Geborenen.

Achatutensilien. *Wegen seiner Härte und der schönen Strukturzeichnung wird Achat heute wie seit Jahrhunderten zu Gebrauchsgegenständen verarbeitet.*

Achatlager. *Zusammengetragene, auf Verwitterungslagerstätten gewonnene Achatkugeln. Brasilien.*

Opal
Berühmt durch sein Schillern

Kein Edelstein zeigt eine solche Farbenvielfalt und Farbenpracht wie der Opal. Die funkelnde Welt aller Edelsteine scheint hier eingefangen.

Schmuckliebhaber denken an ein buntes, unübertroffenes Farbenspiel, wenn sie von Opal hören. Tatsächlich umfaßt die Opalgruppe viel mehr als nur die schillernden Varietäten.

Opal gehört zur Quarzgruppe. Er besteht aus Kieselsäure und einem geringen Anteil Wasser, Opal ist amorph. Seine Entstehung ist sedimentär. Wahrscheinlich sind es zirkulierende, mit Kieselsäure beladene Wasser, die in tiefer gelegene Schichten einsickern und die mitgeführte Kieselsäure in Klüften, Spalten oder auch in großen Porenräumen als amorphes Gel absetzen.

Wir unterscheiden bei Opal drei Arten: die schillernden Edelopale, die gelbroten Feueropale und die Gemeinen Opale.

Die Gemeinen Opale spielen in der Welt des Schmucks eine untergeordnete Rolle. Sie sind gewöhnlich undurchsichtig und ohne Farbenspiel. Sie können farblos, milchweiß, gelblich, aber auch apfelgrün oder rot erscheinen. Es gibt eine Menge von Handelsnamen.

Edelopal. Einmalig ist der schillernde Edelopal. Kein Stein erreicht sein Farbenspiel, das Opalisieren. Je nach Blickwinkel ändert sich der regenbogenfarbige Schiller. Noch in den sechziger Jahren erklärte man dies mit einer Lichtbrechung an feinsten Lamellen. Durch Untersuchungen im Elektronenmikroskop mit 20 000 facher Vergrößerung kennen wir jetzt die wirkliche Ursache des Farbspiels. Kugeln von einem zehntausendstel Millimeter Durchmesser des in eine Kieselgelmasse eingelagerten Minerals Cristobalit (einer seltenen Varietät der Quarzgruppe) bewirken die farbgebenden Reflexions- und Interferenzerscheinungen.

Zwei Varietäten können wir bei den Edelopalen unterscheiden, die mit heller Grundfarbe ausgestatteten Weißen Opale und die selteneren Schwarzen Opale mit dunkelgrauer, dunkelblauer, dunkelgrüner oder grauschwarzer Körperfarbe. Opalmatrix ist ein mit Muttergestein vermengter Opal. Sein Wert richtet sich nach dem Anteil von Opalsubstanz.

Bis zum Ende des vorigen Jahrhunderts waren die vulkanischen Laven von Cervenica im äußersten Osten der Slowakei die einzig bedeutende Lagerstätte der Welt. Sie lieferte beste Qualitäten. Da dieses Gebiet früher zu Ungarn gehörte, spricht man auch von ungarischen Opalen.

Diese Opale wurden schon zur Römerzeit bis in den Mittelmeerraum verfrachtet. Mit dem Aufkommen der australischen Opalfunde zur Jahrhundertwende verloren die slowakischen

Schwarzer Opal mit dem ganzen Spektrum leuchtender Farben (Opalisieren). Fundort Brasilien. Originalgröße 90×90 mm.

Vorkommen ihre Bedeutung. 1932 wurde die Produktion hier endgültig eingestellt.

Kleine Opalfundstätten sind seit der Antike an vielen Stellen der Erde bekannt. Ob allerdings in Indien, woher der Name Opal (altindisch »Stein«) stammt, auch Opale geschürft wurden, ist nicht gesichert. Wahrscheinlich war mit dem Namen Opal ursprünglich gar nicht der buntschillernde Opal unserer Zeit gemeint.

Zahlreiche Opalfunde beweisen, daß die Mayas und die Azteken lange vor der Entdeckung Amerikas Opal als Schmuck, vor allem aber für kultische Zwecke verwendet haben.

Im letzten Jahrzehnt des vorigen Jahrhunderts werden die ersten Opale in Australien entdeckt. Eine umfangreiche Produktion beginnt noch vor

Der Ungarische Opalschmuck
Dieses Kollier gehört mit Ohrgehängen, einem Gürtel, zehn Miederspangen, zwei Armspangen und fünf Kopfnadeln zu einer Schmuckgarnitur, die durch Opal ihr bestimmendes Moment erhält. Sie war ein Geschenk der Stadt Budapest an Prinzessin Stephanie von Belgien anläßlich ihrer Vermählung mit dem Kronprinzen Erzherzog Rudolf von Österreich am 10. 5. 1881. Die Opale stammen alle aus den dereinst ungarischen (später tschechoslowakischen) Minen von Cervenica. Kunsthistorisches Museum, Weltliche und Geistliche Schatzkammer, Wien.

dem Ersten Weltkrieg. Heute sind die australischen Lagerstätten von Neusüdwales, von Südaustralien und Queensland die wichtigsten Opallieferanten der Welt.

In Australien liegen die Opale in Sandstein und tonigen Gesteinen schichtig oder als Knollen und Klümpchen eingebettet. Die Opalschichten haben manchmal nur 1 – 2 mm Stärke, die geröllartigen Boulder-Opale (engl. »boulder« = Geröll) können 30 cm im Durchmesser erreichen.

Die opalführenden Schichten liegen in den australischen Lagerstätten gewöhnlich 6 – 20 m, vereinzelt bis 30 m tief. Da es keine zusammenhängenden Opallagen gibt, sind Zufall und Glück auch heute stete Begleiter.

Früher war Handarbeit die Regel. Mit Pickel und Schaufel wurden Schächte etwa 1,5 m unterhalb der opalführenden Schichten gegraben, damit man in

97

Augenhöhe die Wände nach Opal absuchen konnte. Querstollen unterhöhlten die Landschaft. Mit Eimern und Handwinden wurde der Aushub nach oben befördert, das durchsuchte Material seitlich weggekippt. Auf diese Art ist jede Schachtöffnung von einem Ringwall umgeben.

Dieses Schürfen in tropischem Wüstenklima ist harte Knochenarbeit. Selbstkipp-Aufzüge, von einem einzigen Mann zu bedienen, bringen eine spürbare Erleichterung. Sie kippen taubes Gestein neben den Schacht, opalhaltiges Material direkt in Lastwagen zwecks späterer Aufbereitung. Mit weiterer Mechanisierung, teils sogar Automatisierung, wird nicht nur die Arbeit erleichtert, sondern auch die Produktivität erhöht. Das notwendige Kapital führt zum Zusammenschluß von Kleinstbetrieben und zu einem früher hier nicht gekannten Unternehmertum.

Heute sind elektrische Bohrer, Preßlufthämmer und Sprengstoff im Einsatz. Große mobile Sauganlagen benötigen nur noch Bruchteile der Zeit für den Abtransport des Aushubmaterials. Gewaltige Bohrmaschinen teufen Schächte bis zu einem Meter Durchmesser und 20 m Tiefe in nur wenigen Stunden ab. Die Aufbereitung des Bruchmaterials erfolgt im Trocken-

Durch Schächte und Aushubhaufen wild zerklüftete Landschaft. Coober Pedy, Südaustralien.

oder Naßverfahren, mit einfachen Siebtrommeln oder in großen Siebtrommelanlagen. Die Trockenauslese wird in Schachtnähe besorgt. Beim Naßverfahren muß das opalhaltige Ausbruchmaterial zu ortsfesten Aufbereitungsanlagen transportiert werden. Lehm und erdiges Material werden dabei durch die Sieböffnungen weggeschwemmt, während harte Sandsteinstücke und Opalknollen zurückbleiben. Die Endauslese erfolgt von Hand.

In den letzten drei Jahrzehnten hat sich bei den australischen Lagerstätten der Tagbau immer mehr ausgebreitet. Besonders dort, wo der Untergrund durch zahllose Stollen und Gänge durchlöchert oder wo wegen eines nicht standfesten Gesteins der Schachtbau zu gefährlich ist, räumen Großgeräte tiefe Gruben aus. Durch solchen Maschineneinsatz sind dünne Opallagen allerdings mehr gefährdet als beim Schürfen mit einfachem Gerät.

Die rechtliche Seite der Opalsuche hat sich naturgemäß in der letzten Zeit verändert. In den Anfangstagen des Opalrausches buddelt jeder, wo er will. Später muß man ein Schürfrecht beantragen, wenn man fündig geworden ist.

Heute muß jeder, der nach Opal schürfen möchte, gegen eine Gebühr (eine Art Kaution) vorweg um ein Mutungs-

Ein Bergmann zeichnet eine Stelle an, wo er Opal vermutet und den Gesteinsbohrer ansetzen will. Lightning Ridge, Neusüdwales/Australien.

Saugmaschinen (»blower«) fördern die unter Tage gebrochenen opalführenden Gesteinstrümmer zur weiteren Aufbereitung direkt in Lastwagen. Coober Pedy, Südaustralien.

recht, d.h. um eine Abbaugenehmigung, nachsuchen. Außerdem muß man eine Bohranlage mieten, um festzustellen, ob ein Abbau überhaupt lohnt. Dann kann man sich entscheiden weiterzumachen oder die Schürfrechte zurückzugeben.

Edelopal braucht oft nur wenig Bearbeitung, um als Schmuckstein verwendet zu werden. Manchmal genügt schon allein eine Politur, nachdem anhaftendes Muttergestein mit der Beißzange abgekniffen wurde. Bei gerundetem Schliff kommt das Farbenspiel am besten zum Ausdruck. Sehr dünne Opallagen werden mit anderen Steinmaterialien als Stütze unterlegt. Manchmal wird Edelopal auch von einer durchsichtigen Bergkristallschicht schützend überdeckt. Solche Dubletten bzw. Tripletten sind kein unseriöser Ersatz für wertvollen Schmuck, sondern eine preiswerte Alternative. Auf andere Art ließen sich die dünnschichtigen, aber mit bestem Farbspiel ausgestatteten Opale oftmals gar nicht verwenden.
Für die verschiedenen Farbsorten gibt es im Handel zahlreiche Namen. Besonders erwähnenswert ist der sogenannte Harlekin-Opal, ein Schwarzer Opal mit einem Farbspektrum in geometrisch angeordneten Feldern. Schwarze Edelopale zeigen wegen des dunklen Hintergrunds die funkelnden Farben am schönsten.
Edelopal bedarf wegen seines Wassergehalts einer besonderen Pflege, denn mit der Zeit kann die eingelagerte Feuchtigkeit entweichen. Dadurch entstehen Risse im Stein, das Farbenspiel verblaßt. Durch Tränken mit Wasser läßt sich eine vorübergehende Verbesserung des optischen Eindrucks erreichen. Empfehlenswerter ist es, Edelopal bei Nichtgebrauch in feuchter Watte zu lagern. Man kann das Altern dadurch verzögern, vielleicht auch verhindern. Beim Handel wird Opal vielfach in Wasser aufbewahrt.
Druck, Stoß und Hitze sollte man bei Edelopal vermeiden, Säuren, Laugen und Kosmetika fernhalten.
Im Orient war Edelopal immer sehr be-

Feueropal in rhyolithischem Muttergestein. Fundort Mexiko. (Etwa doppelte Vergrößerung)

Der geröllähnliche Boulder-Opal ist sehr kompakt, er zeigt ein sprühendes Feuer. Queensland/Australien. Originalgröße 56×41 mm.

liebt. Er galt als Sinnbild der Treue und der Hoffnung. Im Mittelalter wurde der Edelopal auch bei uns gern getragen, denn er verlieh angeblich ewige Jugend und erhielt den Goldglanz der blonden Haare. Später wurde er zunehmend als Unglückstein verschrien und verschwand aus vielen Schmuckschatullen. Vielleicht war es der Wasserverlust und damit ein Nachlassen der Leuchtkraft auf Grund mangelhafter Pflege, was zu dieser Sinnesänderung führte. Heute erfreut sich Edelopal wieder einer weiten Verbreitung.

Feueropal. Durch Alexander v. Humboldt gelangen Anfang des 19. Jahrhunderts die ersten Feueropale nach Europa. Sie erreichen nicht die Bedeutung des Edelopals, da sie nur selten ein Farbspiel zeigen. Sie sind geschätzt wegen der goldgelben oder der feuerroten Farbe. Beste Sorten sind klar durchsichtig, sie werden facettiert. Bedeutendste Lagerstätten gibt es in Mexiko. Der Abbau erfolgt gewöhnlich in Kleinstbetrieben von Hand. Nur einige Minen sind einfach mechanisiert. Die Feueropale sind häufig an vulkanisches Gestein, meist Rhyolith, gebunden. Oft sind am gleichen Fundstück Feueropal, Edelopal und Gemeiner Opal vertreten.

Amazonit und Sonnenstein
Aus der Feldspat-Familie

Einige Varietäten der Feldspäte haben Edelsteinqualität. Dazu gehören neben Mondstein und Labradorit auch Amazonit und Sonnenstein.

Amazonit in Form eines Eies, ein beliebtes Sammelobjekt. (Natürliche Größe)

Amazonit

Der Name Amazonit ist die wissenschaftliche Bezeichnung für eine grüne bis bläulichgrüne Feldspatvarietät; er ist seit Mitte des vorigen Jahrhunderts im Gebrauch. Das heutige Synonym Amazonenstein, von dem sich der Begriff Amazonit herleitet, ist schon einhundert Jahre früher bekannt.

Der Amazonit wurde damals im Ural abgebaut. In Europa war man aber der Meinung, daß die ersten Funde der grünen Feldspatvarietät von Amazonien stammten, da man bei den Indianern des Amazonastieflands grüne Steine kennengelernt hatte, die die Eingeborenen als Amulett um den Hals trugen. In Wirklichkeit liegt hier jedoch eine Verwechslung vor. Die Amulettsteine der Indianer waren tatsächlich grüne Jade. Das Amazonitmineral gibt es in Amazonien nicht.

Bedeutende Amazonitlagerstätten befinden sich in Colorado/USA, in Minas Gerais/Brasilien wie auch in Madagaskar, Indien und Namibia. Die sehr ergiebigen Vorkommen bei Miask im Ural, wo seit dem 18. Jahrhundert Amazonit gewonnen wurde, scheinen erschöpft zu sein.

Amazonit ist undurchsichtig, die Farbverteilung oft ungleich, häufig durch weiße Streifen gestört.

Bei der Nutzung der Amazonite für Ringe und Broschen werden Cabochon und Tafelschliff bevorzugt. Beliebt sind Halsketten aus kuglig geschliffenen Perlen oder in barocker Gestaltung.

Sonnenstein

Das metallische Glitzern auf oranger bis rotbrauner Unterlage, das an Sonnenstrahlen erinnert, gab diesem Edelstein den Namen. Das Synonym Aventurinfeldspat zieht einen Vergleich mit dem aus Quarz bestehenden Aventurin (s. S. 89). Die vor 1800 als Sonnenstein bezeichneten Mineralien sind nicht sicher zu identifizieren, da sehr verschiedenartige Steine diesen Namen trugen.

Sonnenstein als Rohstück und als Cabochon. Fundort Norwegen. (Etwas vergrößert)

Ursache für das Flittern der undurchsichtigen Sonnensteine sind Interferenzerscheinungen infolge eingelagerter Hämatit- oder Goethitschüppchen. Die Feldspatvarietät Sonnenstein wurde 1780 erstmals auf der Sattelinsel im Weißen Meer (vor Archangelsk) entdeckt. Heute sind Sonnensteinvorkommen in zahlreichen Ländern bekannt, u. a. in den USA, in Kanada, Indien, am Baikalsee/Rußland und im südlichen Norwegen.

Amazonitstufe. Fundort USA. (Um ein Drittel verkleinert)

Jade
Zäh wie kein anderer

Ebenso wie Feuerstein und Obsidian wurde auch Jade schon seit prähistorischer Zeit für Waffen und Gerät in den verschiedenen Teilen der Welt verwendet. Jade erlangte aber bald eine Sonderstellung insofern, als sie in den Götterkult einbezogen wurde, als Amulett oder Talisman diente und somit frühzeitig auch als schmückendes Element Bedeutung erlangte.

Ursprünglich wurden nur grüne Steine als Jade bezeichnet. Heutzutage zählen wir auf Grund mineralogischer Erkenntnisse auch weiße, gelbliche, ja sogar rötliche und schwarze Varietäten dazu. Der Name Jade spiegelt so recht die wechselvolle Bedeutung eines Edelsteins wider. Der Name entstand zur Zeit der Entdeckung und Eroberung Amerikas. Spanische Konquistadoren, die bei den Indianern Mittel- und Südamerikas grüne Steinamulette sahen, hielten diese für heilbringend bei Nierenleiden und nannten sie »pietra de ijada«, d. h. Stein der Lendengegend. Unter französischem Einfluß wurde daraus die Kurzbezeichnung »jade«. Ärzte und Apotheker des 17. und 18. Jahrhunderts, die die angebliche Heilkraft des grünen Jadesteins bei Nierenleiden einsetzten, nannten ihn mit lateinischem Namen »lapis nephriticus« kurz Nephrit. Das bedeutet Nierenstein. Die griechische Wurzel »nephros« (= Niere) steht hier Pate. Bei den Azteken Mittelamerikas hieß der grüne Amulettstein »Chalchihuitl«, die Chinesen nannten den gleichen Stein »yü«. Durchgesetzt hat sich, wahrscheinlich wegen der seinerseits weltweiten Handelsbeziehungen der Spanier, der spanische Begriff Jade.

Spitze einer Prunklanze aus Nephrit. Die Schaftmanschette aus Bronze ist mit Türkismosaik belegt. Etwa 13. Jahrhundert v. Chr. 16 cm lang. Kunstakademie von Honolulu, Hawaii/USA.

Bei der wissenschaftlichen Erforschung des Jadesteins um die Mitte des 17. Jahrhunderts stellte sich heraus, daß man unter dem Begriff Jade zwei wohl verwandte, aber doch eigenständige Mineralien zu unterscheiden habe, nämlich ein Natrium-Aluminium-Silicat und ein Calcium-Magnesium-Silicat. Das erstere heißt seitdem (in Anlehnung an den Begriff Jade) Jadeit, das andere Nephrit, früher ein Synonym zu Jade.

Kinderstatuette aus Jadeit. Olmekisch, etwa 2. Jahrhundert v. Chr. Anthropologisches Nationalmuseum, Mexiko City.

Für den Laien wie für den Juwelier ist eine Unterscheidung der beiden Mineralien kaum möglich, denn beide besitzen ähnliche Eigenschaften. Zwar wirken die Farben des Jadeits insgesamt etwas lichter als die des Nephrits, ein echtes Erkennungsmerkmal ist das aber nicht. Auch Härte (beim Jadeit etwas höher) und Zähigkeit (beim Jadeit etwas geringer) sind als Identifikationsmittel nur schwer anwendbar. Deshalb gilt im Edelsteinhandel wie beim Kunsthandwerk fast ausschließlich der Name Jade, eine Art Oberbegriff für Jadeit und Nephrit. Im Handel werden allerdings auch häufig weitere Mineralien zu Jade gezählt, wenn sich dadurch ein höherer Wert des Steins vortäuschen läßt. Es gibt eine ganze Palette von Falschbezeichnungen und Unterschiebungen. Die auffallendste Eigenschaft der »echten« Jade ist die große Zähigkeit infolge einer fasrig-filzigen Ausbildung der Aggregate. Diese Widerstandsfähigkeit nutzten die Menschen schon in der Steinzeit, um sich Handwaffen und

Schlaggeräte zu fertigen. Deshalb wurde Jade auch als Beilstein bezeichnet. Heute ist der Begriff Beilstein Synonym nur für das Mineral Nephrit.

Jade kann in allen Farben auftreten, weiß, grau, gelblich und grün sind am weitesten verbreitet. Blaue, rote und schwarze Steine sind seltener, aber keineswegs teurer. Am meisten begehrt sind smaragdgrüne, durchscheinende Varietäten. Sie werden als Imperial Jade (Kaiser-Jade) bezeichnet. Auch elfenbeinfarbige Arten sind gesucht. Die Verteilung der Farben kann gleichmäßig oder fleckig, gestreift oder geädert sein. Auch Mehrfarbigkeit ist am gleichen Stein möglich.

Nephrit ist stets undurchsichtig, Jadeit nur vereinzelt schwach durchscheinend. An dünnen Kanten sind beide Edelsteine durchscheinend.

Eine Abart des Jadeits, der Chloromelanit, ist dunkelgrün und schwarz gefleckt. Er kommt zusammen mit Jadeit vor. Anfang dieses Jahrhunderts war

Chloromelanit mit Tafelschliff. Natürliche Größe.

Chloromelanit in Europa ein beliebter Edelstein. Sein Name ist ein Kunstwort aus dem Griechischen (griech. »chloros« = grün, »melas« = schwarz).

Die am frühesten wirtschaftlich genutzten Jadelagerstätten sind wohl die von Turkistan am Nordabhang des Kunlungebirges. Von hier bezogen die Herrscher Chinas die Rohmaterialien für die Jadeschleifereien ihrer Kunstwerkstätten über Jahrtausende. Schichtförmig oder nesterartig ist der Nephrit in Serpentingestein eingesprengt. In den aus dem Gebirge hinausführenden Tälern gibt es auch sekundäre Nephritlagerstätten.

Weitere Nephritvorkommen kennt man in Südchina, in der Provinz Yünnan.

Die bedeutendsten Nephritlagerstätten der Welt befinden sich auf der Südinsel von Neuseeland. Die Gewinnung erfolgt entweder aus dem Muttergestein Serpentin oder aus sekundären Lagerstätten, aus Flußschottern und Meeresgeröll.

Westlich des Baikalsees in Sibirien wird Nephrit seit Mitte des vorigen Jahrhunderts aus einem Hornblendeschiefer gebrochen.

Europas bedeutendste Nephritlagerstätte liegt in Schlesien bei Jordansmühl (Jordanov), 30 km südlich von

Jadeitgewinnung in einer Flußufer-Mine. Ein Damm, durch steingefüllte Bambuskörbe gestützt, schützt die Lagerstätte vor dem zurückgedrängten Fluß, damit die Jadeitblöcke im einstigen Flußbett gewonnen werden können. Die über die Mine gespannten Schnüre grenzen die verschiedenen Unternehmen gehörenden Schürfgebiete ab. Fundort Tawmaw/Birma.

Das eingeklinkte Foto zeigt aufgeschnittene Jadeitblöcke. Die Jadeitblöcke werden am Gewinnungsort zersägt, um den Weitertransport zu erleichtern und auch, um die Qualität des Jadematerials zu überprüfen.

Breslau. 1777 erstmals erwähnt, wurde hier Ende des vorigen Jahrhunderts sehr erfolgreich Nephrit gefördert. Ein Block von 2150 kg befindet sich im Metropolitan-Museum in New York/USA. Heute sind die Vorräte erschöpft.

Die wichtigste Jadeitfundstelle liegt bei Tawmaw in Oberbirma. Muttergestein ist ein Serpentinit. Sekundäre Lager sind Konglomerate und junge Flußaufschüttungen.

Weitere Jadelagerstätten gibt es in vielen Ländern, insbesondere in Mexiko und in Südamerika.

Jade hatte bei allen Völkern immer einen hohen Symbolwert. Die Chinesen verknüpften Mythen und Legenden mit dem grünen Stein. Die Maori auf Neuseeland fertigten figürliche Amulette, die hei-tikis (s. S.137), und legten sie dem Toten vorübergehend ins Grab, um dadurch den Geist des Verstorbenen für die Nachkommen zu erhalten. Bei den Azteken und den Mayas galt

Frauengestalt aus Jadeit. Hsi Wang-mu, die sagenhafte Königin-Mutter des Westens. Ende des 18. Jahrhunderts. Victoria- und Albert-Museum, London.

Hängendes Nephritgefäß, aus einem Stück geschnitten. 17. Jahrhundert. Höhe 42,5 cm.

Jade als göttlicher Stein. Er war geschätzter als Gold.

Trotz der großen Zähigkeit wurden aus Jade schon immer höchstvollendete Kunstwerke geschaffen. Das war mühsam und zeitraubend. Geschliffen wurde seit eh und je mit nassem Quarzsand, gepulvertem Granat oder zerstoßenem Korund. Heute verwendet man Diamantpulver.

Bis vor 150 Jahren wurde in China nur der einheimische Nephrit verschliffen. Seitdem wird auch Jadeit aus Birma importiert. Bekannteste Schleifzentren sind Kanton, Peking und Hongkong.

Lapislazuli
Grundfarbe immer nur blau

Heute wie vor 7000 Jahren sind die Schürfstellen in den wildzerklüfteten Bergen des Hindukusch von Afghanistan die einzig bedeutende Lagerstätte des azurblauen Lapislazuli.

Lapislazuli ist einer der ältesten im Orient verwendeten Edelsteine. Die Sumerer schnitzten Talismane, die Babylonier Siegelzylinder, die Ägypter Skarabäen-Amulette aus Lapislazuli.

Die Lapislazuli-Lagerstätten in der Provinz Badakschan in Afghanistan werden seit prähistorischer Zeit ausgebeutet. Sie scheinen unerschöpflich zu sein. Von hier kommen die besten Qualitäten: einfarbige, tiefblaue Steine. Die am Baikalsee in Sibirien gewonnenen Lapislazuli dagegen sind oft fleckig oder gestreift. Der sogenannte Chile-Lapis aus der Provinz Coquimbo in Mittelchile wiederum ist von weißfleckigem Calcit stark durchsetzt und im Handel von geringerem Wert. Andere Fundstellen, wie z. B. in Kalifornien/USA oder Birma, haben nur eine lokale Bedeutung.

Lapislazuli, gangartig in körnigem Marmor eingelagert, ist ein Gemenge aus mehreren Mineralien, also, strenggenommen, ein Gestein. Hauptbestandteil mit etwa 20–40 % ist der tiefblaue Lasurit. Beigemengter Calcit bewirkt hellere Farben, Pyrit eine grünliche Tönung, wenn er sehr stark vertreten ist; sonst gilt der körnig eingesprengte, goldfarbene Pyrit geradezu als Zeichen der Echtheit des Lapislazuli.

Der Name Lapislazuli kommt aus dem Persischen (pers. »azul«=blau) und dem Lateinischen (lat. »lapis«=Stein). Die Griechen und Römer nannten den Lapislazuli Saphir, im Deutschen heißt er auch Lasurstein.

Lapislazuli läßt sich im allgemeinen gut bearbeiten. Seine Mohshärte liegt zwischen 5 und 6. Unter normalen Gegebenheiten ist er farbbeständig, empfindlich aber gegenüber Seifen, Säuren, heißen Bädern und gegen starken Druck.

Seit Jahrhunderten wird Lapislazuli außerordentlich vielseitig, wie kaum ein anderer Edelstein, verwendet. Ziergegenstände, Gefäße, Hals- und Fingerschmuck aus Lapislazuli kann man in allen Museen der Welt bewundern. Die Damen der Oberschicht im alten

Zwei Halsketten mit hochwertigen Perlen aus afghanischem Lapislazuli.

Ägypten nutzten ihn gepulvert als Augenschminke, im Mittelalter diente er als Farbstoff (Ultramarin).

Ab der Renaissancezeit wurde Lapislazuli zunehmend für Möbelintarsien, Tischplatten, Säulen- und Wandverkleidungen verwendet. Eindrucksvolle Beispiele für großflächige Vertäfelungen mit Lapislazuli zeigen die Isaakskathedrale in St. Petersburg und das 30 km davon entfernte Katharinenpalais in Puchkin.

Sumerischer Talisman. Fell, Hörner und Augen dieses Talismans in Gestalt eines Ziegenbocks bestehen aus Lapislazuli, die anderen Teile aus reinem Gold oder legiertem Gold. Gefertigt um 2500 v. Chr. Gesamthöhe 50 cm, Bildausschnitt etwa 25 cm. Britisches Museum, London.

er aber aus, nimmt grünliche Töne an und zeigt schließlich eine schmutziggraue Farbe. Schon mit bloßem Auge ist diese Fälschung zu erkennen. Es fehlen die sonst in den Lapislazuli eingesprengten messingfarbenen Pyritkörner.

Eine andere Nachahmung wird aus zerkleinerten, durch blauen Kunststoff wieder gebundenen minderwertigen Lapislazuli-Sorten hergestellt. Sie ist nicht leicht zu enttarnen, denn sie zeigt gute Farbtöne und enthält auch den typischen Pyrit. Am geringeren spezifischen Gewicht kann man sie als Nachahmung identifizieren.

1954 erschien ein synthetischer, durch Kobaltoxid blau gefärbter Spinell mit guter Lapisfarbe auf dem Markt. Eingefügte Goldflitter ahmen den Pyrit nach und vermitteln dadurch den Eindruck eines echten Steins. Erkennungshinweis für diese Nachahmung ist die große Einheitlichkeit des Materials und die schon mit einer Lupe auszumachende körnige Struktur.

Seit Mitte der siebziger Jahre gibt es rein synthetisch hergestellte Imitationen, die Farbe und Pyritbeimengung wie beim echten Lapislazuli aufweisen. Sie sind nur noch vom Fachmann als Nachahmung zu erkennen.

In der Antike galt Lapislazuli als Talisman gegen Verwundung im Krieg, im Mittelalter war er Glücksstein für den Monat September.

Schon seit Jahrzehnten gibt es mehr oder weniger gute Nachahmungen des Lapislazuli. Sie können gewollt als Billigersatz genutzt, aber auch bewußt dem echten Edelstein untergeschoben werden.

Am bekanntesten ist der mit Berliner Blau gefärbte, feinkörnige sogenannte Nunkirchener Jaspis aus der Gegend von Idar-Oberstein, der als Deutscher Lapis oder als Swiss Lapis durch den Handel vertrieben wird. Frisch gefärbt zeigt er eine ähnliche Farbe wie der echte Lapislazuli. Mit der Zeit bleicht

Gefäß aus Lapislazuli. *Dieses Gefäß in Form eines Schiffes trägt am Bug einen goldemaillierten Drachenkopf, am Heck einen thronenden Neptun. Die Scharung der goldglänzenden Pyritkörner in der unteren Hälfte des tiefblauen Lapislazuli belebt die Vorstellung eines im Wasser schaukelnden Schiffes. Aus der Sammlung Ludwigs XIV. von Frankreich. Gefertigt in der 1. Hälfte des 17. Jahrhunderts. Höhe 42 cm. Louvre, Paris.*

Türkis
Zwischen himmel-
blau und apfelgrün

Türkis ist einer der ältesten vom Menschen genutzten Edelsteine. Lagerstätten auf der Halbinsel Sinai in Ägypten wurden schon vor 6000 Jahren in regelrechtem Bergbaubetrieb ausgebeutet.

Der Name Türkis entstand im deutschen Sprachraum um 1550. Eine ältere Form, wahrscheinlich aus dem Französischen, wurde schon um 1200 bei uns verwendet. Der Name bedeutet »türkischer Stein«; denn über die Türkei kamen während und nach den Kreuzzügen Türkise nach Europa. Wahrscheinlich stammten sie von Lagerstätten in Afgha-

nistan, im Iran oder von der Sinai-Halbinsel.

Die Franzosen sprachen etwa seit 1200 vom »pierre turquoise«, dem türkischen Stein. Die Griechen nannten den Türkis »kalais«, was etwa »Schönes« heißt. Daraus wurde das zu Türkis gehörende, nur in Fachkreisen bekannte Synonym Kallait (griech. »kallos lithos« = schöner Stein).

Türkis ist undurchsichtig. Seine Farbe schwankt zwischen himmelblau und apfelgrün. Das begehrte Himmelblau schlägt bei 250 °C in ein unansehnliches Grün um, verändert sich aber auch zuweilen unter Einwirkung des Sonnenlichts, des Hautschweißes, von Seife und anderen Kosmetika. Manchmal leidet die Farbe schon wegen starker Austrocknung, durch Verlust der natürlichen Feuchtigkeit, beim Entfernen des Rohmaterials aus dem Muttergestein.

Dementsprechend sollte Türkis etwas pfleglicher als so mancher andere Edelstein behandelt werden. Der Juwelier muß ihn beim Fassen vor großer Hitze schützen, der Schmuckträger nachteiligen Kontakt mit Schadstoffen meiden.

Durch Politur werden die Farben etwas verstärkt. Im heißen Öl- oder Paraffinbad, durch Wachs oder mit Hilfe flüssiger Kunststoffe können die Poren der gefährdeten Türkise geschlossen und

Unregelmäßig verlaufende, 10–15 mm starke Adern von grünlichem Türkis im Trachytgestein einer Stollenwand. Nishapur/Iran.

Zweiköpfige Schlange, belegt mit Türkis-Mosaik; Zahnfleisch und Teile der Nase bestehen aus roter, Zähne aus weißer Muschelschale. Länge 43 cm. Dieser Kultgegenstand stammt aus der Schatzkammer des aztekischen Herrschers Montezuma. Britisches Museum, London.

die Ursprungsfarben dadurch konserviert werden. Farbveränderte Steine können nach Behandlung mit bestimmten Lösungsmitteln unter Umständen ihre alte Farbenpracht wiedererlangen.

Eine gleichmäßige reine Farbe ist selten. Häufig wird Türkis von braunen, dunkelgrauen oder schwarzen Adern durchsetzt. Wir sprechen dann von Türkismatrix. Solche Aggregate wirken oft sehr attraktiv, sie sind außerdem ein sicherer Hinweis auf die Echtheit des Steins.

Verwachsungen von Türkis mit Malachit und Chrysokoll werden im südlichen Israel für Schmuckzwecke gewonnen. Nach dem Fundort nahe der Hafenstadt Eilat am Golf von Akaba heißen diese grün-blau-gefleckten Schmucksteine Eilatstein.

Türkis tritt fast ausschließlich nur in körnigen oder feinfasrigen Aggregaten auf. Kristalle sind äußerst selten. Sie scheiden für eine Verwendung als Schmuckstein aus. Türkisaggregate gibt es in der Verwitterungszone vulkanischer Gesteine, in Sandsteinen und in Kieselschiefern. Sie füllen Klüfte und Hohlräume. Die Türkislagen erreichen

kaum 2 cm Stärke, niedrige oder traubenförmige Knollen gewöhnlich Bohnengröße, nur vereinzelt 10 cm Durchmesser. In Nähe der primären Lagerstätten lassen sich Türkis-Rohsteine auch aus dem Gebirgsschutt und aus Flußgeröllen gewinnen.

Beste Türkisqualitäten liefert Iran. Von mehreren Fundstellen ist die aus der Gegend von Nishapur im Nordosten des Landes, in der Provinz Chorassan, am bedeutendsten.

In Amerika kennen wir Türkisvorkommen, die schon von den Ureinwohnern genutzt wurden: in Mexiko und in den westlichen Südstaaten der USA. Weitere Schürfgebiete gibt es in Afghanistan und Tibet, in Australien, seit 1965 auch in Tansania.

Die berühmten Türkis-Fundstätten im Sinai wurden schon 4000 v. Chr. ausgebeutet. Von hier bezogen die Pharaonen das Rohmaterial für Amulette und Geschmeide wie auch für Schminkfarben. Die Lagerstätten scheinen erschöpft zu sein. Wiederholte Versuche, den Türkisabbau erneut zu beleben, schlugen immer fehl.

Cabochon ist die bevorzugte Schliffart für schönfarbigen Türkis. Häufig werden auch naturbelassene, unregelmäßig geformte kleine Knollen zu Halsketten, Anhängern und Broschen verarbeitet. In Werkstätten von Fernost entstehen kunstgewerbliche Gegenstände von hohem Niveau. Die Navajo-Indianer Nordamerikas fertigen in Silber gefaßten Türkisschmuck nicht nur für Touristen, sie tragen ihn auch selbst wie ehedem.

In der Biedermeierzeit mit ihrer beschaulichen, unpathetischen Einstellung, der freundlichen Raumgestaltung und des schnörkellosen Schmucks ist Türkis in einer reinen himmelblauen Farbe der bevorzugte Edelstein.

Da Türkis stets ein beliebter Edelstein war und reine Farben immer gesucht

wurden, gehört er zu den Schmuckmaterialien, die am meisten gefährdet sind und verfälscht werden. Beliebt ist das Paraffinieren (Tränken mit Paraffin) von Türkis. Er behält dadurch die schöne Farbe und wird gleichzeitig gehärtet. Seit den siebziger Jahren gibt es sehr gut gearbeitete Synthesen.

Mit Türkisen, Rubinen und Smaragden belegter Streitkolben. Höhe 71,8 cm, gefertigt in der zweiten Hälfte des 17. Jahrhunderts im Iran. Er war ein Geschenk des persischen Schahs an den Mitregenten Peters d. Gr., Zar Ivan Alekseevič. Streitkolben gehörten früher zur Bewaffnung berittener Krieger. Mit der Entwicklung der Schießgewehre kamen Streitkolben als Waffentypus außer Gebrauch. Sie wurden seitdem zur Insignie des militärischen Oberbefehls. Rüstkammer des Kreml, Moskau.

Malachit
Grün in allen Schattierungen

Die schönsten kunstgewerblichen Gegenstände aus Malachit gibt es in Rußland. In den Schlössern und Palästen der einstigen Zaren sind Standvasen, Prunksäulen und ganze Wände mit Malachit belegt. Mit Recht heißt es: Malachit, der Russische Stein.

Malachit wird schon bei den Ägyptern, Griechen und Römern vielseitig verwendet. Er dient als Schmuckstein, als Amulett, wird zu Gemmen und Kleinplastiken, gepulvert sogar für Augenschminke verwendet.

Sein Name kommt aus dem Griechischen, entweder von »malache«, d. h. »Malve« oder von »malakos«, das bedeutet »weich«. Einmal wird der Name mit der grünen Farbe der krautigen Malvengewächse, dann mit der geringen Härte begründet. Tatsächlich ist Malachit mit der Mohshärte 3 ½–4 einer der weichsten Edelsteine. Mit einem Messer kann man ihn leicht zerkratzen.

Die antiken Begriffe decken sich allerdings nicht immer mit dem heutigen Namen Malachit. Knollige Aggregate wurden z. B. dem Chrysokoll zugeordnet, einfarbige Stücke galten als Smaragd. Seit etwa 1800 ist Malachit eindeutig als ein kupferkarbonatisches Mineral definiert.

Die Farbe des Malachits ist grün. Sie schwankt zwischen hell-, smaragd- und schwarzgrün. Nur in dünnsten Blättchen ist Malachit durchscheinend, sonst immer undurchsichtig.

Malachit kommt als Überzug, in rundlichen Knollen, als traubige, zapfenförmige oder stalaktitische Gebilde vor. Selten gibt es plattige Krusten.

Da er gewöhnlich einen schaligen Aufbau besitzt, zeigt sich beim Querschnitt eine Bänderung von hellen und dunklen Lagen. Bei entsprechender Teilung eines Aggregats sieht man schöne kon-

Malachit geschnitten und poliert. Fundort des Rohsteins Shaba/Zaire. (Etwa natürliche Größe)

zentrische Ringe. Wenn sie augenartig erscheinen, sprechen wir von Pfauenauge. Große einfarbige Stücke sind selten.

Malachit findet sich immer in Kupferlagerstätten oder in deren Nähe, da er aus kupferhaltigen Lösungen entsteht. Die berühmtesten Lagerstätten fanden sich früher bei Jekaterinenburg im Ural. Hier gewannen die Zaren seit Ende des 18. Jahrhunderts den Malachit für die Ausgestaltung ihrer Schlösser und Paläste. Prachtvolle Einlegearbeiten, Wandtäfelungen und Säulenverkleidungen sind wie nirgends auf der Welt zu bewundern. Man spricht geradezu beim Malachit als dem »russischen Stein«. Im Winterpalais der Eremitage in St. Petersburg ist ein Saal, in dem zahlreiche Säulen wie

Verwachsung von Malachit und Azurit. Fundort Tsumeb/Namibia. (Um ein Drittel vergrößert)

Deckeldose aus massivem Malachit und Porphyr. Moderne russische Arbeit, 13,8×5,5×4,5 cm. Fundort des Rohmaterials Ural/Rußland. Mineralogisches Museum A. E. Ferman, Moskau.

auch die Kaminumrahmung mit Malachit belegt sind, bewußt als »Malachit-Saal« gestaltet. Auch in der weltberühmten Isaakskathedrale von St. Petersburg tragen die hohen Säulen des Innenschiffs Malachitverkleidung. Während Malachitstücke über 1 kg Gewicht und 10 cm Stärke schon recht selten sind, wurden im Ural große Blöcke von mehreren Tonnen gewonnen. Der größte Block von guter Steinqualität soll etwa 25 Tonnen gewogen haben.

Heute ist Zaire der bedeutendste Malachitlieferant. In den Kupfergruben von Shaba im Südosten des Landes sind beste Malachitsorten zu finden. Während früher alles Rohmaterial exportiert wurde, gibt es heute in Zaire Verarbeitungszentren, die gute Schmuckwaren und kunstgewerbliche Produkte von hohem Niveau liefern.

In größeren Stücken kann man Malachit an der typischen Streifung von anderen Edelsteinen leicht unterscheiden. Bei kleineren Steinen ist die Identifizierung schwerer, zumal es seit einigen Jahren auch synthetischen Malachit und neuerdings sogar Preß-

produkte aus ganz unterschiedlichen Materialien als Imitation auf dem Markt gibt.

Als Rohstück zeigt Malachit nur schwachen Glasglanz, geschliffen und poliert hat er dagegen einen angenehmen Seidenglanz.

Malachit bedarf gewisser Pflege. Gegen Säuren, gegen Ammoniak und heiße Bäder ist er empfindlich. Bei großer Hitze wird er schwarz.

In der Antike gilt Malachit als Amulett gegen den Schreck. Vor allem bei Kindern sollte er hilfreich sein, besonders

dann, wenn er fetteres Grün als Smaragd zeigt. Im Mittelalter wirkt er angeblich als Heilmittel gegen Brechreiz. Erfolgreichen Schutz bietet er gegen die Macht der Hexen.

Gelegentlich ist Malachit mit dem tiefblauen Azurit zu einer interessanten Farbkomposition verwachsen. Wir sprechen dann von Azurmalachit. Am Golf von Akaba, an der Südgrenze Israels, gibt es Verwachsungen von Malachit mit Türkis und Chrysokoll. Als Eilatstein gehen diese Aggregate in den Schmuckhandel (vgl. S. 107).

Nashorn aus einem Stück Malachit geschnitten. Fundort des Rohstücks Shaba/Zaire. Mit künstlerischem Einfühlungsvermögen und technischem Können hat der Steinschneider die Ringstrukturen des Malachits sinnvoll und belebend in die Gestaltung einbezogen.

Im Boudoir der Zarin ist der offene, kunstvoll gestaltete Kamin mit Malachit verkleidet. Durch architektonische Komposition mit den vergoldeten Bronzeornamenten hat man den Eindruck, daß hier massive Platten aus Malachit verwendet wurden. Erst von nächster Nähe läßt sich die raffinierte Technik des Malachitbelags erkennen. Kreml/Moskau.

Bei der Detailaufnahme sieht man, wie die von weitem geschlossen wirkende Malachitverkleidung tatsächlich aus vielen kleinen Einzelteilen höchst kunstvoll zusammengesetzt ist. Malachitverkleidungen sind seit je eine russische Spezialität. Die in dünnen Schichten (2–4 mm stark) zerschnittenen Malachitaggregate werden schließlich so zusammengefügt, daß man die gestalteten Ornamente und die Schichtstrukturen für ganz natürlich hält. Das erfordert höchste Präzision, technisches Können und eine tiefe Kenntnis des Materials. Etwaige Zwischenräume werden mit gepulvertem Malachit verklebt.
Detail der obigen Aufnahme von der linken Seite der Kaminverkleidung im Boudoir der Zarin. Kreml, Moskau.

*Mit facettierten Peridoten besetzte Brosche
aus der Mitte des 18. Jahrhunderts;
6,7×5,2 cm. Diamant-Fond, Kreml/Moskau.*

...man unter
... genannten Begriffen ganz
Verschiedenes.

Peridot entstammt der französischen
Sprache und ist im Mittelalter Synonym
für Chrysolith. Die Bedeutung des Wortes Peridot ist nicht bekannt. Es scheinen hier arabische oder persische Wurzeln vorzuliegen.

Chrysolith kommt aus dem Griechischen (griech. »chrysos«) und bedeutet
Goldstein. So wurden in der Antike
goldglänzende und durchscheinende
Edelsteine bezeichnet. Um welche Mineralien es sich gehandelt haben mag,
ist ungewiß. Vielleicht waren Topas,
Citrin, Chrysoberyll oder noch andere
Steine gemeint.

Der Begriff Olivin wurde erst 1790 geprägt. Er nimmt Bezug auf die olivgrüne Farbe des Minerals. Der Name Olivin wird in der Mineralogie verwendet, während man Peridot in der Edelsteinkunde bevorzugt. Peridot ist sozusagen die edle Varietät des Olivins.

Die bekannteste Peridotlagerstätte befindet sich auf der ägyptischen Vulkaninsel Zebirget (früher St. John-Island)
im Roten Meer, östlich von Assuan. Sie
wird schon seit 3500 Jahren ausgebeutet. In Hohlräumen des sich zersetzenden vulkanischen Gesteins findet man
schleifwürdige Kristalle. Während des
Mittelalters ging die Kenntnis über diese Lagerstätte verloren. Erst um 1900
wurde sie wieder entdeckt. Die Griechen und Römer nannten die Insel wie
auch die gefundenen Edelsteine (also
unseren Peridot) »topazos«.

Während des späteren Mittelalters und
lange danach war Böhmen der einzige
europäische Lieferant für schleifwürdigen Peridot. Im Unterschied zu den

Steinen von Zebirget sind die böhmischen Peridote nur klein.

Gute Qualitäten liefert Oberbirma, wo
Peridot aus einem Serpentinit gebrochen werden muß. In Südafrika fällt
Peridot als Nebenprodukt bei der Diamantgewinnung an.

Kreuzfahrer machten den Peridot im
abendländischen Europa bekannt. Im
Mittelalter wurde er viel für religiösen
Schmuck verwendet.

In der Zeit des Barock war Peridot der
Lieblingsstein dieser Epoche. Ein warmes Hellgrün, der starke ölige Glanz
und die hohe Transparenz sind ausschlaggebend für die Attraktivität dieses Edelsteins.

Einer der größten geschliffenen Peridote befindet sich im Smithsonian-Museum in Washington. Er wiegt 310 Karat (62 g) und stammt von der Insel
Zebirget.

In Rußland gibt es geschliffene Peridote
aus dem Weltraum, nämlich Kristalle,
die aus einem 1749 in Ostsibirien niedergegangenen Meteorit stammen.

*Prismenförmiger Peridotkristall; natürliche
Höhe 19 mm. Fundort Zebirget/Ägypten.*

111

Weniger bekannt
Doch gar nicht so selten

Viele Mineralien zeigen sich, besonders wenn sie geschliffen sind, in schönen Farben. Und trotzdem sind sie in Schmuckstücken wenig zu finden. Das liegt meist an der geringen Härte. Als Dekorstein, für Skulpturen und für Ziergegenstände dagegen haben sie einen festen Platz.

Hämatit; *schwarzes oder braunrotes Eisenmineral; undurchsichtig, poliert lebhaft glänzend. Da beim Schleifen das Kühlwasser blutrot gefärbt wird, auch Blutstein genannt. Früher für Trauerschmuck verwendet.*

Chrysokoll *(Kieselkupfer, Kieselmalachit); grünes bis blaues mikrokristallines oder amorphes Aggregat; undurchsichtig, Glasglanz. Vorkommen auf Kupferlagerstätten. Wegen geringer Härte nur für Ziergegenstände. Fundort Mexiko.*

Fluorit *(Flußspat); tritt in allen Farben auf, häufig auch zonar gefärbt, selten farblos; durchsichtig bis durchscheinend, Glasglanz. Bevorzugt für Kleinornamente und für Tierfiguren verwendet.*

Tansanit; *blaue Varietät des Minerals Zoisit, bei künstlicher Beleuchtung meist amethystviolett; besonders geschätzt ultramarin bis saphirblau; durchsichtig, Glasglanz. Erst 1967 entdeckt. Einzige Lagerstätte in Tansania.*

Thulit; *rosenrote Varietät des Minerals Zoisit; undurchsichtig, Glasglanz. Verwendung als Cabochon und als Ornamentstein. Fundort Norwegen.*

Verdit; *grüne, meist fleckige Varietät von Serpentingestein; undurchsichtig, Harzglanz. Bekannteste Lagerstätten in Südafrika. Verwendung als Dekorstein und für Skulpturen, insbesondere für Tierfiguren. Fundort Transvaal/Südafrika.*

Sodalith; *blaues, oft von weißen Adern durchsetztes Silicatmineral, manchmal mit einem violetten Stich; undurchsichtig, Glasglanz. Verwendung für Ziergegenstände. Fundort Brasilien.*

Moldavit *(Bouteillenstein); durchsichtige oder durchscheinende grüne Varietät der Tektite. Entstanden aus kondensierten Gesteinsdämpfen nach Meteoriteneinschlag. Glasglanz, amorph. Fundort Böhmen.*

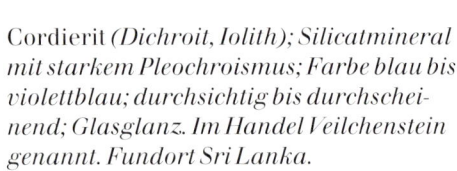

Cordierit *(Dichroit, Iolith); Silicatmineral mit starkem Pleochroismus; Farbe blau bis violettblau; durchsichtig bis durchscheinend; Glasglanz. Im Handel Veilchenstein genannt. Fundort Sri Lanka.*

Smithsonit *(Zinkspat); für Schmuckzwecke vorwiegend in den Farben rosa, hellgrün und hellblau; oft zart gebändert; durchscheinend bis undurchsichtig; Glas- bis Perlmuttglanz. Fundort Namibia.*

Variscit *(Utahlith); angeschliffen in Muttergestein. Farbe grün oder bläulich; durchscheinend bis undurchsichtig; Glasglanz. Fühlt sich fettig an. Vorkommen in Krusten und Knollen. Fundort Australien.*

Charoit *(Tscharoit); fliederfarbenes bis violettes Mineral. Erst seit 1976 bekannt. Vorkommen in zähen, fasrigen Aggregaten; durchscheinend bis undurchsichtig; Glas- bis Seidenglanz.*
Einziger Fundort ist Ostsibirien/Rußland.

Serpentin; *in Schmuckqualität meist grün bis gelblich; undurchsichtig; Fett- bzw. Seidenglanz. Aggregate feinkörnig oder dicht. Verwendung für Skulpturen oder als Dekoration. Zahlreiche Varietäten mit eigenen Namen.*

Azurit *(Kupferlasur); Farbe tiefblau; durchsichtig bis undurchsichtig, Glasglanz. Vorkommen zusammen mit Malachit auf Kupferlagerstätten. Wegen geringer Härte nur für kunstgewerbliche Gegenstände. Fundort Namibia.*

Apatit; *bevorzugte Farben als Schmuckstein rosa, gelb, grün, blau; durchsichtig; Glasglanz. Empfindlich gegenüber Säuren.*

Tugtupit *(Rentierstein); Farbe dunkelrot mit violettem Stich; undurchsichtig; wegen Fremdmineralien oft fleckiges Aussehen. Erst seit 1960 bekannt. Einzige Vorkommen in Grönland und auf der Halbinsel Kola/ Rußland. Fundort Südgrönland.*

Titanit *(Sphen); Farbe gelb, braun oder grün; durchsichtig; Diamantglanz mit sehr intensivem Feuer. Starker Pleochroismus, hohe Doppelbrechung.*

Bernstein
Das Gold des Nordens

Der baltische Bernstein ist wohl der älteste Schmuckstein der Menschheit überhaupt. Schon in der Altsteinzeit wurde er für kultische Zwecke verwendet.

Rohstück und geschliffener Bernstein mit Einschlüssen von Insekten und Pflanzenteilen. Samland, Ostpreußen/Rußland.

Bernstein gehört zu den wenigen Edelsteinen, die nicht aus dem Reich der Mineralien stammen. Er ist organischen Ursprungs, überwiegend aus dem Harz einiger Kiefernarten entstanden.

Der Name Bernstein kommt vom Niederdeutschen (»bernen« oder »börnen« = brennen) und bedeutet Brennstein. Tatsächlich läßt sich Bernstein mit einem Streichholz leicht entzünden. Er verbreitet dann den typischen, angenehmen Weihrauchgeruch.

In alten Schriften wird Bernstein auch Augstein oder Agstein genannt, weil er »den Augen gut täte«. Die wirkliche Bedeutung dieses vom Lateinischen »agates« abgeleiteten Worts ist nicht bekannt. Mehrere Steinnamen gehen darauf zurück. Lokal sind auch noch andere Namen für Bernstein verbreitet. Die Griechen nannten den Bernstein »elektrum«. Davon ist der Begriff der Elektrizität abgeleitet worden, denn Bernstein lädt sich beim Reiben mit einem weichen Tuch elektrisch negativ auf und zieht dann kleine Partikel, wie Haare und Papierschnitzel, an.

Das in der Wissenschaft früher mehr verwendete Synonym »Succinit« ist ent-

Übersetzung des nebenstehenden Textes:

... auch in den Seen und seinem besonderen Meer eine große Menge Fisch. An den Ufern der Ostsee findet man in diesem Land sehr viel Augstein, welchen die Bewohner, weil er sich leicht anzünden läßt und dann brennt, Barstein [=Stein, der verschwindet] nennen. Seinen Namen Augstein hat er deshalb, weil er den Augen besonders gut bekommt. Servius sagt, es werden davon drei Arten gefunden, die eine in den Bäumen, die andere in der Erde und die dritte etwa aus drei Teilen Gold und einem Teil Silber vermischt ist. Der weiße Augstein ist der beste, er war früher sehr billig. Im allgemeinen aber ist der Augstein zu vielen Dingen geeignet: Wenn man ihn reibt, daß er warm wird, so zieht er Spreu und allerlei dürre Blätter und Laub an, so wie der Magnet das Eisen ... (Aus: Gasparo Henneberg, Prussia, Accurate Descripta, Amsterdam, um 1640)

weder lateinischen Ursprungs (lat. »sukus« = Saft) oder stammt von dem litauischen Wort »sakai« (lit. »sakas« = Harz).

Die Entstehung des Bernsteins

Wie sehr die Menschen aus den Anrainerstaaten der Ostsee von der wunderbaren Naturschöpfung des Bernsteins eingenommen waren, zeigen viele Dichtungen, in denen das »Gold des Nordens« besungen wird. Die Entstehung des Bernsteins blieb den Menschen immer ein Rätsel, denn Bernstein ist mehr als nur getrocknetes Harz. Eine altlitauische Sage lüftet das Geheimnis über den Bernstein: Weil sich die in einem Bernsteinpalast am Grund der Ostsee wohnende Meeresgöttin in einen Fischer verliebt hatte, zerstörte Perkunas, der Donnergott, aus Zorn über diese Liebe den Bernsteinpalast. Und seitdem werden Trümmer dieses Palastes nach

Stürmen an die Küste gespült, begleitet von kleinen Bernsteinstückchen, den Tränen der Meeresgöttin. Nach wissenschaftlicher Erkenntnis wurde das Harz verschiedener Nadel-, aber auch breitblättriger Laubbäume im Lauf von Jahrmillionen durch mannigfache chemophysikalische Prozesse, wie Oxidation und Polymerisation, durch Umlagerung, durch unterschiedliche Lichteinwirkungen, aber auch unter Mitwirkung von Mikroorganismen verändert und ganz allmählich »versteinert«.

Kanne und Schale aus Bernstein Um 1640 in einer Königsberger Werkstatt mit Gold und Email dekorierte für das schwedische Königshaus gefertigte Bernsteinarbeit. Höhe der Kanne 37 cm, Durchmesser der Schale 35 cm. Königlich-Schwedische Schatzkammer, Stockholm.

Wasserkannen und Schalen bzw. flache Becken aus edlen Steinen waren im 16. und 17. Jahrhundert bei Königen und Fürsten sehr beliebt. Sie zeigten einerseits den Wohlstand, dienten andererseits auch der Tischkultur. Da man zu dieser Zeit beim Essen kaum Gabel und Messer benutzte, sondern vorwiegend mit Löffel und Fingern aß, wurden die Hände nach dem Mahl über dem Becken zur Reinigung begossen.

Bernsteinlagerstätten

Bernsteinlagerstätte von Palmnicken (Jantarni), Samland/Ostpreußen. Unter 30 m Überdeckung liegt die bernsteinführende »Blaue Erde«. Mit Eimerkettenbaggern wird sie abgeräumt und auf Transportbändern zu den Waschanlagen am Rand der Tagbaugrube geführt.

Bernstein-Waschanlage. Mit starken Wasserstrahlen wird die Blaue Erde durchspült und der im Ton mitgeführte Bernstein dabei freigesetzt. Auf stockwerkartig angeordneten, immer feinmaschigeren Gitterrosten bleiben die Bernsteinstücke hängen. Bernsteinwerk Palmnicken (Jantarni), Ostpreußen/Rußland.

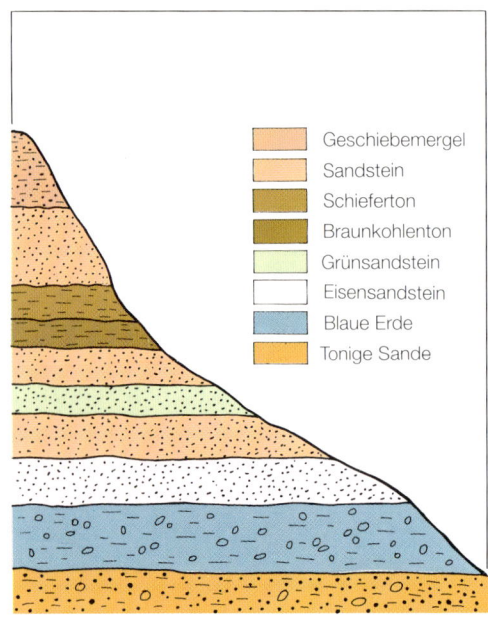

	Geschiebemergel
	Sandstein
	Schieferton
	Braunkohlenton
	Grünsandstein
	Eisensandstein
	Blaue Erde
	Tonige Sande

Schichtenprofil der Bernsteinvorkommen im Samland, Ostpreußen/Rußland.

Die größte Bernsteinlagerstätte der Welt befindet sich im Samland, 30 km nordwestlich von Königsberg (Kaliningrad) im russischen Teil von Ostpreußen. Hier wird die sogenannte Blaue Erde, in die der Bernstein stückig eingelagert ist, im Tagbau ausgeräumt. In der ganzen Umgebung der Ostsee gibt es Bernstein, weil sich die Blaue Erde unter dem Meer bis nach Skandinavien und England hinzieht. Nach schweren Stürmen, wenn die Brandung den Meeresboden aufgewühlt hat, wird der hier eingelagerte Bernstein freigelegt und ans Ufer geschwemmt. Früher gab es Fischer, die mit Netzen und Keschern regelmäßig die Uferzonen der Ostsee nach Bernstein abfischten.

Die im Ostseeraum vor etwa 50 Millionen Jahren in ausgedehnten Wäldern stehenden Kiefern müssen besonders harzreich gewesen sein, denn es gibt Bernsteinknollen von mehreren Kilogramm Gewicht.

Durch eiszeitliche Gletscher wurde der baltische Bernstein von der Ostsee bis in die Ukraine verfrachtet.

Kleine Bernsteinvorkommen gibt es in vielen Teilen der Welt. Im Libanongebirge wird der älteste Bernstein überhaupt gefunden. Er ist etwa 125 bis 130 Millionen Jahre alt. Es gibt aber keine größeren Anhäufungen wie beim Baltischen Bernstein. Es werden nur Einzelstücke gefunden. Immerhin kannten die Phönizier diesen Bernstein.

Da die Mittelmeervölker in der Antike den Bernstein vor allem von den Ostseeländern bezogen, können die im Libanon aufgesammelten Stücke zu keiner Zeit eine größere Bedeutung gehabt haben. Heute sind sie auch nur für wissenschaftliche Zwecke interessant. Sie könnten durch die konservierten Einschlüsse von Tier- und Pflanzenresten vielleicht Aufschluß über das Leben einer weit zurückliegenden Zeit geben.

Andere kleine Bernsteinvorkommen sind in Rumänien, Sizilien, Birma, Kanada, den USA und in Mittelamerika bekannt.

Das Bernsteinzimmer

1716 schenkte der Preußenkönig Friedrich Wilhelm I. die 55 Quadratmeter umfassende aus Bernstein gearbeitete Wandvertäfelung eines ganzen Zimmers dem russischen Zar Peter d. Gr. Dessen Thronfolgerin Elisabeth ließ das Bernsteinzimmer im Katharinenpalais von Zarskoje Selo, dem heutigen Puschkin südlich von St. Petersburg, einrichten. Da hier größere Wandflächen als am ursprünglichen Aufstellungsort im Berliner Stadtschloß gefüllt werden mußten, wurden zwischen die Bernsteinfelder Spiegelpilaster eingefügt.

Während des Zweiten Weltkriegs entführten deutsche Truppen die Vertäfelung des Bernsteinzimmers nach Ostpreußen in das Königsberger Schloß. Seitdem ist es verschwunden. Ob irgendwo versteckt, bei den Kampfhandlungen verbrannt oder bei einem möglichen Seetransport untergegangen, ist bis zum heutigen Tag nicht geklärt.

In mehr als 130 möglichen Verstecken, in Höhlen, Bergwerken, Ruinen und Kellern, wurde bisher nach ihm gefahndet. Offensichtlich hat man in Rußland die Hoffnung auf eine Rückkehr des Bernsteinzimmers aufgegeben; denn seit Jahren arbeiten Spezialisten daran, die Wandvertäfelungen naturgetreu aus Bernstein nachzuschnitzen.

Bernsteinverarbeitung

Da sich Bernstein leicht bearbeiten, gut schleifen und polieren läßt, wird er seit über 10 000 Jahren vom Menschen genutzt. In den Anrainerländern der Ostsee anfangs nur für Kultzwecke verwendet, wird er seit 2000 v. Chr. auf verschiedenen Handelswegen, den sogenannten Bernsteinstraßen, bis in den Mittelmeerraum als »Gold des Nordens«, d. h. als Schmuckmaterial, transportiert. Besonders kompakt und ohne die sonst übliche dunkelbraune Verwitterungsrinde ist der Seebernstein, also der, der die Brandungszone mit dem schleifenden Sand der Ostsee überstanden hat.

Die bei Bernstein auf Grund von Luft- und Flüssigkeitseinschlüssen in Bläschen oder feinsten Haarrissen bewirkte Trübung kann durch langsames Erwärmen in Rübsamenöl, durch das Klarkochen, beseitigt werden. Minderwertige Bernsteinstücke und Reste, die bei der Schmuckherstellung anfallen, werden unter Luftabschluß bei etwa 150–250 °C zunächst erweicht und dann bei Drücken von 3000 at (300 MPa) zu homogenisiertem, natürlich aussehendem Preßbernstein (Ambroid) verarbeitet.

Figurenmontage. *Ein Teil des in Ostpreußen geschürften Bernsteins wird auf dem Bergwerksgelände sogleich verarbeitet.*

Bernsteininkluse. *Eine »fliegende« Zikade (6 mm groß) und eine kleine Gallmücke sind in Bernstein eingeschlossen. Fundort Dominikanische Republik. Staatliches Museum für Naturkunde, Stuttgart.*

Größte Beliebtheit als Schmuck und für Dekorzwecke erreicht der Bernstein im 17. und 18. Jahrhundert. Aufwendige Trink- und Waschgarnituren, Schreibsekretäre und Kabinettschränke werden aus Bernstein gefertigt oder mit ihm intarsienartig belegt. Der Preußenkönig Friedrich I. läßt die Wände eines ganzen Zimmers mit Bernstein ausstatten (s. S. 119). Heute wird Bernstein fast nur für kleine Ziergegenstände, für Anhänger, Broschen und Halsketten verwendet. Heiße Bäder, Alkohol, Benzin, Säuren und Laugen sind Feinde des Bernsteins.

Bernstein wurde im Mittelalter auch medikamentös verwendet. Durch Auflegen sollte er kranken Augen helfen, pulverisiert eingenommen ein wirksames Mittel gegen Gicht sein.

Bernsteininklusen

Die in Bernstein eingeschlossenen Lebensspuren werden als Inklusen bezeichnet. Insekten sind neben Spinnen und Milben am häufigsten im Baltischen Bernstein vertreten. Tausendfüßer und Krebse oder gar Haare von Großtieren bzw. Vogelfedern sind äußerst selten.

Viel seltener als tierische Reste findet man Pflanzenteile. Merkwürdig erscheint, daß Nadeln so selten sind, wo doch nach allgemeiner Auffassung Nadelbäume den Hauptbestand der harzliefernden Wälder ausmachten.

Wie die Tiere ins Harz gelangten, kann jeder am Fliegenfänger oder im Honigglas studieren. Zuerst bleiben die Tiere nur mit einem Körperteil an einer klebrigen Stelle hängen. Durch den Versuch, sich zu befreien, haften sie immer fester und versinken sogar in der klebrigen Masse. An den Bäumen werden die Tiere schließlich vom abfließenden Harz völlig umschlossen. Hochbeinige Insekten haben die Chance zu entkommen, wenn Teile der Gliedmaßen abreißen und wenn nicht der Rumpf Kontakt mit dem Harz bekommt. Entsprechend sind einzelne Gliedmaßen besonders häufig als Inklusen anzutreffen.

Korallen
Aus der Tiefe des Meeres

Da sich Korallen für Schmuckzwecke leicht bearbeiten lassen, sind sie schon vor 4000 Jahren ein beliebtes Handelsobjekt. Ihr Weg reicht vom Mittelmeerraum bis nach Fernost.

Unter Korallen versteht man einmal die zu den Nesseltieren zählenden Korallentierchen, dann deren Behausungen, die aus Kalk oder Hornsubstanz bestehenden skelettartigen Stöcke. Diese entstehen wiederum durch Ausscheidungen der Korallentierchen.

Für Schmuckzwecke kommen in erster Linie die calcitischen roten Edelkorallen (Corallium rubrum) in Frage. Die weißen Korallen, ebenso aus Kalk zusammengesetzt, sind wenig gefragt, die blauen oder schwarzen, hornigen Korallen spielen auf dem Schmucksektor nahzu keine Rolle.

Korallenstöcke wachsen im Meer, Edelkorallen nur bei Temperaturen über 12 °C. Am günstigsten erweisen sich 13–14 °C. Dadurch ist die Verbreitung der Korallen vorgezeichnet, nämlich beiderseits des Äquators. Bedeutende Fundstellen gibt es im westlichen Mittelmeer, im Golf von Biscaya, bei den Kanarischen Inseln, im Malayischen Archipel, vor Japan, bei den Midway- und den Hawaii-Inseln. Die Stöcke erreichen eine Höhe von 20–40 cm, die Aststärke beträgt maximal 6 cm. Der jährliche Zuwachs kann einige Millimeter betragen.

Schwarze Korallen wachsen im Malayischen Archipel, nördlich von Australien, im Roten Meer. Sie leben nur im flachen Wasser und erreichen 3 m Höhe.

Da Korallen stets sauberes und frisches Wasser benötigen, die Meere aber zunehmend verschmutzt werden, sterben die Korallenpolypen vielerorts ab.

Ein als Cabochon geschliffener Korallenring mit makelloser dunkelroter Farbe.

Da die Korallenstöcke früher einzeln von Tauchern geborgen wurden, konnte man die große Nachfrage seit dem 16. Jahrhundert nicht befriedigen. Bald wurden Netze eingesetzt, die mit stabilen, eisernen Kreuzen zum Abreißen der mit breitem Fuß am Boden festgewachsenen Korallenstöcke ausgestattet waren. Die so über den Meeresgrund hinweggeschleppten Netze bringen zwar reiche Ernte, zerstören aber auch viel wertvolles Material. Bis zu 300 m Tiefe werden so die Korallenbänke abgeräumt.

Seit 1970 besorgen vor Hawaii kleine Unterseeboote, die bis fast 600 m tauchen können, die Korallenfischerei. Einzeln werden dic Korallenstöcke, die eine hohe Schmuckqualität besitzen, eingesammelt. Das bedeutet kaum Zerstörung der Fundstücke und geringe Belastung der Umwelt.

Korallentaucher gibt es nur vereinzelt. Mit Echolot, Neoprenanzug und Atemgerät ausgestattet, arbeiten sie bis 80 m, ausnahmsweise bis 100 m Tiefe. Eine große Gefahr ist dabei der durch den Stickstoff der Atemluft ausgelöste sogenannte Tiefenrausch. Er ähnelt dem Alkoholrausch, und er kann ebenso zu unkontrollierten Handlungen

Luxuriös ausgestattetes Trinkgefäß in Gestalt der griechischen Sagenfigur Daphne. Körper der Nymphe aus vergoldetem Silber, Hände und Haare von Korallenästen dargestellt. Gefertigt von A. Jamnitzer, Nürnberg, Ende des 16. Jahrhunderts. Höhe 68 cm. Grünes Gewölbe, Dresden.

führen. Hier im Meer bedeutet das den Tod.

Ein bis zwei Kilogramm Korallenmaterial pro Tag ist eine gute Ernte. Zu oft kann man nämlich nicht in große Tiefe gleiten, weil die Auftauchzeiten wegen der Dekompression (das ist die kontrollierte Druckverminderung im Körper) sehr hoch sind. Sie dauern unter Umständen vier- bis fünfmal so lange wie ein Aufenthalt am Meeresboden.

Nach dem Fischen werden die an den Korallen haftenden Weichteile abgerieben und der Fang dann nach Größe, Form und Farbe der Stücke sortiert.

Die Farben sind im ganzen Stock meist einheitlich, von rosa bis dunkelrot, mitunter weiß oder schwachfarbig gefleckt, manchmal gestreift. Gefragt sind zartrosa (engelshautfarbig) und dunkelblutrote (ochsenblutrot) Edelkorallen.

Viele Korallenstöcke haben eine dünne Kruste, die die wahre Farbe häufig verdeckt. Erst beim Durchbrechen der Äste läßt sich die echte Farbe des Inneren erkennen.

In der Antike sind Smyrna und Magnesia in Kleinasien Verarbeitungszentren für Korallen. Später besitzt Marseille bis zur Französischen Revolution das Handelsmonopol für Korallen, danach geht es an Italien über. 1805 verleiht König Ferdinand IV. von Neapel einem Fabrikanten aus Marseille das Recht, in der Stadt Torre del Greco (südlich Neapel) Korallen zu verarbeiten.

Damit wird Torre del Greco zum Haupthandelsplatz für Korallen. Heute werden hier 90 % der auf der ganzen Welt gefischten Korallen verarbeitet. Nachdem die Korallen ab dem 15. Jahrhundert das abendländische Europa als schmückendes Element erobern, setzt im Mittelmeer eine verstärkte Korallenfischerei ein. Torre del Greco wird einer der Haupthafenplätze. Im 16. Jahrhundert sind allein von hier 400 »corallini«, Korallenfischerboote, im Einsatz.

Bis zum Ende des 19. Jahrhunderts werden in Torre del Greco fast nur die im Mittelmeer gefischten Korallen verarbeitet. Dann drängen die Japaner, deren Korallenfischerei um 1830 begonnen hatte, verstärkt auf den Markt. Heute werden Korallen von Japan, Australien und Hawaii in Torre del Greco ebenso verarbeitet wie die Korallen aus heimischen Gewässern.

Der größte Teil der Korallen wird zu Perlen für Halsketten und Armbänder verarbeitet. Säge, Messer, Feile und Bohrer sind die wichtigsten Arbeitsgeräte. Geschliffen wird mit Sandstein und Schmirgel, poliert auf Filzrädern mit Poliermitteln. Erst durch die Politur

Polypenkolonien der roten Edelkoralle (Corallium rubrum) in 30 m Tiefe. Küste von Sardinien/Mittelmeer.

erhalten die Korallen ihren Glasglanz. Unbearbeitete Stücke sind matt. Als Ringstein und für Broschen wird Cabochonschliff bevorzugt. Stäbchenförmige Stücke werden längs gebohrt, dünne Zweigenden quer gebohrt und jeweils zu Ketten aufgezogen.

Seit Ende des vorigen Jahrhunderts wird neben der Bearbeitung von glatten Schmuckstücken auch die Gravur in Torre del Greco gepflegt. Die Gestaltung von Skulpturen und kunstgewerblichen Gegenständen sowie die Fertigung von modernem Schmuck werden ganz bewußt als Gegengewicht zur Massenproduktion der Kugelketten gefördert.

Zu Schmuck verarbeitete Korallen bedürfen gewisser Pflege. Sie sind empfindlich gegen Härte, Säuren, heiße Bäder und viele Kosmetika. Im Lauf der Zeit kann die Farbe verblassen.

Korallen sind seit dem Mittelalter beliebte Amulettsteine. In den Mittelmeerländern tragen auch heute viele Kinder Korallen als Amulett. Häufig schnitzte man Rosenkränze und Heiligenfiguren aus Koralle. Schon die Ägypter legten ihren Toten Korallen ins Grab, um sie vor Gefahren im Jenseits zu schützen.

Rote Korallen gelten als glücksbringend. Angeblich schützen sie vor dem »bösen Blick«, halten Gift und Gicht fern und bewahren sogar Hunde vor Tollwut, wenn sie ein Halsband aus Korallen tragen.

Nach der griechischen Mythologie sind Korallen aus dem hervorquellenden Blut des weiblichen Ungeheuers Medusa entstanden, als ihr von dem Zeus-Sohn Perseus der Kopf abgeschlagen wurde. Solche Sagen und angebliche Heil- und Schutzwirkungen zeigen, welch enge Beziehung der Mensch früher zur Koralle hatte. Ob sich daraus auch der Name Koralle herleiten läßt, wie einige meinen, ist ungewiß. Wir haben den Namen Koralle von dem griechischen Wort »korallion« übernommen.

Korallen werden häufig farbverbessert und aus Glas, Horn, Kautschuk, Knochen, Schneckenschalen sowie Kunst-

stoffen nachgeahmt. Oft genügt eine Überprüfung des spezifischen Gewichts, um den falschen Stein zu entlarven. Seit den siebziger Jahren gibt es eine gute, aus kohlensaurem Kalk und Farbstoff hergestellte Imitation.

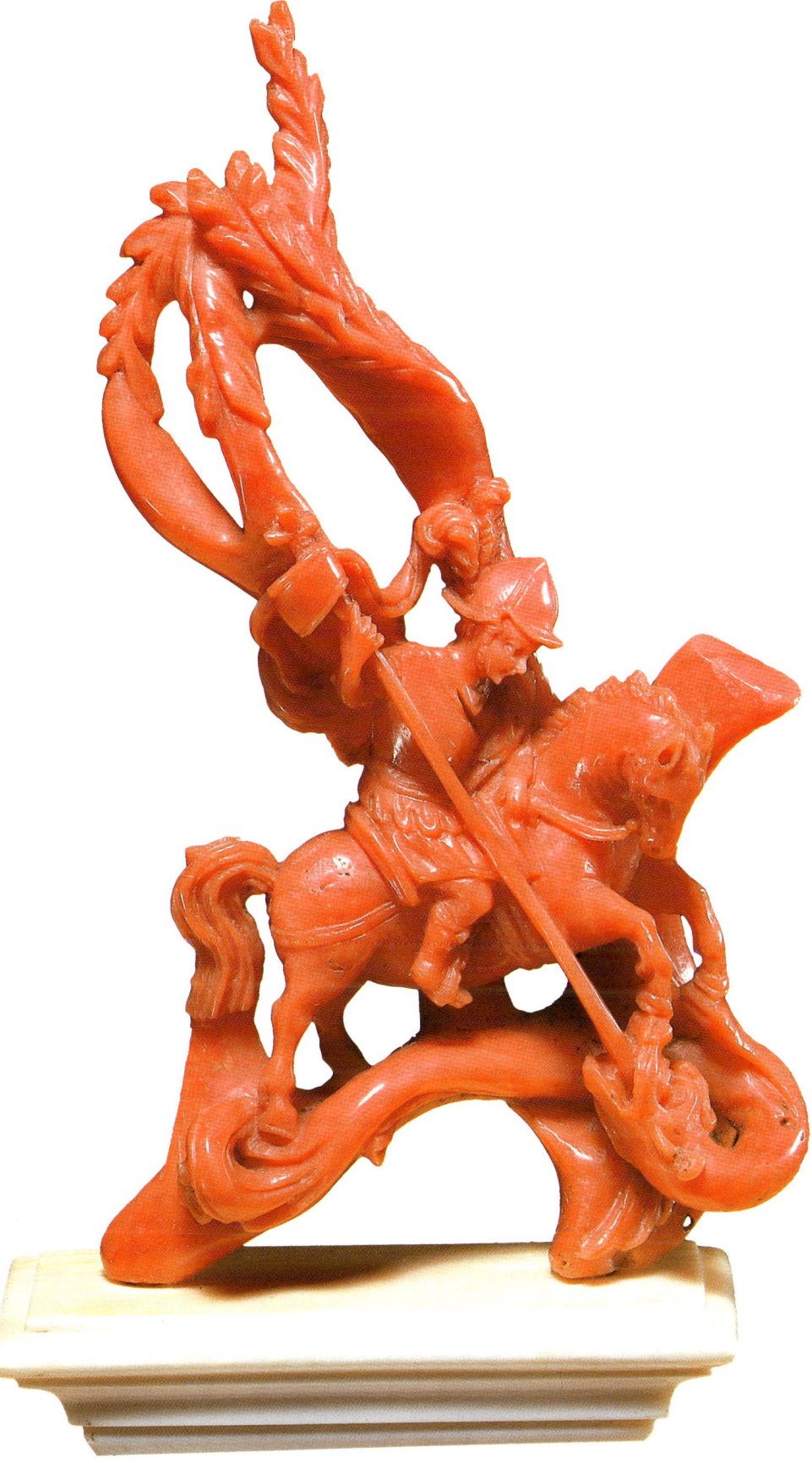

Die aus einem Stück gefertigte Korallenfigur zeigt den Heiligen Georg, wie er dem Drachen den Todesstoß versetzt. Gefertigt nach 1749. Höhe der Figur 17,7 cm, Sockel aus Elfenbein.
Königlich-Dänische Sammlungen im Rosenborg-Schloß, Kopenhagen.

Perlen
Aus der Muschel geboren

Perlen dienen dem Menschen schon seit 6000 Jahren als Schmuck. Ohne Bearbeitung zeigen sie hohen Glanz und seidigen Schimmer.

Perlen gehören nicht zum Mineralreich, sie sind ein tierisches Produkt. Seit Jahrtausenden werden sie als Edelstein geschätzt. Es ist vor allem der seidige Schimmer, der sogenannte Lüster oder Schmelz, der die Perle von anderen Edelsteinen abhebt. Was der Name Perle ursprünglich bedeutet, wissen wir nicht. Es gibt verschiedene Auslegungsversuche. Vielleicht läßt er sich von einer Muschelart (lat. »perna«) oder von seiner kugligen Form (lat. »sphaerula«) herleiten.

In China gibt es schon 2500 v. Chr. einen regelrechten Perlenhandel. Im Mittelmeerraum wird die Perle erst durch die Kriegszüge Alexanders d. Gr. bis nach Indien bekannt. Während Perlenschmuck früher ein Vorrecht der Könige und Fürsten war, erfreut er sich seit dem 16. Jahrhundert größerer Verbreitung.

In der Zeit der Renaissance und des Barock sind die ungleichförmig ausgebildeten »Barockperlen« sehr beliebt. Sie werden häufig zusammen mit anderen edlen Materialien zu Schmuckstücken verarbeitet.

Perlen sind das Erzeugnis von Muscheln, vereinzelt auch von Schnecken (vornehmlich der Trompetenschnecke). Sie bestehen in der Hauptsache aus Perlmutter. Das ist kohlensaurer Kalk in der Modifikation des Aragonits, einer Mineralsubstanz, die eng mit Calcit verwandt ist. Organische Hornsubstanz (Conchyn) dient als eine Art Kitt zwischen den Aragonitblättchen.

Die meisten Perlen sind silbrig glänzend. Zart gelbliche und rosarote Farben werden bevorzugt. Grüne, blaue oder schwarze Perlen sind Rarität. Sie erzielen Spitzenpreise.

Die Moßhärte der Perlen ist gering. Sie liegt zwischen 3 und 4. Perlen kann man also mit jedem Metall leicht kratzen und schaben. Die Stabilität der Perlen gegenüber Druckbeanspruchung ist dagegen sehr groß. Es gelingt kaum, sie mit der Hand zu zertrümmern.

Die »ama« genannten Perlentaucherinnen an den Küsten Japans suchen keine Perlen, sondern lesen Perlaustern von den Bänken auf, um sie als Muttertiere auf den Zuchtfarmen zu verwenden. Die schwimmenden Tönnchen dienen als Ablage für eingesammelte Muscheln.

Perlmuschelschale mit Zuchtperlen von einer Farm der Ago-Bucht, Honshu/Japan. Die Perlen zeigen eine überdurchschnittlich gute Qualität.

Perlenmitra
Eine aufwendige Perlenstickerei, ergänzt durch Saphire, Smaragde, Rubine, Almandine, Diamanten und Emaille, zeigt den aufwendigen Luxus, aber auch eine hohe Kunst Ende des 17. Jahrhunderts, zur Zeit Peters d. Großen. Die Mitra wurde für den Metropoliten von Moskau, dem höchsten Würdenträger der Orthodoxen Kirche, gefertigt. Die kleinen Perlen sind wahrscheinlich Süßwasserperlen aus den russischen Strömen. Höhe 23,5 cm, Durchmesser 20 cm.
Schatzkammer der Staatlichen Museen des Kreml, Rüstkammer, Moskau.

Die Größe der Perlen schwankt zwischen der eines Stecknadelkopfes und einem Taubenei. Die größte bisher gefundene Perle, im South Kensington-Museum in London aufbewahrt, ist 5 cm lang und wiegt 450 Karat (90 Gramm). Sie ist unter dem Namen des einstigen Besitzers, des Bankiers H. Ph. Hope, dem auch der berühmte Hope-Diamant gehörte, als Hope-Perle bekannt.

Perlen entstehen als Ergebnis einer Reaktion gegenüber Fremdkörpern, die zwischen Muschelschale und Mantel oder gar in das Innere des Mantels eingedrungen sind.

Die äußere Haut, das Epithel, das normalerweise durch Perlmutterausscheidung die Muschelschale aufbaut, umschließt aber auch gegebenenfalls eingedrungene Fremdkörper in diesem Bereich. Es kapselt sie ab, indem sie diese in Perlmuttersekret einschließt. Das führt zur Bildung einer Perle (s. Grafik S. 127).

Nach der Art ihrer Entstehung unterscheiden wir die natürlich gebildeten echten Perlen und die unter Mithilfe des Menschen erzeugten Zuchtperlen. Echte Perlen können sowohl im Meerwasser als auch im Süßwasser der Flüsse entstehen.

Echte Meerwasserperlen

Die perlenerzeugenden Meeresmuscheln leben auf langgestreckten Muschelbänken nahe der Küste in etwa 15–20 m Tiefe. Sie sind am Boden durch Ausscheidungen besonderer Drüsen (»Byssusfäden«) verankert und werden etwa handtellergroß. Ihre Lebensdauer beträgt kaum mehr als 13 Jahre. Meerwasserperlmuscheln benötigen warmes Wasser. Ihre Verbreitung liegt daher beiderseits des Äquators. Eine der wichtigsten Fundstätten, wo beste Qualitäten echter Perlen geerntet werden, ist der Persische Golf. Hier wurden schon im Mittelalter Perlen gefischt. Nach diesem orientalischen Fundort werden alle natürlichen Meerwasserperlen ohne Rücksicht auf die tatsächliche Herkunft im Handel als »Orientperlen« bezeichnet.

Weitere bedeutende Fundorte gibt es im Roten Meer, vor der Küste Madagaskars und Sri Lankas, im südlichen Pazifik, vor Nordaustralien, schließlich an den Küsten Mittelamerikas und im Norden Südamerikas.

Die Gewinnung der freilebenden Perlenmuscheln erfolgt durch Taucher der einheimischen Bevölkerung. Angeblich birgt nur jede 30. bis 40. Muschel eine Perle. Heute sind die Taucher mit modernem Gerät ausgerüstet. Über lange Schläuche werden sie mit Luft versorgt. Nur ausnahmsweise tragen sie Preßluftflaschen auf dem Rücken. 1958 wurden vor Ceylon versuchsweise Schleppnetze zur Bergung der Perlmuscheln eingesetzt. Die Folgen waren verheerend, weil man dadurch den Nachwuchs fast völlig vernichtete.

Der gestalterische Zentralpunkt dieses auf einem Berg stehenden Sängers ist der Unterleib der Figur, ein sonderbar verwachsenes Perlenaggregat. Gesamthöhe 15,1 cm. Gefertigt von Hofjuwelier J. H. Köhler; vor 1725. Grünes Gewölbe, Dresden.

Echte Süßwasserperlen

Die in Flüssen, also im Süßwasser entstandenen Perlen spielen mengenmäßig heute gar keine Rolle. Im Mittelalter und während der folgenden Zeit bis zum Barock waren sie ein billiges Sammelobjekt höfischer Prunksucht in Europa. Die Perlengewinnung war ausschließlich Privileg der Fürsten. Zahlreiche Perlenketten in den Schatzkammern europäischer Höfe bestehen zur Gänze aus Flußperlen.

Groteskfiguren
Bei der spanischen Tänzerin und dem musizierenden Zwerg sind es jeweils eigenartig geformte oder verwachsene Perlen, die die große Ausdruckskraft dieses kleinen Kunstwerks bedingen. Gesamthöhe 12,7 cm. Gefertigt von Hofjuwelier J. H. Köhler; um 1720. Grünes Gewölbe, Dresden.

Flußperlmuscheln gibt es in den gemäßigten Breiten Europas, Asiens und Nordamerikas. In den nährstoff- und kalkarmen Flüssen des Erz- und Fichtelgebirges, des Bayerischen Waldes und des Böhmerwaldes, der Pfalz und auch der Lüneburger Heide hatte die Perlengewinnung früher eine gewisse Bedeutung. Da Süßwasserperlen selten von guter Qualität sind, bedarf es großer Mengen von Perlmuscheln, um entsprechende Qualitäten für Schmuckzwecke zu erhalten. Durch Verunreinigung der Gewässer waren die Perlmuscheln in Europa fast ausgestorben. Im letzten Jahrzehnt haben sich die Bestände etwas regeneriert. In den skandinavischen Ländern und in Deutschland stehen die Süßwasserperlmuscheln heute unter Naturschutz, eine Perlenernte ist verboten. Besonders schädlich ist der Nitratgehalt der Flüsse. Er bewirkt eine Sterblichkeit des Perlmuschelbestands bis zu 80 %. Trotz gezielter Maßnahmen, die Perlmuschelpopulationen in einigen Flüssen zu begünstigen, wird ihre Zahl zukünftig kaum mehr als 1 % des ursprünglichen Bestands erreichen.

Zuchtperlen

Eine steigende Nachfrage nach Perlen hat dazu geführt, die natürliche Perlenproduktion durch Züchtung von Perlmuscheln zu ergänzen. Solche Zuchtperlen (auch Kulturperlen genannt) sind keine Imitationen, sondern ein unter Mitwirkung des Menschen entstandenes Naturprodukt. Zuchtperlen machen heute mehr als 90 % des gesamten Perlenhandels aus.

Was die Natur nur vereinzelt zuwege bringt, nämlich Fremdkörper in die Muscheln einzulagern, bewirkt der Mensch bei den Zuchtperlen ganz gezielt, indem er mit komplizierter Operation Fremdteile in das Bindegewebe der Muschel einführt.

Entstehung einer Perle durch Abkapselung eines eingedrungenen Fremdkörpers in den Mantelbereich einer Austernmuschel.

Die Technik der Kernimplantation wurde Anfang dieses Jahrhunderts entwickelt. Entscheidenden Anteil an der Kommerzialisierung hat der Japaner K. Mikimoto. Er wird in Japan legendär verehrt.

Um die Dauer der Perlbildung zu verkürzen und um möglichst rundgeformte Perlen ernten zu können, werden relativ große, mit Epithel umwickelte Kügelchen aus Perlmutter in den Muschelkörper eingesetzt. Die Muschel braucht jetzt nur noch eine dünne, echte Perlschale um den eingeführten Kern zu legen.

Nach 3–4 Jahren hat sich eine Schale von 0,8–1,2 mm um den Fremdkern gebildet. Meeresmuscheln produzieren nur bis zum 7. Lebensjahr, danach hört die Perlmutterausscheidung auf. Ein Muscheltier der Meerwassergattungen kann gewöhnlich nur einmal verwen-

Muscheloperation
Zum Einsetzen eines Kerns von 6–7 mm Durchmesser sind dreijährige Muscheln erforderlich. Bei kleineren Kernen können auch jüngere Tiere verwendet werden. Kerne über 9 mm Größe führen zu einer sehr hohen Sterblichkeit der Muscheln. Geschickte Hände operieren 300 bis 1000 Austern pro Tag.

det werden. Nach Entfernen der Perle stirbt sie ab. Es bedarf also einer umfangreichen Nachwuchszüchtung für spätere Perlenkulturen.

Äußerlich wirkt diese Zuchtperle wie eine echte Perle, sie hat den gleich hohen Glanz, den gleichen Lüster. Mit dem Auge sind beide Perlarten nicht zu unterscheiden. Spezielle Durchleuchtungsgeräte zeigen den Unterschied.

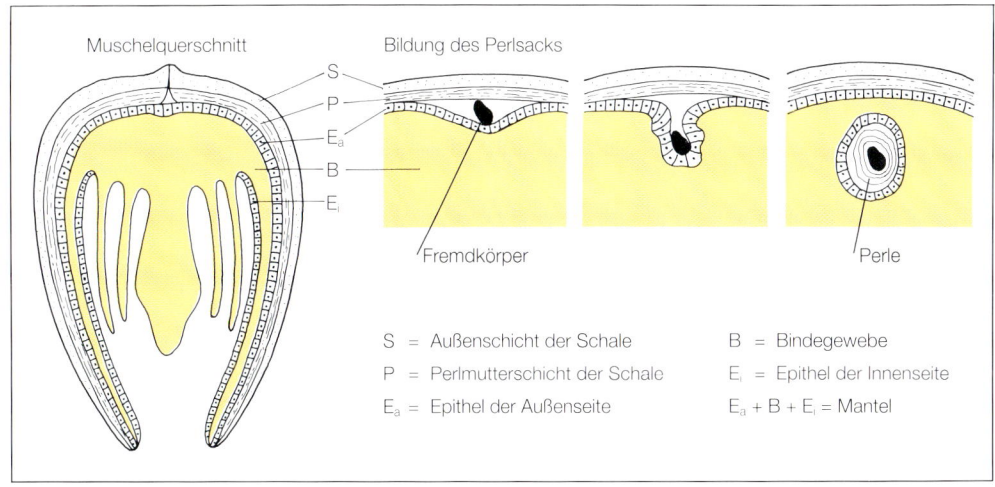

Naturgewachsene Perlen haben einen konzentrisch schaligen Bau, Zuchtperlen ein verschieden strukturiertes Inneres, je nach Art des in die Muschel eingefügten Fremdkerns.

Die mit einem künstlichen Kern versehenen Muscheln werden in Meeresbuchten, neuerdings teilweise auch im offenen Meer gehalten. Sie liegen in Drahtkörben oder Plastikkäfigen, an Bojen, Bambusflößen oder an Tauen hängend, 2–6 m tief im Wasser von mindestens 12 °C.

Seit den fünfziger Jahren gibt es auch eine Süßwasserperlenzucht. Die hier produzierten Perlen sind im allgemeinen zwar größer, aber selten gut gerundet. Bedeutendstes Binnengewässer mit Perlenzucht ist der Biwa-See auf der Insel Honshu in Japan. Nach ihm wird die Süßwasserzuchtperle auch Biwa- oder (nach dem japanischen Namen für See) Biwacoperle genannt. In China hat seit Anfang der siebziger Jahre ein bedeutender Ausbau der Süßwasserperlenkultivierung eingesetzt. Süßwassermuscheln können vielfach ein zweites Mal injiziert werden. Einige sind sogar für eine dritte Ernte geeignet.

Die ersten Meereszuchtfarmen entstanden 1913 in der Ago- und der Motoya-Bucht auf Honshu in Japan. Die ersten Zuchtperlen erschienen 1921 auf dem Markt.

Heute gibt es Zuchtbetriebe an den Küsten im Süden Japans, an den Küsten Nord- und Westaustraliens und in vielen Gegenden der indomalayischen Inselwelt.

Von der Gesamtproduktion an Meereszuchtperlen sind nur 10 % für guten Schmuck geeignet, 60 % sind mindere Qualität, der Rest ist Ausschuß.

Sortierung der Perlen

Die Bewertung der Perlen erfolgt nach Form, Farbe, Größe und Glanz. Eine grobe Vorsortierung wird als allererstes mit verschiedenen Siebgrößen vorgenommen.

70 % aller Perlen werden auf Schnüre aufgezogen und als Halsketten getragen. Gleich große Perlen sind für Ket-

ten gesucht. Halsketten mit sogenanntem Verlauf sind eine kostspielige Angelegenheit. Bei ihr nimmt die Größe der Perlen von der Mitte zu den Enden ab. Ein Juwelier, der solche Ketten zusammenstellt, muß ein großes Vorratslager haben, denn es ist mühsam, bestimmte Perlengrößen zu finden, weil man bei der Perlenproduktion keinen Einfluß auf Perlenform und Perlengröße hat.

Das Bohren der Perlen erfordert wegen der Empfindlichkeit große Sorgfalt. Die Bohrung erfolgt immer an der Stelle,

Zuchtfarmen
Viele Meeresbuchten sind im südlichen Japan durch Muschelfarmen geradezu überfüllt. Das birgt die Gefahr eingeschränkter Lebensbedingungen für die Austernmuscheln und eine Gefährdung durch Epidemien in sich. Ago-Bucht, Honshu/Japan.

Die Muschelkäfige müssen laufend überwacht und mehrmals im Jahr von Tang und anderen Belägen gereinigt werden. Natürliche Feinde sind Fische, Krebse, Polypen, Schmarotzer und manchmal auch das Zooplankton.

Krone der Kaiserin Farah Diba von Iran
*Um den zentral gelagerten 91,32 Karat
schweren, gravierten Smaragd an der
Stirnseite der Krone bestimmt eine Vielzahl
hervorragender, tropfenförmig ausgebildeter Perlen den Gesamteindruck. Insgesamt
wurden 105 Perlen, 1469 Diamanten,
36 Smaragde, 36 Rubine verarbeitet.
Höhe der Krone 16 cm, Gewicht 1600 Gramm.
Entworfen und hergestellt zur Krönung
1967 von Van Cleef und Arpels, Paris.
Nachbildung aus der Kronen- und Insigniensammlung der Fa. Abeler, Wuppertal.*

die entweder schadhaft oder sonst be-
nachteiligt ist. Die Weite der Bohrung
soll nach internationaler Vereinbarung
0,3 mm betragen. Zum Aufstiften von
Ohrgehängen, Nadeln oder Ringen
genügt eine Bohrung, die kurz über den
Mittelpunkt der Perle hinausgeht.
Kugelform wird bei den Perlen am meisten geschätzt. Halbrunde Perlen, als
Warzenansatz auf der Innenseite der

Muschelschale oder durch Abgliedern
minderwertiger Teile einer Perle entstanden, werden gewöhnlich für Broschen und Ohrgehänge verwendet
oder aber durch andere Halbkugeln zu
Vollperlen ergänzt.
Unregelmäßig geformte Perlen heißen
Barockperlen. Sie wurden in der Re-
naissance- und der folgenden Barockzeit häufig mit Edelmetallen und

Emaille zu Schmuckstücken kombiniert (s. S. 126).
Das Perlengewicht wird heute gewöhnlich wie bei den anderen Edelsteinen
auch in Karat angegeben. Das ältere
Maß Grain bedeutet 0,05 Gramm oder
$\frac{1}{4}$ Karat.

Perlen bedürfen mehr Pflege als die
meisten anderen Edelsteine. Da sie in
der Hornsubstanz einen organischen
Bestandteil besitzen, können sie altern.
Bei den einen äußert sich das in
Fleckenbildung, bei anderen im Erlö-
schen des Glanzes, manchmal zeigen
sich auch Risse in der Perlenhaut. Zu
große Trockenheit und zu hohe Feuch-
te schadet ihnen. Alle Arten von Kosmetika und Waschmitteln sollte man
von ihnen fernhalten. Körperschweiß
ist schädlich. Eine Kontrolle und pfleg-
liche Behandlung durch einen Fachbe-
trieb wird die Lebensdauer der Perlen
verlängern.

*Bei der Sortierung und Qualitätsgraduie-
rung der Perlen spielt das geübte Auge die
Hauptrolle. Sortierraum eines japanischen
Exporteurs.*

Fast wie echt
Imitationen, Dubletten, Synthesen

Die Nachahmung edler Steine ist so alt wie ihr Gebrauch. Mit dem Fortschritt der Technik gelangen immer neue, immer bessere Nachbildungen auf den Markt. Sie sind aus der Welt des Schmucks nicht wegzudenken.

So lange sich die Menschen mit edlen Steinen schmücken, so lang werden auch Materialien verwendet, die den Steinen ähnlich sind. Ob hier jedesmal die Absicht vorliegt, einen edlen Stein nachzuahmen, vorzutäuschen, ist wohl zu bezweifeln. Gewiß kann ein den Edelsteinen ähnlicher Stoff durchaus auch als eigenständiges Schmuckmaterial ohne Nachahmenscharakter betrachtet oder sogar bewußt in Kombination mit edlen Steinen gesehen werden.

Die alten Ägypter zeigen das in vorbildlicher Weise. Fritte (glasähnliche Schmelze), buntes Glas, Fayance (Schmelzprodukt aus Quarz und farbiger Substanz oder mit Glasur überzogene Tonware) und Emaille (farbiger Glasfluß auf Metall) werden mit edlen Steinen in großartigen Kunstschöpfungen vereint.

Aus heutiger Sicht mag uns die Verwendung von Glas oder Glasur im Schmuck als schnöder Ersatz wertvoller Edelsteine erscheinen, vor mehr als zweitausend Jahren war Glas jedoch ein ganz seltenes und dadurch hoch geschätztes Kunstprodukt. Mit so manchem Edelstein wird es eine Wertschätzung ausgehalten haben. Erst durch die Massenproduktion der neueren Zeit wurde Glas zum billigen Ersatz für edle Steine.

Dieses Kleinod aus dem Grab des ägyptischen Königs Tutanchamun (1347–1337 v. Chr.) stellt einen Falken mit menschlichem Kopf, Sinnbild der Seelenexistenz, dar. In die aus Goldblech gearbeiteten Zellen sind Edelsteine und vor allem farbige Gläser als Edelsteinersatz eingelegt. Die von den Krallen symbolisch gehaltenen zwei Sonnenscheiben bestehen aus Karneol. Höhe 12,5 cm, Breite 33 cm. Ägyptisches Museum, Kairo.

Wenn auch das Angebot an edlen Steinen dem großen Schmuckbedürfnis der herrschenden Dynastien Ägyptens nicht entsprechen konnte, sind Glas und Glasur nicht unbedingt Ersatz, sondern aus dem Bedarf heraus geborene Neuschöpfungen, die erst eine so große Entfaltung der gestaltenden Kleinkunst, wie sie in den alten Kulturen des Orients zu beobachten ist, ermöglicht haben. Mit Edelsteinen allein wären die Farbkreationen der Schmuckstücke und der ritualen Gegenstände überhaupt nicht möglich gewesen. Glas und Glasur sind hier nicht unbedingt Imitation, sondern wertvolle Begleiter seltener Edelsteine.

Erst die Nachfrage der weniger begüterten Bevölkerungsschichten nach Schmuckmaterialien belebt das Geschäft der Ersatzstoffe, der Unterschiebungen und schließlich auch des Betrugs.

Nachahmungen. Alle Stoffe, die einen Edelstein nachahmen oder vortäuschen, sowie Veränderungen der Steinsubstanz, um eine höhere Wertschätzung zu erreichen, bezeichnen wir als Nachahmung.

Nachahmungen sind keinesfalls unredlich, sie sind auf dem Schmucksektor unentbehrlich. Da billiger als echte Edelsteine, können sie weniger begüterte Bevölkerungskreise mit schönem Schmuck versorgen. So lange diese

Steine als Nachahmung deklariert sind, gehören sie zum ehrlichen Handel. Sobald sie aber echten Edelsteinen untergeschoben werden, ist das Betrug.

Im einzelnen unterscheiden wir bei den Edelsteinnachahmungen die aus Fremdmaterial gefertigten Imitationen, die aus echter Edelsteinsubstanz gezüchteten Synthesen, die zusammengesetzten Edelsteine und schließlich Manipulationen zur Verbesserung irgendwelcher Effekte bei echten Edelsteinen.

Imitationen. Es gibt heute kaum ein Produkt, das nicht zur Nachahmung von edlen Steinen eingesetzt wird. Im allgemeinen sind es Materialien ohne Steinsubstanz, wie Glas, Porzellan, Kunstharze und Plaste, die hier Verwendung finden. Sie alle haben meist nur das farbliche Aussehen mit den Edelsteinen gemeinsam, die physikalischen Eigenschaften, insbesondere die Härte und das Feuer der Edelsteine, lassen sie deutlich von jenen unter-

Die Krönungskrone Ludwigs XV.
Die großen Edelsteine dieser von L. und C. Rondé 1722 gearbeiteten Krone wurden im Lauf der Zeit durch Imitationen ersetzt. Der berühmte Sancy-Diamant (einst an der Spitze der Krone) und der Regent-Diamant (über dem Stirnband) werden heute als Einzelsteine zur Schau gestellt. Louvre, Paris.

Aus Glas mit hoher Lichtbrechung gearbeiteter Straß-Schmuck. Die Perlen bestehen ebenso aus Glas; sie sind mit einer Fischschuppensubstanz überzogen.

scheiden. Oft genügt schon die Ermittlung des spezifischen Gewichts, um die Imitation zu entschleiern.

Aus pulverisierter Originalsteinsubstanz geklebte oder zusammengepreßte Imitationen sind für den Laien schwer zu erkennen, da das spezifische Gewicht etwa dem des nachgeahmten Edelsteins entspricht. Unter dem Mikroskop läßt sich die Nachbildung vom Fachmann identifizieren.

Gegen Ende des vorigen Jahrhunderts kommen imitierte Rubine auf den Markt, die aus Rubinsplittern, die bei hoher Temperatur zusammengeschweißt wurden, bestehen.

Aus Glas bestehen die ältesten und wohl auch die meisten Imitationen. Un-

ter dem Mikroskop sind Gläser an den charakteristischen Schlieren und den zahlreichen Glasbläschen zu erkennen. Glas als amorphe Masse ist auch stets einfach brechend, zahlreiche Edelsteine zeigen dagegen Doppelbrechung.

Um 1750 gelingt dem Wiener Goldschmied Josef Strasser, der sich mit Alchimie und Goldmacherei beschäftigte, ein hartes Spezialglas zu entwickeln, das sich schleifen läßt und dem Diamant sehr ähnlich ist, angeblich eine Mischung von Kron- und Flintglas. Nach urkundlich nicht zu belegenden Hinweisen soll die Kaiserin Maria Theresia die Produktion von imitierten Juwelen verboten haben. Stras-

Das Foliieren. Farbige Folien können bei Edelsteinen sowohl zum Verschönen echter Steine als auch für Imitationszwecke verwendet werden. In der Barockzeit, wo farbige Gestaltung die Ausdrucksformen verstärkt, werden für den Schmuck Farbsteine bevorzugt. Selbst farblose Diamanten müssen sich solchem Pathos unterwerfen. Sie werden durch hinterklebte Folien zu Farbsteinen. Daß hier kein höherer Wert vorgegaukelt werden sollte, liegt auf der Hand. So viele rötliche Diamanten, wie bei der abgebildeten Hutagraffe z. B. verwendet, könnte es bei echten Edelsteinen überhaupt nicht geben. Hier war nicht eine Imitation gemeint, sondern die Freude an der Farbe, der Spaß am farbigen Schmuck.

In neuerer Zeit dagegen werden Folien eingesetzt, um einen höherwertigen Stein vorzutäuschen. Durchsichtigen farblosen Steinen ebenso wie Glas kann man durch Folien jede Farbe vermitteln. Bergkristall mit unterlegter Silberfolie täuscht Diamant vor, weil die Spiegelung die Brillanz erhöht. Mit sternförmig eingeschnittener Folie lassen sich sogar die Effekte des Asterismus imitieren.

Bei geschlossenen Fassungen ist ein Betrug durch unterlegte Folien leicht möglich.

Synthetische Edelsteine. Die in Fachkreisen als Synthesen bezeichneten, künstlich gezüchteten Edelsteine sind perfekte Nachbildungen von echten Edelsteinen. Sie gleichen in der chemischen Zusammensetzung und in den physikalischen Eigenschaften den echten Steinen. Im Handel müssen sie als synthetische Edelsteine gekennzeichnet sein.

Die ersten synthetisch hergestellten Edelsteine gehen auf die dreißiger Jahre des vorigen Jahrhunderts zurück. Sie dienten nur wissenschaftlichem Interesse, für Schmuckzwecke waren sie zu klein. Wirtschaftlich nutzbare Synthesen entwickelt um die Jahrhundertwende der Franzose A. Verneuil mit seinem Schmelz-Tropf-Verfahren. Heute gibt es eine ganze Reihe verschiedener Methoden bei der Züchtung synthetischer Edelsteine.

ser geht nach Paris, und von hier verbreitet sich der billige Diamantersatz als »Pierres de Strass« (Straß-Steine) über die ganze Welt.

Heute ist Bleiglas mit hoher Lichtbrechung und starker Dispersion als Modeschmuck oder Diamantersatz, u. a. für Theater-Juwelen, beliebt. Glassubstanz wird besonders für Opal-, Perlen- und Mondsteinimitationen eingesetzt. Mit raffinierten Tricks können auch Katzenaugeneffekte und Sternbildungen nachgemacht werden.

Foliierte Diamanten
Das in Schleifenform gewundene, diamantenbesetzte Bandwerk dieser Hutagraffe umschließt große mit rosa Folie unterlegte Diamanten. Gefertigt 1765 im Auftrag des bayerischen Kurfürsten Max III. Joseph von Johann Staff in München. Höhe 11,8 cm. Schatzkammer der Residenz, München.

Oftmals ist es schwer, Synthesen von echten Steinen zu unterscheiden. Dennoch haben sie bei ihrer Entstehung Spuren hinterlassen, die der Fachmann bei der Überprüfung erkennen kann. Einschlüsse, irgendwelche Unregelmäßigkeiten im Kristallbau verraten ihre Abkunft. Mit der Weiterentwicklung der Technik werden jedoch auch die Synthesen immer perfekter und die Identifizierungen immer schwieriger. Mittlerweile gibt es für alle Edelsteine entsprechende Synthesen. 1955 gelingt gleichzeitig in den USA und in Schweden eine Diamantsynthese. Heute können sogar Schmuckdiamanten synthetisch hergestellt werden. Die Verfahren sind jedoch (noch) so teuer, daß eine Produktion nicht lohnt.

Seit den fünfziger Jahren gibt es sogar synthetische Edelsteine, die in der Natur kein Gegenstück haben. Wegen ihrer hervorragenden Eigenschaften sind sie vom Edelsteinmarkt nicht mehr wegzudenken. Dazu gehören Fabulit, YAG, Galliant, Djevalith und Zirkonia. Sie dienen, vor allem wegen der hohen Lichtbrechung, des Glanzes und der Brillanz, als Diamantersatz.

Künstlich gezüchtete Schmelzbirnen mit einheitlichem Kristallbau und daraus geschliffene synthetische Edelsteine.

Synthese nach dem Schmelzverfahren

Das Schmelzverfahren geht auf den französischen Chemiker A. Verneuil zurück. Er stellt als erster 1891 für den Markt geeignete synthetische Rubine her. Heute werden mit dieser Methode auch Saphire und Sternkorunde gezüchtet.

Pulverisierter Rohstoff schmilzt in einer Knallgasflamme und tropft auf einen Sockel, auf dem sich allmählich eine flaschenähnliche Schmelzbirne aufbaut. In gleichem Maß, wie die Birne nach oben wächst, wird der Sockel abgesenkt, damit die Birnenobergrenze immer den gleichen Abstand zur Brennerdüse hat.

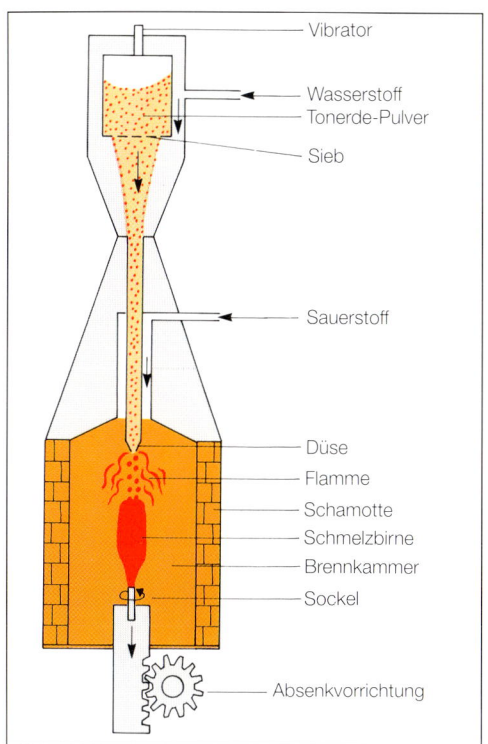

- Vibrator
- Wasserstoff
- Tonerde-Pulver
- Sieb
- Sauerstoff
- Düse
- Flamme
- Schamotte
- Schmelzbirne
- Brennkammer
- Sockel
- Absenkvorrichtung

Synthese nach dem Ziehverfahren

Die Kristallzüchtung nach diesem Verfahren wird 1918 von dem deutschen Chemiker Czochralski entwickelt. Es findet Anwendung vor allem zur Gewinnung von synthetischem Rubin und Saphir sowie des Edelsteins YAG.

Das Züchtungsprodukt wird sozusagen aus der Schmelze gezogen, nachdem ein Kristallkeim das Wachsen der Schmelzbirne an der Grenzfläche zur Schmelze initiiert hat. Unter Rotation zieht man den entstandenen, synthetischen Kristall fortlaufend nach oben, während er unten entsprechend nachwächst.

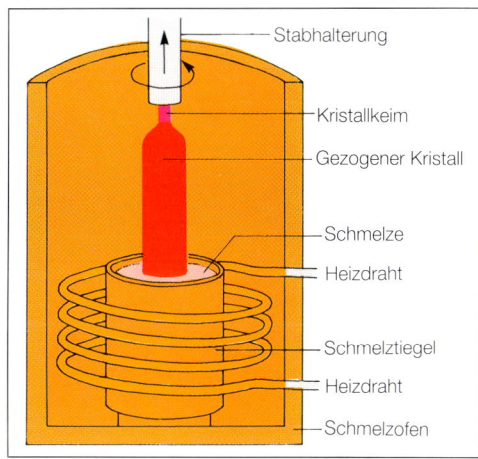

- Stabhalterung
- Kristallkeim
- Gezogener Kristall
- Schmelze
- Heizdraht
- Schmelztiegel
- Heizdraht
- Schmelzofen

Manipulierte Edelsteine. Um einen höherwertigen Edelstein vorzutäuschen, werden viele Steine manipuliert. So lange solches dem Käufer mitgeteilt wird, ist kein Einwand zu erheben. Der Kunde kann sich schließlich frei dafür oder dagegen entscheiden. Sobald solch eine Manipulation aber einem Käufer untergeschoben wird, ist das Betrug.

Ebenso ist es glatter Betrug, wenn geringerwertige Steine als hochqualitativ verkauft werden. Durch viele Handelsnamen werden Käufer irregeleitet, wertvolle Edelsteine werden vorgegaukelt. Alaska-, Arkansas- oder Böhmische Diamanten sind in Wirklichkeit durchsichtige Bergkristalle. Kaprubin ist die rote Varietät des Granats, ein Pyrop. Sibirischer Rubin ist ein roter Turmalin. Die Reihe solch täuschender Handelsnamen läßt sich fast beliebig fortführen. Zwar gibt es internationale Absprachen und Richtlinien, wonach irreführende Namen nicht gebraucht werden dürfen, die Praxis zeigt aber leider ein anderes Bild.

Eine verbreitete Manipulation ist das Tränken mit Öl und Farbstoffen. Öl verschleiert die Rißbildung bei Smaragd, blauer Farbstoff verschönt Türkis.

Der Edelstein YAG (Yttrium-Aluminium-Granat) ist wegen seiner hohen Lichtbrechung und der starken Dispersion ein guter Diamantersatz. Er ist synthetisch und hat in der Natur kein Gegenstück. (Vergrößerung 10fach)

Eine konsequente Abgrenzung von erlaubter und verbotener Manipulation gibt es nicht. Das ist für den Laien nicht immer nachvollziehbar. Ein Tränken des Smaragds mit farblosem Öl gilt als handelsüblich und ist gestattet, eine Verwendung von farbigem Öl dagegen muß angezeigt werden. Noch weniger überzeugend sind Gebot und Verbot, wenn es um Achat geht, denn Achat darf gefärbt verkauft werden, ohne den Kunden darauf hinzuweisen.

Eine schon seit Jahrhunderten gepflegte Manipulation ist das Brennen von Edelsteinen, nicht nur um Farben zu verbessern, manchmal auch, um ganz andere Farben zu gewinnen.

Die meisten auf dem Markt befindlichen Citrine z. B. sind durch Brennen von Amethyst oder Rauchquarz entstanden. Bei 470 °C wird brasilianischer Amethyst hellgelb, bei 550–560 °C dunkelgelb bis rotbraun. Einige Rauchquarze gehen schon bei 300–400 °C in die Citrinfarbe über. Solche gebrannten Citrine werden im Handel häufig als Topas bezeichnet.

Durch Brennen von Amethyst und gelblichem Quarz aus der Lagerstätte Montezuma in Minas Gerais/Brasilien entsteht ein lauchgrüner Quarz, sogenannter Prasiolith (»grüner Stein«), ein Edelstein, den es in der Natur mit dieser Farbe gar nicht gibt.

Eine erst seit wenigen Jahrzehnten praktizierte Manipulation der Farbveränderung erfolgt durch Bestrahlen. Röntgenstrahlen geben Bergkristall die Farbe des Rauchquarzes, α-Strahlen wirken bei Diamant farbverstärkend. Hier bietet sich ein weites Feld der Farbmanipulation an. Selbst für den Fachmann ist es oft schwer, solche Schönungen zu erkennen. Farbverbesserungen durch Bestrahlen müssen beim Verkauf nicht unbedingt deklariert werden.

Die Produktion von synthetischen Edelsteinen vollzieht sich mittlerweile mit großem technischen Aufwand in umfangreichen Fabrikanlagen. Hier eine Produktionshalle für synthetische Diamanten.

Zusammengesetzte Edelsteine. Die aus zwei Teilen zusammengesetzten Dubletten und die dreiteiligen Tripletten können aus echten Edelsteinen verschiedener Art bestehen, in Kombination mit gefärbtem Glas auftreten oder auch mit farbigem Kitt, Folien und Fremdsubstanz kombiniert werden. Eine sogenannte echte Dublette besteht aus zwei Edelsteinen der gleichen Art. Sie ist viel billiger als ein einziger gleich großer Stein, denn die Preise der Edelsteine verlaufen mit zunehmender Größe nicht linear, sondern progressiv. Für den Laien sind zusammengesetzte Edelsteine nicht leicht zu erkennen, besonders wenn sie gefaßt sind, denn Klebenaht und Kittschicht verschwinden stets in der Steinfassung.

Färben von Achat. Die meisten Achate werden heute in Südamerika gewonnen. Ihre Farben sind gewöhnlich wenig atraktiv. Durch Färben erhalten sie eine bunte Pracht und lebhafte Strukturen. Die meisten der auf dem Markt angebotenen Achate sind heute gefärbt. Die Kunst des Achatfärbens beherrschten schon die Byzantiner in der Antike. Einzelheiten der Verfahren sind Geheimnis der Firmen. Im allgemeinen werden anorganische Farben verwendet, da sie lichtbeständiger und leuchtender sind als organische Farbstoffe.

Durch verschiedene Methoden gefärbter Achat. Der Sektor rechts unten ist natürlich, ohne Farbzusatz. Fundort des Rohsteins ist Brasilien. (Um ein Drittel verkleinert)

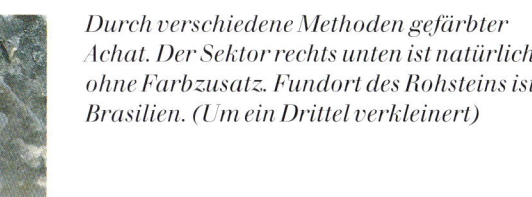

Gefärbte Lagensteine mit dem dahinter liegenden Rohstein aus Brasilien.

Eine Auswahl möglicher Zusammensetzung bei Dubletten und Tripletten.

Je nach Porosität, Opal- und Wassergehalt der einzelnen Achatlagen ist die Färbbarkeit verschieden. Die aus dichten Quarzaggregaten bestehenden weißen Bänder nehmen kaum Farbe an, die anderen können je nach Geschmack durch verschiedene Farben ganz unterschiedliche Farbtöne erhalten. In der Glyptik, der Edelsteingravur, spielen gefärbte Achate eine wichtige Rolle. Aus ihnen werden zwei- oder dreischichtige, sogenannte Lagensteine als Rohmaterial für Gemmen und Kameen geschnitten.

Die Kombination von schwarzer Grundschicht und weißer Oberlage heißt Onyx (griech. »Fingernagel« wegen der durchscheinenden Beschaffenheit), auch eigentlicher Onyx oder arabischer Onyx. Bei Sardonyx ist die Grundschicht braun, bei Karneolonyx rot.

Blaugraue Töne erhält man bei ganz dünner weißer Oberschicht, weil hier der dunklere Untergrund sanft hindurchscheinen kann.

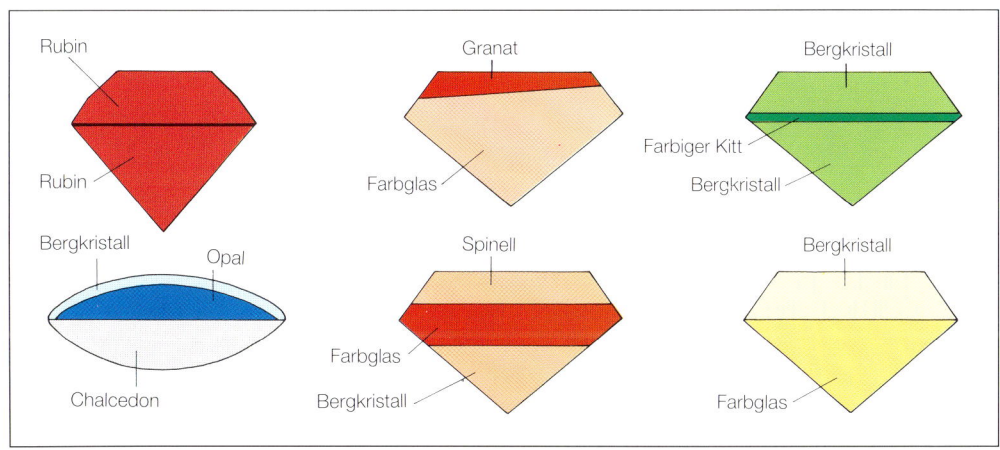

Rubin
Rubin
Bergkristall
Opal
Chalcedon

Granat
Farbglas
Spinell
Farbglas
Bergkristall

Bergkristall
Farbiger Kitt
Bergkristall
Bergkristall
Farbglas

Hilfe in der Not
Als Amulett, Talisman und Heilstein

Edle Steine spielten bei den Menschen immer eine große Rolle als Zaubermittel und als Hoffnungsträger, weil man glaubte, übernatürliche Kräfte bei ihnen zu erkennen. Durch die Lehren der Esoterik haben Edelsteine als Heilbringer in der Gegenwart neuen Auftrieb erhalten.

In früheren Zeiten, als der Mensch viel weniger naturwissenschaftlich aufgeklärt war, trugen die Edelsteine immer den Schleier des Geheimnisvollen, des Überirdischen. Deshalb dienten sie häufig als Amulett und Talisman. Sie boten, wie man glaubte, Schutz vor Geistern und stimmten Götter und Heilige freundlich. Sie konnten Böses abwehren und Gesundheit erhalten, sie wirkten giftentschärfend, verhinderten Pest und führten Seefahrer heim.

Amulett und Talisman

Die ursprüngliche Unterscheidung zwischen dem am Körper getragenen, zur Abwehr unheilvoller Dinge eingesetzten Amulett und dem nicht am Körper mitgeführten als Glücksbringer gedachten Talisman ist in unserem Sprachgebrauch heute weitgehend in Vergessenheit geraten.

Die Anfänge des Schmucks liegen sicherlich nicht im Selbstzweck, sondern im magisch-rituellen Bereich.

Schmuck schließt in frühen Zeiten immer die Vorstellung ein, durch die dem Schmuckstück innewohnenden spirituellen und magischen Qualitäten Unbill fernzuhalten.

Auch bei den alten Ägyptern sind Schmuck und Amulett kaum voneinander zu trennen. Der Skarabäus, Symbolfigur des Sonnengotts in der Gestalt des Mistkäfers, gilt als wirksames Amulett, ist Zaubermittel und Schmuck zugleich. Für die herrschenden Klassen wird er aus wertvollen Materialien künstlerisch gestaltet und dann an herausgehobener Stelle als Schmuckstück getragen.

Der einem Toten ins Grab gelegte Schmuck hat dagegen immer nur amulettartigen Charakter, selbst wenn er zu Lebzeiten vom Verstorbenen getragen wurde. In Ägypten bedeutet er Hilfe bei der Wiedergeburt, bei der Erneuerung in der anderen Welt.

Edelsteine können die Kraft eines Amuletts verstärken, meinten schon die Menschen der ersten Hochkulturen, besonders wenn sie entsprechend ihrer größten Wirkungsmöglichkeit eingesetzt würden. So pflegt der blaue Lapislazuli wegen der Farbe die Hinwendung zum Himmel, der rote Karneol zeigt die Beziehung zum Lebensblut, und grüne Steine weisen den Weg zu neuem Leben.

Wenn der Edelstein auch noch in der Gestalt bestimmter Tiere, denen man hervorragende Eigenschaften beimißt, auftritt, wird die magische Kraft des Amuletts noch weiter erhöht. Die Sumerer verehrten den Ziegenbock (s. S. 104), die Ägypter Falke (s. S. 130) und Stier. Eine letzte Steigerung magischer Wirksamkeit läßt sich erreichen, wenn der Edelstein mit Schriftzeichen versehen oder sonstwie graviert ist.

Skarabäen-Anhänger
Hauptelement dieses altägyptischen Amuletts ist die zentrale Figur des Skarabäus aus Lapislazuli, überragt von der Sonnenscheibe aus Karneol, zu Füßen Amazonit. Die farbige Pracht der Flügel besteht aus goldgefaßten Fayenceeinlagen. Gefunden als Grabbeilage des Königs Tutanchamun. Gefertigt 1340 v. Chr., Höhe 9 cm, Breite 10,5 cm. Ägyptisches Museum, Kairo.

Talisman Karls d. Großen
Ein als Talisman bezeichnetes Brustreliquiar Kaiser Karls d. Gr. (800–814), das ursprünglich zwischen zwei Saphir-Cabochons als Reliquie Haare Mariens einschloß. 1804 wurde die Marienreliquie gegen eine Partikel vom Kreuz Christi ausgetauscht. Um diese Reliquie besser zu zeigen, ersetzte man den vorderen Saphir durch einen helleren blauen Glasfluß. Rote Granate, Barockperlen und Smaragde sind im goldenen Rahmen auf der Vorder- wie auf der Rückseite abwechselnd verteilt. Die Schmalseiten sind neben den gleichen edlen Steinen zusätzlich mit Amethyst besetzt. Die Reliquie, tatsächlich ein Amulett und nicht ein Talisman, trug bei der Öffnung des Grabes im Jahr 1166 Kaiser Karl an einer Kette um den Hals. Höhe 7,3 cm. Breite 6,5 cm. Schatzkammer der Kathedrale, Reims/Frankreich.

In der frühchristlichen Zeit werden Edelsteinamulette mit christlichen Motiven oder mit religiösen Inschriften versehen. Vereinzelt trägt man Reliquien in Amulettringen, Brustkreuzen und Anhängern. Zunehmend werden auch Pilgerzeichen als Amulett betrachtet.

Edelsteinmedizin

Bei allen Völkern herrschte früher der Glaube, daß Krankheiten entweder durch Zauber entstünden oder als Strafe geschickt würden. Deshalb versuchte man, den Zauber zu entkräften und die Götter geneigt zu machen. Durch Opfergaben werden die Götter besänftigt. Dem Zauber will man durch Zaubersprüche und Getränke als Gegenzauber widerstehen.
Mit der Einführung des Christentums übernehmen die Klöster die Aufgabe der heidnischen Priester, das Volk in Gesundheitsfragen zu beraten. Anstel-

Hei-tiki
Das aus einem Stück Nephrit geschnittene Brust-Amulett wird von den Maori auf Neuseeland »hei-tiki« genannt. Die schräg versetzten Augen sind von Schalenringen der Paua-Muschel umrahmt. Linden-Museum, Stuttgart.

le von rituellen Tätigkeiten, wie Opfergaben, will man jetzt echte medizinische Betreuung pflegen. In Kräutergärten werden Pflanzen mit bekannten Heilwirkungen gezogen. Bücher, von Mönchen geschrieben, bieten genaue Anweisungen über den Gebrauch der Heilkräuter. Da die Schriften der Mönche nur in Latein abgefaßt sind, können sie auch nur von ihresgleichen ausgewertet werden. Das medizinische Wissen bleibt bei den Klöstern. Zwar gibt es seit der Antike auch Ärzte. Ihre Ausbildung ist jedoch mangelhaft. 1150 wird in Salerno/Italien die erste Schule für Medizin auf wissenschaftlicher Grundlage eingerichtet.
Viele der vermeintlichen Erfahrungen und Kenntnisse über medizinische Errungenschaften der Antike werden im Mittelalter ohne kritische Würdigung übernommen. So bleibt auch der Glaube an die magischen Heilkräfte der Edelsteine während des ganzen Mittelalters erhalten. Edle Steine werden als wirksame Heilmittel in der medizinischen Betreuung der Menschen eingesetzt. Jedem Stein sind ganz bestimmte Heilwirkungen zugeordnet, nicht nur medizinisch, sondern auch durch die Magie des Amuletts.
Steinbücher (sogenannte Lapidarien) sind im Mittelalter groß in Mode. Hildegard von Bingen (1098–1179), Äbtissin des Klosters Rupertsberg bei Bingen, veröffentlicht in mehreren Schriften Bedeutung, Handhabung und Wirkung der Edelsteine in der Medizin, inbesondere in ihrem Werk »De Lapidibus« von 1150.
Hildegard gibt auch eine Erklärung dafür, warum Edelsteine eine herausgehobene Stellung genießen und heilende Kräfte entfalten. Sie schreibt: »Jeder Edelstein hat Feuer und Feuchtigkeit in sich. Der Teufel schreckt vor den Edelsteinen zurück, haßt und verachtet sie, weil er nicht vergessen hat, daß ihre Zier an ihm selbst erstrahlte, bevor er aus seiner von Gott gegebenen Herrlichkeit herabstürzte; zudem, weil einige Edelsteine aus dem Feuer entstehen, in dem er selbst seine Strafe erleidet. Denn nach dem Willen Gottes ist er durch das Feuer besiegt worden und in das Feuer gestürzt, so,

wie er auch durch das Feuer des Heiligen Geistes überwunden wird, wenn immer die Menschen durch die Kraft des Anhauchs des Heiligen Geistes seinem Schlund entrissen werden.«
Im Steinebuch der Hildegard erfolgen genaue Anweisungen, wie mit Edelsteinen bei Krankheit zu verfahren ist. Beim Topas z. B. gilt folgende Regel: »Wer aussätzig ist, erwärme einen Ziegel kräftig, lege Spreu des Hafers darüber, so daß sie dampft und halte den Topas über jenen Dampf, bis er schwitzt, und streiche jene Ausdünstung über die von der Lepra befallene Stelle. Wenn er das getan hat, nehme er Olivenöl, vermische es mit einem Drittel Veilchensaft und salbe mit diesem Öl die von der Lepra befallene Stelle, die vorher mit der Ausdünstung des Topas benetzt worden war. Das wiederhole man häufig, und die Lepra wird aufbrechen, und es wird dem Menschen bessergehen, wenn nicht sein Tod eintritt.«

Während des ganzen Mittelalters werden die in den Steinbüchern empfohlenen Heilmethoden praktiziert. Es gibt in jener Zeit sogar Geschäfte, wo man edle Steine als Medikament kaufen kann.

Danach erfährt die Medizin durch naturwissenschaftliche Erkenntnisse allmählich eine Befreiung vom Althergebrachten, von Amulett und Aberglaube.

In der Gegenwart verzeichnet die Heilkunde mit Steinen wieder einen Zulauf. Die Esoterik, eine Lehre über die Hinwendung zu übersinnlichen Phänomenen, will – wie in der Antike und im Mittelalter – irgendwelche Kräfte bei den Edelsteinen erkennen. Die Naturwissenschaften unserer Hochschulen lehnen solche Strömungen ab, weil sie mit naturwissenschaftlichen Methoden nicht zu beweisen sind. Geschäftemacher dagegen pflegen die Ängste der Menschen und verkaufen Heilsteine, en bloc oder gepulvert, wie vor 600 Jahren im tiefsten Mittelalter. Natürlich können viele Krankheiten (insbesondere psychischer Art) durch einen starken Glauben, einen Glauben an religiöse Hoffnung ebenso wie an eigenes Wollen, gemildert oder sogar geheilt werden. Auch der Glaube an irgend etwas anderes (seien es edle Steine oder schöne Blumen) kann durch den sogenannten Placebo-Effekt (Schein-Effekt) echt hilfreich sein. Das sollte man nicht herabwürdigen. Wer in Not ist, klammert sich an jeden Strohhalm. Echte Steine können da nur Mittler sein, sie sind niemals Mittel einer Heilwirkung, denn sie besitzen in der Tat keine übersinnlichen Kräfte und vermitteln auch keine Beziehung zu überirdischen Dimensionen.

Titelseite des im 13. Jahrhundert publizierten Buches über Hildegard von Bingen (1098–1179) »Vita Hildegardis«, Äbtissin des Klosters Rupertsberg bei Bingen.

Gebet und Amulett

In allen Hochreligionen gibt es Reihengebete. Das wiederholende Abbeten eines gleichen Textes führt zu einer Bekräftigung des Gebets, aber auch zu einem magischen Verlangen. Dementsprechend sind die Zählschnüre, in der katholischen Konfession der Rosenkranz, nicht nur praktisches Werkzeug für die folgerichtige Anreihung der Gebetsformeln und ein Zeichen des gläubigen Menschen, sondern auch amulettartiger Gegenstand, der vor Dämonen, Krankheiten und Unglücksfällen zu schützen vermag. Diese heilbringende Kraft der Zählschnur kann durch die Teilnahme an Wallfahrten, den Besuch heiliger Orte und besonders durch Berühren von Heiligtümern gesichert und sogar gesteigert werden. Eine geradezu außergewöhnliche Wirksamkeit tritt ein, wenn die Zählschnurperlen aus amulettträchtigen Materialien wie Lapislazuli, Heliotrop, Karneol und anderen Edelsteinen bestehen.

Der heute gebräuchliche Typ des Rosenkranzes mit der Zehner- und der Fünferunterteilung und einem Gehänge entstand im Spätmittelalter.

Bildhafte Anweisung, wie mit Blutstein das Nasenbluten gestillt werden kann. Hortus Sanitatis, 1507.

Ausführliche Gebrauchsanweisung, wie mit Hilfe des Blutsteins alle Arten von Blutungen gestillt werden können. Hortus Sanitatis, 1509.

Im 16. und 17. Jahrhundert ist die Furcht vor dem »bösen Blick«, ein weltweit verbreiteter Glaube an den Schaden stiftenden Blick des menschlichen Auges, bis in die Paläste des herrschenden Adels vorgedrungen. Amulette in Form eines Unterarms mit typischer Faust und einer Abwehrstellung der Finger gelten als wirksames Verteidigungsmittel, insbesondere dann, wenn sie auch noch kirchlich gebilligt oder sogar gesegnet sind. Werkstoff für die kunstvoll geschnitzten Amulette sind Koralle oder Elfenbein.

Symbolsteine

Weil die Edelsteine auf Grund ihrer Seltenheit und der besonderen Eigenschaften immer eine Vorrangstellung genossen, glauben viele – heute wie zur Zeit der Antike – an überirdische Kräfte der Edelsteine im wahrsten Sinn, an eine Beziehung zu den höheren Sphären, insbesondere zu den Gestirnen, und dementsprechend an eine Verbindung von Mensch, Edelstein und den Himmelskörpern.

So lag es nahe, daß man bestimmte Edelsteine den Tierkreis-Sternbildern zuordnete. Daraus ergaben sich dann die Geburtssteine, d. h. Edelsteine, die für den in einem bestimmten Tierkreis

Freie Übersetzung des nebenstehenden Textes (ab 6. Zeile von oben).

. . . Diesen Stein in die Hand genommen, so die Nase blutet, stillet das Bluten in der Nase. Diesen Stein gepulvert und gemischt mit Täschelkrautsaft, und dies in die Nasenlöcher gestrichen, benimmt das Bluten daraus. Wer Blut speit, der nehme dieses Steinpulver, gemischt mit Rosenwasser und dazu Gummiarabikum, und daraus Pillen gemacht. Diese Pillen geschluckt, benimmt das Blutspeien. Wer den Blutgang hat, der nehme Eiweiß mit Essig und zwei Lot Rosenöl, ein Lot Pulver von diesem Stein und laß dies unten ein mit einem Klistier; es hilft. Für den Ausfluß, genannt Menstruation, nützt dieses Pulver mit Wegerichsaft. Es stopft den weißen und den roten Ausfluß der Frauen. Für allen Ausfluß des Leibes, der Ursprung hat in Hitze und überflüssiger Feuchtigkeit, nutze diesen Stein, er stopft behende.

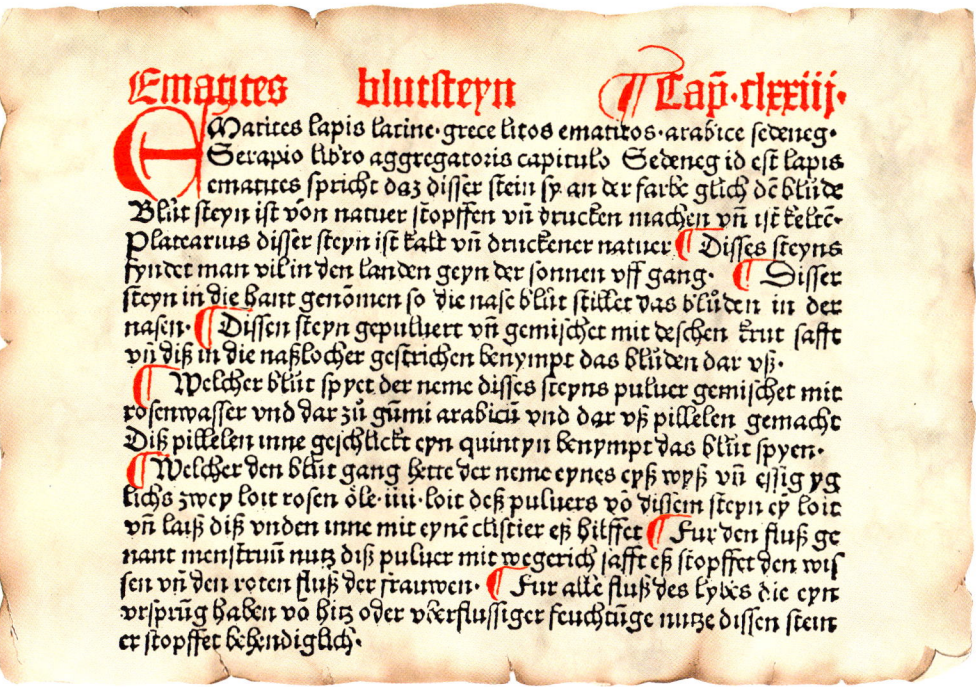

Geborenen zuständig sein sollten, ihn
begleiten und beschützen würden.
Durch Vereinfachung, vor allem durch
den Bezug zum Kalender, wurden aus
den Tierkreissteinen zusätzlich Monatssteine abgeleitet, die Glückssteine
für feste Kalenderzyklen.

Wer eine seelisch-geistige Beziehung
zu Sonne, Mond und den Planeten
sucht, dem helfen andere passende
Edelsteine, meinen Astrologen, eben
die Planetensteine.

Vielleicht hat die Hinwendung zu den
zwölf Tierkreissteinen eine gewisse
Wurzel in der Bibel. Dort werden im
Buch Exodus (28, 14–20) zwölf Edelsteine genannt, die der Hohepriester
auf seinem Brustschild trägt (s. S. 38),
und ebenso hören wir in der Offen-
barung des Johannes (21, 9–21) von zwölf
Edelsteinen im neuen Jerusalem, die
den Grundsteinen und den Toren der
Stadt wie auch den zwölf Aposteln zugeordnet werden. Hier stehen die Edelsteine in unmittelbarem Zusammenhang zu den überirdischen Sphären,
zur Herrlichkeit Gottes im Himmel und
damit zu den Gestirnen.

Im Lauf der Zeit hat die Zuordnung der
Edelsteine zu Epochen und Gestirnen
wiederholt gewechselt. Heute gibt es
ganz willkürlich zusammengestellte
Edelsteinreihen als sogenannte Tier-
kreis-, Monats- und Planetensteine,
wobei unter Mitwirkung von Händlern
und Juwelieren zur Verkaufsförderung
dieser Symbolsteine Doppel- und Drei-
fachnennungen die Regel sind.

Mittlerweile werden auch Jahreszei-
tensteine für Frühjahr, Sommer, Herbst
und Winter und sogar Steine für jeden
Wochentag vom Handel offeriert. Auch
einige Staaten identifizieren sich symbolartig mit Edelsteinen, die innerhalb
ihrer Grenzen gewonnen werden.

*Die beiden äußeren Rosenkränze bestehen
aus Lapislazuli, links eine Achatkamee,
rechts eine Smaragdkamee. Mittlerer Rosenkranz einschließlich Medaillon aus Heliotrop. Um 1820. Kunsthistorisches Museum,
Weltliche und Geistliche Schatzkammer,
Wien.*

*Korallenamulett mit der typischen
Fingerhaltung zur Abwehr des »bösen
Blicks«. 17. Jahrhundert. Länge 5 cm.
Schatzkammer der Residenz, München.*

Rechte Seite:
*Auswahl sogenannter Tierkreis-
und Monatssteine.*

Tierkreissteine

Widder
roter Jaspis / Karneol

Stier
oranger Karneol /
Rosenquarz

Zwillinge
Citrin / Tigerauge

Krebs
Chrysopras /
Aventurin

Löwe
Bergkristall /
Goldquarz

Jungfrau
Citrin / gelber Achat

Waage
oranger Citrin /
Rauchquarz

Skorpion
blutroter Karneol

Schütze
Saphir / Chalcedon

Steinbock
Onyx /
Quarzkatzenauge

Wassermann
Türkis / Falkenauge

Fische
Amethyst /
Amethystquarz

Monatssteine

Januar
Granat / Rosenquarz

Februar
Amethyst / Onyx

März
Turmalin / Blutjaspis

April
Saphir / Diamant /
Bergkristall

Mai
Smaragd /
Chrysopras

Juni
Perle / Mondstein

Juli
Rubin / Karneol

August
Onyx / Sardonyx

September
Peridot

Oktober
Aquamarin / Opal

November
Topas / Tigerauge

Dezember
Zirkon / Türkis

141

Vom Handel
Glücksritter, Händler, Konzerne

Der Handel mit edlen Steinen hat für viele einen exotischen Beigeschmack. Trotzdem sollte man edle Steine nicht von Straßen- und Strandverkäufern, sondern nur bei vertrauenswürdigen Kaufleuten erwerben.

Edle Steine üben schon immer eine Faszination aus, wecken das Bestreben, sie zu besitzen. Da die Verteilung der Fundstätten sehr ungleich ist, entwickelt sich bald ein Tausch mit edlen Steinen.
Die Anfänge des Edelsteinhandels liegen in prähistorischer Zeit. Sichere Kunde erfahren wir erstmals aus den Grabfunden der Sumerer im 4. Jahrtausend v. Chr. Edelsteine aus entlegenen Regionen sind im Schmuck und in Ritualgegenständen verarbeitet. Der blaue Lapislazuli z. B. weist auf die Handelsbeziehungen zu Afghanistan hin, 2500 km von den Ländern am Euphrat und Tigris entfernt. Von Mesopotamien führen die Handelswege auch noch weiter, nach Ägypten.
Lapislazuli ist insofern ein guter »Wegweiser«, da die einzigen Lagerstätten der Antike wie schon in der Zeit davor nur in Afghanistan zu finden sind.
Karneol beziehen die Sumerer, Babylonier und Ägypter aus Indien und Kleinasien, Türkis von der Halbinsel Sinai und aus Persien.
Auch Bernstein geht weite Wege. Lange vor der Zeitenwende gelangt er von der Ostsee bis in den Mittelmeerraum.

In Gegenrichtung wandern Korallen zu den Kelten nach Zentraleuropa.
In den Weiten des chinesischen Raums gibt es schon um 2500 v. Chr. einen regelrechten Perlenhandel. Der Gebrauch von Jade und Türkis läßt sich bis ins 13. Jahrhundert v. Chr. zurückverfolgen.
Ein Edelsteintransfer besonderer Art wird durch Kriegszüge bewirkt. Geplünderte Schatztruhen und geraubter Körperschmuck bestätigen die damals kaum glaubhaften Berichte von unermeßlichen Schätzen orientalischer Fürsten. Die von Alexander d. Gr. (336–323 v. Chr.) bis nach Indien getragenen Eroberungskriege bringen unmittelbaren Kontakt mit dem Dorado der Edelsteine. Sie lösen eine erhöhte Nachfrage nach Edelsteinen bei den Völkern des Mittelmeerraumes aus. Welche Bedeutung Indien als Edelsteinlieferant früher hatte, läßt sich von vielen Edelsteinnamen, die auf indische Sprachwurzeln zurückgehen, ablesen.
Erste mehr oder weniger zuverlässige Berichte über Edelsteinvorkommen in Asien liefert der Venezianer Marco Polo, der von 1271–1295 den Vorderen Orient, Innerasien und China bereist. Direkte Auswirkungen auf den Edelsteinhandel haben seine Hinweise wohl nicht. Man hält sie für Phantastereien, wie man überhaupt lange Zeit seinen Berichten keinen Glauben schenkt.
Über den Edelsteinhandel in Amerika in präkolumbianischer Zeit haben wir keine chronologisch gesicherten Kenntnisse. So viel steht aber fest, daß sowohl die Inkas als auch die Mayas und die Azteken kolumbianische Smaragde für Kultgegenstände benutzten, daß die Edelsteine über ganz Amerika gehandelt wurden. Ebenso haben Jade und Türkis eine Vorzugsstellung bei der Schmuckverarbeitung. Interessant ist bei den indianischen Hochkulturen die vielseitige Verwendung von Edelsteinen, um Teile des Kopfes zu verzie-

Geschäft eines Edelsteinschleifers im Mittelalter. Miniatur aus dem Lapidarium von Jean de Mandeville um die Mitte des 14. Jahrhunderts. Nationalbibliothek, Paris.

ren. Es werden nicht nur Ohrgehänge, Nasenclips und Lippenstücke, sondern auch Masken gefertigt, die aus einem Stück in Jade geschnitten oder als Türkismosaik zusammengefügt sind. Die Olmekenkultur zeigt, wie schon vor dreitausend Jahren ein hoch entwickeltes Handwerk die Edelsteine kunstvoll zu nutzen verstand.

Während des Mittelalters wird das Bedürfnis an Edelsteinen in Europa teilweise aus heimischen Lagerstätten, sicherlich auch zu einem nicht unwesentlichen Teil durch die Kreuzzüge befriedigt. Es interessiert sich sowieso nur eine kleine Gruppe der Bevölkerung für edle Steine. Das sind die Herrscherhäuser, der gehobene Adel und vor allem die Kirche. Dem Bürgertum ist in der frühen Zeit das Tragen von Gold und edlen Steinen verboten, die Landbevölkerung darf sich überhaupt nicht schmücken.

Zwar kann man im Mittelalter mancherorts in Geschäften Edelsteine kaufen, aber nur als Amulett, für Heilzwecke oder pulverisiert als Medizin. Mit der Renaissance setzt im 16. Jahrhundert plötzlich ein großes Interesse für edle Steine ein. In ganz Europa beginnt eine breite Entfaltung der Schmuckproduktion. Edle Steine wer-

Schah Jahan (1627–1658) auf dem sagenumwobenen, sogenannten Pfauenthron, dem prunkvollsten Edelsteinschatz aller Mogule. Reich besetzt mit Diamanten, Rubinen, Smaragden, Saphiren und Perlen, gilt der Pfauenthron als Symbol für unermeßlichen Reichtum. Victoria- und -Albert-Museum, London.

Jean-Baptiste Tavernier, der als erster Europäer die märchenhaften Schätze indischer Großmogule betrachten konnte, in einer Abbildung, die seiner Reisebeschreibung von 1679 beigefügt ist.

den nicht nur über die Grenzen hinweg gehandelt, es wandern auch die Künstler der Steinschneidekunst in andere Länder.

Sicherlich ist die Prunksucht der Fürsten ein Anstoß für diesen Boom, aber ebenso sind es die reich gewordenen Patriziergeschlechter und auch das überall aufstrebende Bürgertum, die mit Schmuck Wohlstand demonstrieren, im Schmuck ein Statussymbol sehen.

Mit Jean-Baptiste Tavernier, einem französischen Kaufmann und Juwelier, beginnt eine neue Ära im Edelsteinhandel. Tavernier reist zwischen 1631 und 1668 wiederholt nach Persien und Indien, kauft dort Edelsteine direkt, um sie in Europa weiterzuveräußern. So

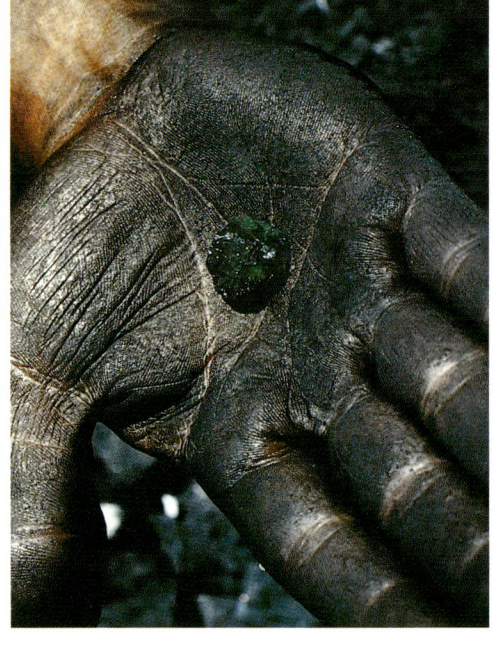

Schatzsucher. *Im flachen Bett des Río Itoco, einem kleinen Nebenfluß im Muzo-Tal der kolumbianischen Anden, durchwühlen »guaqueros« (die Schatzsucher) zum soundsovielten Male den von den Bergen heruntergestürzten Schutt nach Smaragden. Die von Baggern der Smaragdminen oberhalb des Flusses abgekippten bitumenhaltigen Tonschiefer färben das Wasser des Río Itoco öligblau, bringen aber auch immer einen kleinen Nachschub von Smaragden.*
Nachts, wenn die Wachmannschaften der Sperrzone keinen »Überblick« haben, gehen viele der guaqueros in den Minenbezirk, um die smaragdführenden Calcitadern abzubauen.

Der Fund. *Nur ganz wenigen gelingt nach monatelangem Schürfen ein solcher Fund: ein glitzernder, schleifwürdiger Smaragd von der Größe eines Fingernagels. Er verheißt Hoffnung und spornt an weiterzugraben, bis der Erlös für den Fund aufgebraucht ist. Schürfen nach edlen Steinen ist wie eine Droge, ein Kreislauf in Armut. Nur wenige haben die Kraft, diesen Teufelskreis zu durchbrechen, mit einem bescheidenen Wohlstand die unwirtliche Gegend zu verlassen.*

erwirbt er neben 20 anderen großen Diamanten einen blauen Diamant von 112 Karat, den er Ludwig XIV. von Frankreich verkauft. Aus diesem Diamant geht nach zweimaligem Umschleifen wahrscheinlich der sagenumwobene Hope-Diamant (s. S. 66) hervor.
Tavernier kann als erster Europäer auch die immensen Edelsteinschätze des Großmoguls Aurangzeb in Delhi bewundern. Durch ihn lernen wir die größten Diamanten erstmals kennen. Tavernier darf von ihnen Zeichnungen anfertigen und viele Steine wiegen. Während Tavernier den Edelsteinhandel mit dem Orient belebt, kommen gleichzeitig ganze Schiffsladungen voller Edelmetalle, viele Kunstschätze sowie Edelsteine aus Amerika nach Europa.

Campos Verde. *Eine Smaragdgräbersiedlung im Staat Goias/ Brasilien 1987. Ein Teil der Bewohner arbeitet in einem festen Lohn- oder Beteiligungsverhältnis in den Minen, andere probieren ihr Glück als Selbständige, indem sie von den Minenbesitzern schubkarrenweise Schürfmaterial kaufen, aufbereiten und nach Smaragden durchsuchen.*
Die sozialen Unterschiede sind groß. Bei einigen steht die Fernsehantenne auf dem Dach, bei den meisten Familien aber müssen Frauen und Kinder mitarbeiten, die vom Muttergestein umschlossenen Smaragde freizuklopfen, um das Leben zu fristen.

Seitdem hat sich der Edelsteinhandel weltweit zu einem bedeutenden Wirtschaftsfaktor entwickelt.

Glücksritter und Schmuggelware

Gold und Edelsteine haben so manche Hoffnung geweckt, durch einen Glücksfund schnell reich zu werden. Immer wenn irgendwo die Kunde von einem Sensationsfund die Runde machte, kamen früher Massen ins Land, um das eigene Glück zu suchen. Landbesitz und Eigentumsverhältnisse wurden dabei wenig beachtet.

Das ist heute anders geworden. Die Ländereien sind verteilt, jedes Stück hat einen Eigentümer. Auch die Einwanderung ist erschwert. Für die meisten Staaten braucht man eine Genehmigung zur Einreise.

So wie die Edelsteinsuche in Wirklichkeit nie romantisch, sondern immer harte und schwere Arbeit war, so ist sie auch gegenwärtig ein rauhes Geschäft. Die meisten »digger« (wie sie in Südafrika heißen) oder die »garimpeiros« (wie man sie in Brasilien nennt) sind trotz ihres »freien Unternehmertums« in irgendwelcher Abhängigkeit.

In Südafrika dürfen sie ihre Diamantenfunde nicht einfach behalten oder gar außer Landes bringen, sie müssen die Diamanten an bestimmte Organisationen, die das alleinige Einkaufsrecht haben, zu festgelegten Preisen verkaufen. Das ist Landesgesetz.

Da Regierungen sich durch das Schürfen von Edelsteinen einen gewissen Geldsegen versprechen, nehmen sie mit mehr oder weniger großem Erfolg Einfluß auf das Edelsteingeschäft, sei es durch Lizenzvergabe, durch Ausfuhrgenehmigung oder durch den Betrieb der Minen in eigener Regie. Das führt bei Schürfern und Minenbesitzern naturgemäß zu Gedanken, solchen Kontrollen zu entgehen. Schmuggel und Diebstahl sind, wenn nur irgendmöglich, an der Tagesordnung. Der Ideenreichtum, die kleinen Stücke oder auch große Blöcke auf Umwegen zu transportieren, ist unendlich. Bei den Smaragdminen von Muzo in

Kolumbien sind illegales Schürfen und Diebstahl nicht ausrottbar. Weil die finanziellen Einnahmen für den Staat dadurch uninteressant geworden waren, wurden die einst verstaatlichten Minen wiederholt geschlossen. Jetzt werden sie von privaten Pächtern wieder ausgebeutet, geschützt durch hohe Zäune, bewacht von Staatspolizei. Eine echte Kontrolle ist trotzdem nicht möglich, die schlecht bezahlte Polizei sympathisiert mit den »guaqueros«.

Von Birma, wo der Staat beim Jadeexport hohe Steuern auferlegt, werden sogar große Jadeblöcke auf den Rücken von Mauleseln und Ochsen wie auch mit Schmugglerbooten außer Landes gebracht, um schließlich in die Werkstätten von Hongkong und Kanton, aber

auch nach Japan und Europa zu gelangen.

In vielen Staaten werden die Schürfgebiete zunehmend zu Sperrzonen für den Normalverkehr erklärt und durch hohe Sicherheitszäune und Wachtürme geschützt.

Am sichersten sind die Diamantminen. Wegen des geordneten Abbaus und der Kapitalstärke der Unternehmer können modernste Geräte und Fahrzeuge zur Kontrolle eingesetzt werden. Diamantminen sind so abgeschlossen, daß Unbefugte das Gelände gar nicht betreten können. Vielfach bieten schon Wüsten und Meeresküsten natürliche Barrieren, häufig umgrenzen hohe, bewachte Zäune den Minenbezirk. Schiffe kontrollieren von See, Hubschrauber in der Luft. Die Minenarbeiter haben monatelang keinen direkten Kontakt mit der Außenwelt, als Ausgleich aber dann viele Wochen Urlaub.

Ein Vermögen. *Im Taschentuch bietet ein Smaragdschürfer von Muzo in Kolumbien sein ganzes Vermögen an, die Ausbeute einer mühevollen Arbeit.*

Straßenverkauf. *Inmitten der Smaragdgräbersiedlung Campos Verde (Goias/Brasilien) werden Rohsmaragde auf Tischen zum Kauf angeboten. Es braucht viel Sachverstand und ein scharfes Auge zu erkennen, welche Ware schleifwürdig und von guter Qualität ist. Nur ein kleiner Teil dieser hier ausgelegten Steine ist für Schmuckzwecke wirklich geeignet.*

Nachlese. »Kanesema« (Edelstein-
wäscherinnen) durchsuchen das zurück-
gelassene Waschgut nach Edelsteinen (vor
allem Rubinen), nachdem der Minenbesitzer
seine Auslese beendet hat. Bei solchen Nach-
lesearbeiten helfen auch Kinder mit. Man
gewinnt so ein kleines Zubrot zum dürftigen
Lohn der in den Minen arbeitenden Männer.
Birma.

Das Syndikat

Während alle anderen Edelsteine von
mehr oder weniger großen (kleinen)
Kleinunternehmen geschürft und vertrieben werden, herrschen beim Diamant die Großbetriebe nicht nur bei
der Produktion, sondern auch im Handel vor.

Mittlerweile wird der Diamanthandel
der Welt zu etwa 80 % von einigen wenigen, miteinander verbundenen Unternehmen geleitet bzw. kontrolliert,
insbesondere von der »Diamond Corporation« und von »De Beers Consolidated Mines Limited«. Sie sind Teil
eines Konzerns, der Diamantproduk-

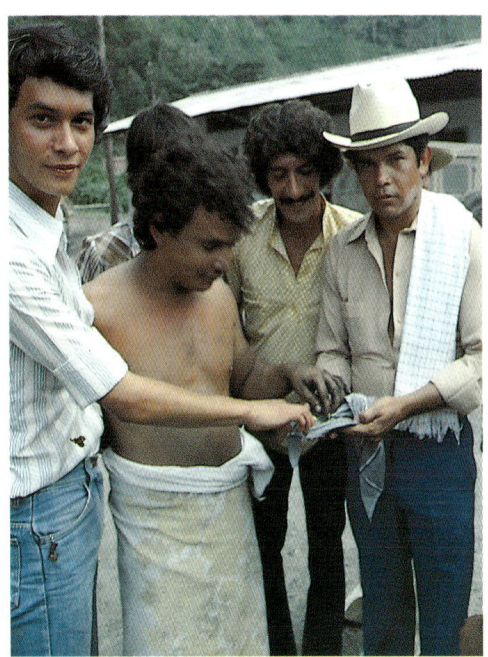

Gefährliches Leben. Die Aufkäufer der
Smaragde (die »esmeralderos«) leben
gefährlich. Sie zahlen den Verkäufern wenig.
Das ist die eine Gefährdung ihrer selbst. Auf
der anderen Seite müssen sie das Risiko
einkalkulieren, von Räubern und Mördern
aufgelauert zu werden, bevor sie nach
Wildnis und unwegsamem Gelände einen
sicheren Ort erreicht haben. Goias/Brasilien.

tionsfirmen, Verkaufsgesellschaften
und Handelsvereinigungen umfaßt.
Hauptsitz der Gesellschaft ist London.
In Fachkreisen spricht man vom »Dia-
mantensyndikat«, kurz vom »Syndikat«
oder von »De Beers«.
Die Anfänge zu diesem Mammutunter-
nehmen gehen auf Cecil John Rhodes
zurück (s. S. 63). Er kauft mit Hilfe englischer Banken viele Anteile der inzwischen etablierten Diamant-Aktienge-
sellschaften in Südafrika nach und
nach auf und beherrscht bald eine
ganze Pipe-Lagerstätte, die De Beers-
Mine. Der wirkliche Grundstein für das
spätere Diamantimperium gelingt ihm
mit dem Erwerb der zentralen Claims
in der Kimberley-Mine. Der Scheck
über 5 338 650 Pfund, der diesen Ver-
trag besiegelt, ist zum Symbol des Diamantensyndikats geworden. Er kann
im »Club« von Kimberley (dem Klub-
haus des Syndikats), eingerahmt an der
Wand hängend, bestaunt werden.
Die organisatorische Weiterentwicklung zur Kontrolle auch neu erschlos-
sener Lagerstätten besorgt Ernest Oppenheimer. Er schafft die Grundlage
für das moderne Management eines
weltweit regierenden Imperiums.
Gewisse Probleme ergeben sich für De
Beers, als in den fünfziger Jahren große
Diamantfelder in Sibirien entdeckt
werden und die Sowjets in eigener Regie die Schmuckdiamanten im Westen
verkaufen wollen. Man arrangiert sich
aber bald zu beiderseitigem Vorteil.
Das Syndikat kontrolliert schließlich
auch die sibirische Produktion weitgehend. Ähnlich laufen die Dinge, als
1979 die Argyle-Pipe in Australien entdeckt wird. Innerhalb weniger Jahre
entwickelt sich Australien zum größten
Diamantproduzenten der Welt. Auch
hier kann De Beers eine Zusammen-
arbeit durchsetzen, nachdem die
Australier zunächst erwogen hatten,
unabhängig vom Syndikat ins Dia-
mantgeschäft einzutreten.
Auch in den schwarzafrikanischen
Ländern, wo ein Großteil der Diamantenproduktion aus verstaatlichten Minen stammt, bleibt De Beers weiterhin
im Diamanthandel führend.
Alle für Schmuckzwecke geeigneten
Diamanten gehen nach London, wer-

den hier einer strengen Qualitätskontrolle unterworfen und dann zu Lots, den »Sights«, zusammengestellt. Nur etwa 300 dem Syndikat bekannte, seriöse und finanzstarke Diamantenhändler, die »Sightholders«, werden zum Kauf dieser Sortimente zu einem vom Syndikat festgesetzten Preis zehnmal im Jahr an bestimmten Tagen eingeladen. Der Wert eines »Sights« liegt zwischen 200 000 Dollar und 20 Millionen Dollar. Sofortzahlung ist Pflicht. Der Einkäufer muß das ganze Sortiment übernehmen. Teilung gibt es nicht. Bei Nichtgefallen kann der Sightholder ablehnen – aber nur einmal. Dann wird er nicht mehr bedient.
Die Verkaufsorganisation von De Beers, die Central Selling Organization (CSO), liefert nur Rohdiamanten, keine geschliffene Ware. Steine über 14 Karat sind von den Sights ausgenommen, sie werden gesondert angeboten. Industriediamanten gehen unmittelbar an Märkte und Großunternehmen.
Die Aufteilung der Sights und deren Weiterverkauf erfolgt auf den sogenannten Diamantbörsen (s. S. 151). Das Syndikat kontrolliert und beeinflußt durch sein Verkaufssystem die gesamte Preispalette der Diamanten. Ziel ist es, die Wertbeständigkeit der Diamanten zu erhalten. Tatsächlich haben Diamanten als Wertanlage alle politischen und wirtschaftlichen Stürme der letzten Jahrzehnte überlebt. Dadurch wurde nicht nur Kapital gesichert, sondern es blieben auch Millionen von Arbeitsplätzen, direkt oder indirekt mit dem Diamant verbunden, erhalten. Schließlich macht der Anteil der Diamantenproduktion über 90 % der gesamten Edelsteingewinnung aus. Gerade die Entwicklungsländer haben großen Vorteil beim Verkauf ihrer Diamanten an die CSO. Sie erhalten eine Garantie, daß alle, auch die weniger guten Steine abgenommen werden, daß sie dadurch mit festen Einnahmen rechnen können und daß sie keine aufwendige Verkaufsorganisation (deren

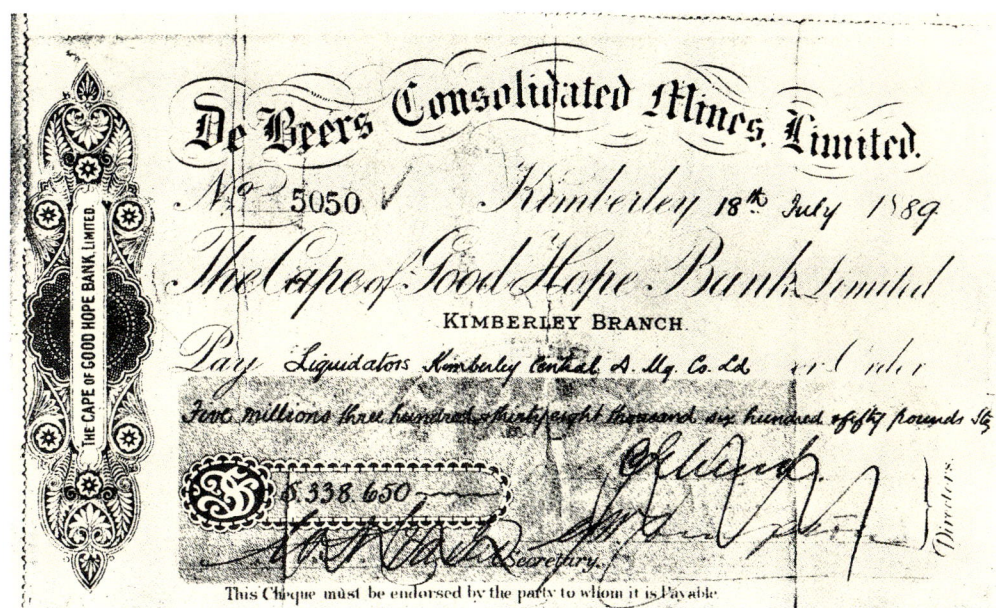

Dieser Scheck über 5 338 650 Pfund, mit dem Cecil Rhodes die zentralen Claims der Kimberley-Mine in Südafrika erwarb, ist der eigentliche Grundstein für das Diamantenimperium.

Erfahrungen ihnen sowieso fehlen) benötigen. Außerdem führen die CSO umfangreiche und aufwendige Werbekampagnen für den Verkauf von Diamanten weltweit durch. 1990 betrug der durch die Central Selling Organization abgewickelte Verkaufswert an Schmuck- und Industriediamanten 4,160 Milliarden Dollar.

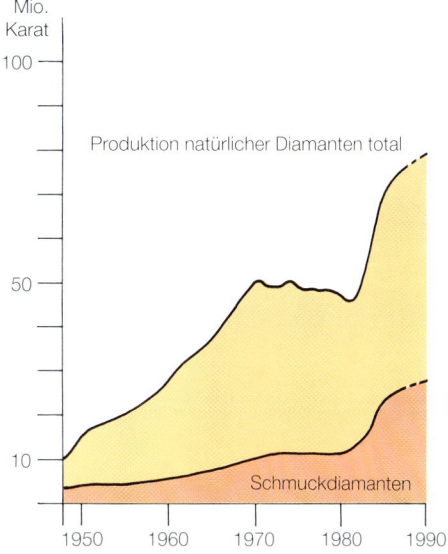

Die gesamte Diamantenproduktion der Welt und der Anteil an Schmuckdiamanten.

Diamantbewertung

Bei der Qualitätsbewertung der Schmuckdiamanten werden Farbe (Colour), Reinheit (Clarity), Schliff (Cut) und Gewicht (Carat) berücksichtigt. Vier »C« machen den Wert eines Diamanten aus.
Insgesamt gibt es etwa 5000 Qualitätsstufen für die Bewertung von Farbe, Reinheit und Schliff. An die 600 Sortierer besorgen bei De Beers in London diese Arbeit, unterstützt von modernsten Instrumenten und Geräten.

Farbgraduierung (s. Tabelle S. 149). Diamanten gibt es in allen Farben. Am häufigsten sind schwach gelbliche Farbtöne. Die farblosen und die gelblichen Diamanten werden bei der Graduierung zusammen beurteilt. Die seltenen vollen Farben (rot, gelb, braun, grün, blau und purpur) gelten als »Phantasiefarben« (fancy diamonds); sie werden gesondert bewertet und einzeln angeboten. Sie erbringen Liebhaberpreise.
Größere Steine vermitteln stärkere Farbtiefe als kleine. Bei den feinsten Sorten erkennt nur der geübte Fachmann unterschiedliche Qualitäten. Dem Laien erscheinen diese Diamanten sowieso alle farblos.
Der Anteil von River liegt unter 1 % aller Schmuckdiamanten, Top Wesselton ist mit etwa 5 % vertreten, Wesselton mit 10 %.

Die Namen der Qualitätsstufen sind aus der Historie zu verstehen. In der Anfangszeit des südafrikanischen Diamantenrausches glaubte man, daß die Diamanten der »river diggings« (danach River), der Flußseifen, eine besonders gute Qualität hätten, die Steine der »Wesselton-Mine« (danach Wesselton) ebenso überdurchschnittlich wären. Als mittelmäßig erschienen Diamanten, wenn sie eine Farbe wie das »Kristallglas« (demnach Crystal) hätten. Einige Händler hielten früher die im Kapland (danach Cape) Süd-afrikas gewonnenen Diamanten für minderwertig im Vergleich mit den brasilianischen Steinen.

Diese Meinungen haben sich selbst überlebt, die danach geprägten Begriffe allerdings bleiben als Fachbezeichnungen in der internationalen Nomenklatur erhalten.

Um jede subjektive Qualitätsbeurteilung bei der Farbgraduierung möglichst einzuschränken, verwendet man sogenannte Diamantphotometer und genormte diamantene Vergleichssätze für eine visuelle Klassifizierung.

Jeder der hier angesammelten Diamanten wird von den Sortierern bei De Beers einer der 5000 Qualitätsstufen zugeordnet.

Reinheitsgraduierung (s. neben-
stehende Tabelle). In den Diamant ein-
geschlossene Mineralien, Risse und
Wachstumsspuren beeinträchtigen die
Reinheit und damit Güte der Lichtbrechung, des Feuers und der Brillanz. Sie
werden zusammenfassend als »Einschlüsse« (»inclusion«) bezeichnet.
Früher wurden sie auch »Fehler« oder
»Kohle« genannt. Heute vermeidet man
diese Begriffe, da sie in den Augen der
Kunden eine Abwertung bedeuten. In
Wirklichkeit sind diese kleinen Mängel
ja auch gar keine Fehler, sondern na-
turgegebene Erscheinungen, die der
Laie sowieso kaum merkt.
Als lupenrein gelten geschliffene Diamanten, die bei zehnfacher Vergrößerung mit einer Lupe keine Einschlüsse
erkennen lassen. Die bei noch stärke-
rer Vergrößerung etwa festgestellten
Einschlüsse werden bei der Graduierung der Diamanten nicht berücksichtigt.

Schliffgraduierung (s. nebenstehen-
de Tabelle). Bei der Schliffgraduierung
werden Schliffform und Schlifftyp, Proportionen und Symmetrien sowie
äußere Merkmale berücksichtigt.
Als Idealbrillant gelten in Deutschland
der »Feinschliff-Brillant« (s. S. 36),
in Nordeuropa der »Skandinavische
Standard-Brillant«, in den USA der
»Tolkowsky-Brillant«.
Ein unterstützendes Gerät zur Beurtei-
lung vieler Einzelqualitäten am geschliffenen Diamant ist das 1967 in den
USA entwickelte »Proportion Scope«.
Mit ihm kann die von der Norm abwei-
chenden Maße zahlenmäßig erfaßt
werden.

*Mit dem Proportion Scope können Abwei-
chungen des Schliffs vom Idealbrillant
zahlenmäßig erfaßt werden. Der zu prüfende
Stein wird dabei als Schattenbild auf die mit
einer Graphik ausgestattete Mattscheibe
geworfen. Unten eine auswechselbare Mattscheibe für einen anderen Idealbrillanten.*

Farbgraduierung

Internationaler Begriff	Deutsche Entsprechung	Definition
River Top Wesselton Wesselton	Blauweiß Feines Weiß Weiß	Diamanten dieser Farbgrade erscheinen durch die Tafel betrachtet dem Auge des durchschnittlich geübten Fachmannes als farblos.
Top Crystal Crystal	Schwach getöntes Weiß Getöntes Weiß	Kleine Diamanten dieser Farbgrade erscheinen durch die Tafel betrachtet dem Auge des durchschnittlich geübten Fachmannes als farblos; größere – etwa über 0,20 ct – zeigen die Andeutung einer Farbsättigung.
Top Cape Cape Light Yellow Yellow	Schwach Gelblich Gelblich Schwach Gelb Gelb	Diamanten dieser Farbgrade erscheinen als mit einer Farbsättigung zunehmender Intensität behaftet.

Reinheitsgraduierung

Internationaler Begriff	Deutsche Entsprechung	Definition
Internally flawless IF	Lupenrein	Bei zehnfacher Vergrößerung frei von inneren Merkmalen.
Very very schmall inclusions VVS	Sehr, sehr kleine Einschlüsse	Wenige sehr, sehr kleine Einschlüsse, bei zehnfacher Vergrößerung schwer zu erkennen.
Very small inclusion VS	Sehr kleine Einschlüsse	Einige sehr kleine Einschlüsse, für den durchschnittlich geübten Fachmann bei zehnfacher Vergrößerung zu erkennen.
Small inclusions SI,	Kleine Einschlüsse	Mehrere kleine Einschlüsse, bei zehnfacher Vergrößerung leicht zu erkennen.
1st pique (1. Piqué) P 1	Deutliche Einschlüsse	Einschlüsse, die bei zehnfacher Vergrößerung sofort erkennbar sind, aber die Brillanz nicht mindern.
2nd pique (2. Piqué) P 2	Größere Einschlüsse	Größere und/oder zahlreiche Einschlüsse, die Brillanz nur schwach mindernd. Mit bloßem Auge erkennbar.
3rd pique (3. Piqué) P 3	Grobe Einschlüsse	Große und/oder zahlreiche Einschlüsse, die Brillanz erheblich mindernd.

Schliffgraduierung

Benennung	Definition
Sehr gut (Very good)	Hervorragende Brillanz. Wenige und nur geringfügige äußere Merkmale.
Gut (Good)	Gute Brillanz. Einige äußere Merkmale.
Mittel (Medium)	Brillanz gemindert. Mehrere größere äußere Merkmale.
Gering (Poor)	Brillanz erheblich gemindert. Große und/oder zahlreiche äußere Merkmale.

Früchte des Johannisbrotbaums und deren Kerne, die früher als Wiegeeinheit beim Edelsteinhandel galten.

Bei der Mineralienbörse von Tucson in Arizona/USA, der größten Börse diese Art überhaupt, sind nicht nur alle großen Hallen, die Hotels und die einschlägigen Geschäfte einbezogen, sondern auch Garagen, Tankstellen, Parkplätze und sogar die Ausfallstraßen dienen als Standfläche für Mineralienhändler.

Die Gewichte im Edelsteinhandel

Die Gewichtseinheit im Edelsteinhandel ist seit der Antike das Karat (Carat), als Maß ct geschrieben. Der Name geht vielleicht auf ein Samenkorn des afrikanischen Korallenbaums (»kuare«) oder auf einen Fruchtkern des Johannisbrotbaums (arabisch »kirat«, griech. »keration«) zurück. Das durchschnittliche Gewicht der Samenkörner beider Baumarten liegt bei 0,197–0,205 g. Ab 1907 wird sowohl in Europa als auch in Amerika das metrische Karat von 200 mg oder 0,2 g eingeführt. Davor waren die Karatgewichte an den großen Handelsplätzen etwas verschieden. Es schwankte zwischen 0,197 und 0,216 g. Deshalb liest man bei den Gewichtsangaben historisch bekannter Diamanten unter Umständen unterschiedliche Werte.

Die Unterteilung des Karats erfolgt in Bruchzahlen (z. B. $^1/_{10}$ ct) oder in Dezimalen mit zwei Stellen (z. B. 1,25 ct). Klein- und Kleinstdiamanten werden nach »Punkt« (engl. »point«) gewogen. Ein Punkt entspricht einem hundertstel Karat ($^1/_{100}$ ct. = 0,01 ct).

Das Karatgewicht der Edelsteine hat nichts mit der Karatzahl in der Goldschmiedezunft zu tun. Beim Gold ist Karat keine Gewichtseinheit, sondern eine Qualitätsbezeichnung. 1 Karat bedeutet hier ein Vierundzwanzigstel des gesamten Metallgewichts. Vierundzwanzigkarätiger Schmuck ist reines Gold. Ein achtzehnkarätiger Reif z. B. hat achtzehn Teile reines Gold und 6 Teile eines anderen Metalls. Also je höher die Karatzahl, desto mehr Gold ist im Schmuckstück vorhanden.

Bei weniger wertvollen Edelsteinen (wie z. B. Achat oder Malachit) wird, insbesondere bei der Rohware, nach Gramm abgerechnet.

Die Gewichtseinheit im Perlenhandel ist »Grain« (lat. »granum« = Korn) oder Karat. Ein Grain entspricht 0,05 Gramm oder 0,25 bzw. $^1/_4$ Karat. Grain wird im Perlenhandel zunehmend durch Karat ersetzt.

Börsen und edle Steine

Ähnlich den Börsen des Waren- und Effektenhandels gibt es auch im Diamantengeschäft regelmäßige Zusammenkünfte von Kaufleuten an bestimmten Orten, den Edelsteinbörsen. Im Unterschied zu den Börsen des Produkten- und des Geldhandels, wo lautes Gehabe und Hektik herrschen, geht es auf den Diamantbörsen ruhig und gelassen zu. Hier gibt es keine völlig

freie Marktsituation, die nur von Angebot und Nachfrage reguliert wird, denn die Central Selling Organization des Diamantensyndikats hat ja bei ihrem Verkauf der Sights gewisse Preise vorgegeben. Dementsprechend sind Diamantbörsen eigentlich mehr Verkaufsmärkte mit einem beschränkten Spielraum im Preisgebot.

Hier verkaufen die Sightholder die von De Beers erworbenen Rohdiamanten entsprechend der Nachfrage an Edelsteinschleifer, Juweliere oder auch an Zwischenhändler. Ebenso werden hier die von der Londoner Central Selling Organization nicht erfaßten Rohdiamanten wie auch geschliffene Ware angeboten. Zutritt zu diesen Börsen haben nur eingetragene Mitglieder.

Auf den Börsen haben alle Diamanten ihre »Nationalität« verloren. Es wird nicht gefragt, aus welchem Land sie stammen, es zählt nur die Qualität.

Die älteste Diamantbörse ist der sogenannte Diamantclub von Antwerpen. Er wurde 1893 ins Leben gerufen. Daneben gibt es noch drei weitere Diamantbörsen in Antwerpen. Diese Stadt ist das bedeutendste Handelszentrum der Welt für Diamanten. 70 % aller geschliffenen Diamanten werden in Antwerpen umgesetzt.

Insgesamt gibt es heute 19 Diamantbörsen. Sie sind in einem Weltverband mit gleichartigen, sehr strengen Satzungen zusammengeschlossen.

Von den vier Antwerpener Diamantbörsen ist der hier abgebildete Diamantclub am ältesten und am bedeutendsten.

In Deutschland gibt es nur eine Diamantbörse: in Idar-Oberstein/Rheinland-Pfalz. Sie ist gleichzeitig die einzige Börse, auf der auch andere Edelsteine gehandelt werden.

Neben diesen Diamant- und Edelsteinbörsen, die nur von Fachhändlern besucht werden dürfen, gibt es zu bestimmten Terminen in vielen Städten der Welt sogenannte Mineralienbörsen. Das sind keine Börsen im eigentlichen Sinn, sondern jedermann zugängliche Verkaufsmärkte.

Die größte dieser Art findet jährlich einmal in Tucson im Süden von Arizona/USA statt. Neben den von Sammlern begehrten Mineralstufen wird hier auch viel schleifbares Mineralmaterial angeboten. Zunehmend ist die Tendenz, ebenso geschliffene Edelsteine zu verkaufen.

Edle Steine in Zahlen

Name	Chemische Formel	Kristallsystem	Mohshärte	Spezif. Gewicht	Lichtbrechung	Doppelbrechung
Achat	SiO_2	trigonal	$6^1/_2$–7	2,60–2,65	1,544–1,553	0,009
Alexandrit	$Al_2[BeO_4]$	rhombisch	$8^1/_2$	3,72	1,746–1,755	0,009
Almandin	$Fe_2Al_2[SiO_4]_3$	kubisch	$7^1/_2$	3,95–4,32	1,78–1,830	keine
Amazonit	$K[AlSi_3O_8]$	triklin	6–$6^1/_2$	2,56–2,58	1,522–1,530	0,008
Amethyst	SiO_2	trigonal	7	2,63–2,65	1,544–1,553	0,009
Andradit	$Ca_3Fe_2[SiO_4]_3$	kubisch	$6^1/_2$–7	3,81–3,87	1,855–1,895	keine
Apatit	$Ca_5(F,Cl,OH)[PO_4]_3$	hexagonal	5	3,17–3,23	1,642–1,646	0,002–0,004
Aquamarin	$Al_2Be_3[Si_6O_{18}]$	hexagonal	$7^1/_2$–8	2,67–2,71	1,577–1,583	0,006
Aragonit	$CaCO3$	rhombisch	$3^1/_2$–4	2,94	1,530–1,685	0,155
Aventurin	SiO_2	trigonal	7	2,65	1,544–1,553	0,009
Azurit	$Cu_3[(OH)_2|(CO_3)_2]$	monoklin	$3^1/_2$–4	3,7–3,9	1,730–1,838	0,108
Bergkristall	SiO_2	trigonal	7	2,65	1,544–1,553	0,009
Bernstein	$C_{10}H_{16}O$	amorph	2–$2^1/_2$	1,05–1,09	1,54	keine
Calcit	$CaCO_5$	trigonal	3	2,71	1,486–1,658	0,172
Chalcedon	SiO_2	trigonal	$6^1/_2$–7	2,58–2,64	1,530–1,539	0,006
Charoit	$K(Ca,Na)_2[(OH,F)|Si_4O_{10}]\cdot H_2O$	monoklin	$5^1/_2$–6	2,54	1,550–1,559	0,009
Chrysoberyll	$Al_2[BeO_4]$	rhombisch	$8^1/_2$	3,70–3,72	1,744–1,755	0,011
Chrysokoll	$CuSiO_3\cdot 2H_2O$	unbekannt	2–4	2,00–2,40	1,460–1,570	0,010
Chrysopras	SiO_2	trigonal	$6^1/_2$–7	2,58–2,64	1,530–1,539	0,004
Citrin	SiO_2	trigonal	7	2,65	1,544–1,553	0,009
Cordierit	$Mg_2Al_3[AlSi_5O_{18}]$	rhombisch	7–$7^1/_2$	2,58–2,66	1,53–1,55	0,008–0,012
Demantoid	$Ca_3Fe_2[SiO_4]_3$	kubisch	$6^1/_2$–7	3,82–3,85	1,888–1,889	keine
Diamant	C	kubisch	10	3,47–3,55	2,417–2,419	keine
Djevalith	ZrO_2+CaO	kubisch	8–$8^1/_2$	5,60–5,71	2,15–2,20	keine
Edelberyll	$Al_2Be_3[Si_6O_{18}]$	hexagonal	$7^1/_2$–8	2,65–2,75	1,570–1,600	0,006–0,009
Elfenbein	$(Ca_3OH)_2(PO_4)_6Ca_4$	amorph	2–3	1,7–2,0	1,54	keine
Fabulit	$SrTiO_3$	kubisch	6–$6^1/_2$	5,13	2,40–2,42	keine
Fluorit	CaF_2	kubisch	4	3,18	1,434	keine
Gagat	Gestein	entfällt	$2^1/_2$–4	1,30–1,35	1,64–1,68	keine
Galliant	$Gd_3Ga_5O_{12}$	kubisch	$6^1/_2$	7,05	2,03	keine
Gipsspat	$CaSO_4\cdot 2H_2O$	monoklin	$1^1/_2$–2	2,2–2,4	1,520–1,530	0,010
Glas	Silicatschmelze	amorph	6–5	2,3–4,5	1,44–190	keine
Granat	$A_3B_2[RO_4]_3$	kubisch	$6^1/_2$–$7^1/_2$	3,40–4,32	1,714–1,889	keine
Grossular	$Ca_3Al_2[SiO_4]_3$	kubisch	7–$7^1/_2$	3,59–3,68	1,734–1,745	keine
Hämatit	Fe_2O_3	trigonal	$5^1/_2$–$6^1/_2$	4,95–5,16	2,94–3,22	0,28
Heliodor	$Al_2Be_3[Si_6O_{18}]$	hexagonal	$7^1/_2$–8	2,70	1,570–1,575	0,05
Heliotrop	SiO_2	trigonal	$6^1/_2$–7	2,58–2,64	1,530–1,539	etwa 0,006
Hiddenit	$LiAl[Si_2O_6]$	monoklin	$6^1/_2$–7	3,16–3,20	1,655–1,680	0,015
Holzstein	SiO_2	trigonal	$6^1/_2$–7	2,60–2,65	etwa 1,54	etwa 0,006
Jadeit	$NaAl[Si_2O_6]$	monoklin	$6^1/_2$–7	3,30–3,36	1,654–1,667	0,013
Jaspis	SiO_2	trigonal	$6^1/_2$–7	2,58–2,91	etwa 1,54	etwa 0,004
Karneol	SiO_2	trigonal	$6^1/_2$–7	2,58–2,64	1,530–1,539	etwa 0,006
Koralle	$CaCO_3$	trigonal	3–4	2,6–2,7	1,486–1,658	0,172
Kunzit	$LiAl[Si_2O_6]$	monoklin	$6^1/_2$–7	3,16–3,20	1,655–1,680	0,015
Labradorit	$Na[AlSi_3O_8]Ca[Al_2Si_2O_8]$	triklin	6–$6^1/_2$	2,69–2,70	1,560–1,568	0,008
Lapislazuli	$Na_8[Al_6Si_6O_{24}]S_2$	kubisch	5–6	2,4–2,9	etwa 1,50	keine

Name	Chemische Formel	Kristallsystem	Mohshärte	Spezif. Gewicht	Lichtbrechung	Doppelbrechung
Lasurit	$(Na,Ca)_8[(SO_4,S,Cl)_2\|(AlSiO_4)_6]$	kubisch	$5–5^1/_2$	2,38–2,45	etwa 150	keine
Linobat	$LiNbO_3$	trigonal	$5^1/_2$	4,64–4,66	2,20–2,28	0,071–0,107
Malachit	$Cu_2[(OH)_2\|CO_3]$	monoklin	$3^1/_2–4$	3,75–3,95	1,655–1,909	0,254
Melanit	$Ca_3Fe_2[SiO_4]_3$	kubisch	$6^1/_2–7$	3,81–3,87	1,855–1,895	keine
Moldavit	$SiO_2(+Al_2O_3)$	amorph	$5^1/_2$	2,32–2,38	1,48–1,50	keine
Mondstein	$K[AlSi_3O_8]$	monoklin	$6–6^1/_2$	2,56–2,62	1,520–1,525	0,005
Moosachat	SiO_2	trigonal	$6^1/_2–7$	2,58–2,62	1,54–1,55	0,006
Morganit	$Al_2Be_3[Si_6O_{18}]$	hexagonal	$7^1/_2–8$	2,82	1,585–1,594	0,009
Nephrit	$Ca_2(Mg,Fe)_5[(OH,F)\|Si_4O_{11}]_2$	monoklin	$6–6^1/_2$	2,90–3,02	1,600–1,627	0,027
Obsidian	Gestein	entfällt	$5–5^1/_2$	2,3–2,6	1,48–1,51	keine
Opal	$SiO_2 \cdot nH_2O$	amorph	$5^1/_2–6^1/_2$	1,98–2,50	1,44–1,46	keine
Peridot	$(Mg,Fe)_2SiO_4$	rhombisch	$6^1/_2–7$	3,27–3,37	1,654–1,690	0,036
Perle	$CaCO_3$+organ. Substanz + Wasser	nicht bestimmbar	3–4	2,60–2,78	1,52–1,69	0,157
Pyrit	FeS_2	kubisch	$6–6^1/_2$	5,0–5,2	über 1,81	keine
Pyrop	$Mg_3Al_2[SiO_4]_3$	kubisch	$7–7^1/_2$	3,58–3,80	1,714–1,760	keine
Quarz	SiO_2	trigonal	7	2,65	1,544–1,553	0,009
Rauchquarz	SiO_2	trigonal	7	2,65	1,544–1,553	0,009
Rhodochrosit	$MnCO_3$	trigonal	4	3,30–3,70	1,600–1,820	0,22
Rhodonit	$CaMn_4[Si_5O_{15}]$	triklin	$5^1/_2–6^1/_2$	3,40–3,70	1,733–1,744	0,011
Rosenquarz	SiO_2	trigonal	7	2,65	1,544–1,553	0,009
Rubin	Al_2O_3	trigonal	9	3,97–4,05	1,766–1,774	0,008
Rutil	TiO_2	tetragonal	$6–6^1/_2$	4,20–4,30	2,616–2,903	0,287
Saphir	Al_2O_3	trigonal	9	3,99–4,00	1,766–1,774	0,008
Serpentin	$Mg_6[(OH)_8\|Si_4O_{10}]$	monoklin	$2–5^1/_2$	2,4–2,8	1,560–1,571	0,011
Smaragd	$Al_2Be_3[Si_6O_{18}]$	hexagonal	$7^1/_2–8$	2,67–2,78	1,576–1,582	0,006
Smithsonit	$ZnCO_3$	trigonal	5	4,3–4,5	1,621–1,849	0,228
Sodalith	$Na_8[Cl_2Al_6Si_6O_{24}]$	kubisch	$5^1/_2–6$	2,13–2,29	1,48	keine
Sonnenstein	$Na[AlSi_3O_8\|Ca[Al_2Si_2O_8]$	triklin	$6–6^1/_2$	2,62–2,65	1,532–1,542	0,010
Spessartin	$Mn_3Al_2[SiO_4]_3$	kubisch	$7–7^1/_2$	4,12–4,20	1,795–1,815	keine
Spinell	$Mg[Al_2O_4]$	kubisch	8	3,58–3,61	1,712–1,736	keine
Tansanit	$Ca_2Al_3[O\|OH\|SiO_4\|Si_2O_7]$	rhombisch	$6^1/_2–7$	3,35	1,691–1,700	0,009
Thulit	$Ca_2Al_3[O\|OH\|SiO_4\|Si_2O_7]$	rhombisch	$6^1/_2–7$	3,35	1,691–1,700	0,009
Tigerauge	SiO_2	trigonal	7	2,64–2,71	1,544–1,553	0,009
Titanit	$CaTi[O\|SiO_4]$	monoklin	$5–5^1/_2$	3,52–3,54	1,885–2,050	0,105–0,135
Topas	$Al_2[SiO_4](F,OH)_2$	rhombisch	8	3,53–3,56	1,610–1,638	0,008–0,010
Türkis	$CuAl_6[(OH)_2\|PO_4]_4 \cdot 4H_2O$	triklin	5–6	2,60–2,80	1,61–1,65	0,04
Tugtupit	$Na_8[Cl_2\|(BeAlSi_4O_{12})_2]$	tetragonal	6	2,36–2,57	1,496–1,502	0,006
Turmalin	$(Na,Li,Ca)(Fe,Mg,Mn,Al)_3 Al_6[(OH)_4\|(BO_3)_3\|Si_6O_{18}]$	trigonal	$7–7^1/_2$	3,02–3,26	1,616–1,652	0,014–0,044
Uwarowit	$Ca_3Cr_2[SiO_4]_3$	kubisch	$7^1/_2$	3,41–3,52	etwa 1,87	keine
Variscit	$AlPO_4 \cdot 2H_2O$	rhombisch	4–5	2,4–2,6	1,55–1,59	0,010
Verdit	Gestein	entfällt	3	2,80–2,99	1,580	keine
YAG	$Y_3Al_5O_{12}$	kubisch	8	4,6	1,833	keine
Zirkon	$Zr[SiO_4]$	tetragonal	$6^1/_2–7^1/_2$	3,90–4,71	1,777–1,987	0,059
Zirkonia	$ZrO_2+Y_2O_3$	kubisch	$8^1/_2$	5,5–5,9	2,088–2,176	keine

Glossar

Absorptionsspektrum In Spektralfarben auseinandergezogenes Band des Lichts, das aus farbigen Edelsteinen austritt. Die meisten Edelsteine zeigen ein für sie charakteristisches Verhalten gegenüber der Absorption.

Ader Kleiner Gang.

Aggregat Regellos verwachsene Mineralgebilde.

Agraffe Als Schmuckstück dienende Spange oder Schnalle.

amorph Bezeichnung für ein Mineral oder andere Stoffe, die kein Kristallgitter besitzen, d. h. ohne innere gesetzmäßige Ordnung sind.

Asterismus Sternförmige Lichtstreifen bei mugelig geschliffenen Edelsteinen (s. auch S. 25 und 26).

Basalt Dunkles vulkanisches Gestein.

Bleiglas Glas mit hohem Bleioxidgehalt, hohem Brechungsindex und starker Dispersion.

Brechungsindex Zahlenmäßige Größe der Lichtbrechung. Da bei den einzelnen Edelsteinarten konstant, ist sie ein wichtiges Erkennungsmerkmal (s. auch S. 24).

Brennen Erhitzen von Edelsteinen zum Zweck einer Farbverbesserung (s. auch S. 134).

Brillant Schliffform mit 32 Facetten und einer Tafel im Oberteil und 24 Facetten im Unterteil. Auch Kurzbezeichnung für den als Brillant geschliffenen Diamant (s. auch S. 36).

Bruch Auseinanderfallen eines Minerals mit unregelmäßigen Flächen nach Schlagbeanspruchung.

Cabochon Mugelig (gewölbt) geschliffener Edelstein.

Calcit In verschiedenen Farben auftretendes Mineral; chemisch Calciumcarbonat.

Carrara-Marmor Gleichartig gekörnter weißer Marmor aus der Gegend von Carrara in der Toskana/Italien.

Chatoyieren (Katzenaugeneffekt) Heller Lichtstreifen bei mugelig geschliffenem Edelstein; wandert bei Bewegung des Steins über die Oberfläche (s. auch S. 25).

Chlorit Sammelbezeichnung für eine Gruppe meist grünlich aussehender Silicat-Mineralien mit ähnlicher Zusammensetzung.

Claim Gewöhnlich selbst abgestecktes Land zum Schürfen von Gold oder Edelsteinen.

Chrysopras-Aggregat

ct Abkürzung für Karat (s. auch S. 150).

Dendriten Moos- und strauchartige Zeichnungen auf Schicht- oder Bruchflächen von Gesteinen (s. auch S. 93).

derb Bezeichnung für Mineralien und Aggregate, die ohne regelmäßige Begrenzung sind.

Dichroismus Eigenschaft von Mineralien, bei durchfallendem Licht in verschiedenen Richtungen zwei verschiedene Farben oder Farbtiefen zu zeigen.

Dichte In der Fachsprache verwendete Bezeichnung für spezifisches Gewicht (s. auch S. 25).

Dispersion Zerlegung des weißen Lichts beim Gang durch einen Kristall in die Spektralfarben (s. auch S. 24).

Dolomit Verschiedenfarbiges Sedimentgestein, in der Hauptsache aus Dolomitspat, einem Calciummagnesiumcarbonat, aufgebaut.

Doppelbrechung Zerlegung eines Lichtstrahls bei Eintritt in einen Kristall in zwei Strahlen (s. auch S. 24).

Druse Hohlraum im Gestein mit Kristallansammlung auf den Wänden.

Ebauchieren (Vorschleifen) Erste rohe Formgebung eines Edelsteins durch Schleifen am vertikal laufenden Carborundumrad (s. auch S. 32).

Einschluß (Inkluse) Bezeichnung für die Gesamtheit aller Einlagerungen und die Reinheit beeinflussenden Störungen eines Edelsteins (s. auch S. 27 und 120).

Elfenbein Ursprünglich nur Bezeichnung für das Material der Elefantenstoßzähne, heute auch für Zähne von Flußpferd, Nilpferd, Pottwal, Walroß, Wildschwein und fossilem Mammut.

Emaille Meist farbiger Glasfluß, der auf Metall zum Schutz oder als Schmuck aufgetragen wird.

Facettenschliff Schliff mit mehreren kleinen glatten Flächen, den Facetten (s. auch S. 33).

Farbedelstein Handelsbezeichnung für alle Edelsteine außer Diamant. Früher Farbstein genannt.

Farbstein Veraltete Handelsbezeichnung für alle Edelsteine außer Diamant. Heute Farbedelstein genannt.

Fassung Befestigung von Edelsteinen in einem Schmuckstück.

Fayance Mit farbiger Glasur überzogene Ton- oder Steingutware.

Feldspat Sammelbezeichnung für eine Gruppe von Mineralien; chemisch Aluminiumsilicate.

Feuer Auf Grund einer hohen Dispersion hervorgerufenes Farbenspiel bei geschliffenen Edelsteinen, insbesondere bei Diamant (s. auch S. 36).

Feuerstein Schwarzes, graues oder bräunliches, knollenartig auftretendes Sedimentgestein chalcedonischer Zusammensetzung.

Fibel Gewandschließe, häufig in Form einer Spange oder Brosche.

Flintglas Ein Bleiglas mit besonders hohem Brechungsindex.

Fritte Im Altertum verwendete Glasmasse, die weniger Quarz und Kalk enthält als bei heutigen Gläsern üblich.

Gang Ausfüllung einer Felsspalte mit anderem Gestein, Mineralien oder Erzen.

Gemme Ursprünglich eine Steingravur mit eingetieftem Relief. Heute meist Oberbegriff für alle Kleingravuren, gleich ob eingetieft oder erhaben (s. auch S. 28).

Geode Eine ehemalige Höhlung im Gestein, die durch Mineralsubstanz völlig ausgefüllt ist.

Geröll Durch Wasser transportiertes und dabei abgerundetes Gesteinsstück.

Geschiebemergel Von Gesteinsblöcken durchsetzte lehmig-merglige Ablagerung eines Gletschers im Bereich der Grundmoräne.

Gestein Ein Gemenge von natürlich entstandenen Mineralien in größerer Ausbreitung.

Gips Bezeichnung für ein Gestein wie auch für die dieses Gestein aufbauenden Mineralien; chemisch wasserhaltiges Calciumsulfat.

Glas Schmelzprodukt aus Sand, Metall-, Alkali- bzw. Erdalkalioxiden sowie Flußmitteln.

Glasfluß Bezeichnung für Bleiglas oder für die Glasur von Emaille.

Glasur Glasartiger Überzug auf Keramik oder Emaillegrundmasse.

Glattschliff Schliff mit glatter Oberfläche, eben oder gewölbt, niemals facettiert (s. auch S. 32).

Glimmer Gruppe blättriger Mineralien; chemisch Aluminiumsilicate.

Glücksstein Edelstein, von dem man glaubt, daß er Glück bringen kann. Seit dem Altertum werden – allerdings immer wieder wechselnde – Edelsteine von vielen Menschen als Glücksbringer für bestimmte Sternbilder, für die Monate des Jahres bis hin zu den Wochentagen betrachtet (s. auch S. 139 und 141).

Glyptik Steinschneidekunst (s. auch S. 28).

Gneis Geschiefertes, granitähnliches Gestein.

Goethit Schwarzbraunes, meist nadelförmiges Mineral; chemisch Eisenhydroxid.

Grain Gewichtseinheit, nach der Perlen gewogen werden; entspricht 0,05 Gramm oder $1/4$ Karat (s. auch S. 150).

Granit Aus Feldspat, Quarz und Glimmer zusammengesetztes Magmatitgestein.

Gravur Steinschneidekunst (s. auch S. 28).

Härte Bei Mineralien und Edelsteinen versteht man unter Härte einmal die Ritzhärte, dann die Schleifhärte. Ritzhärte ist der Widerstand, den ein Mineral beim Ritzen mit einem spitzen Gegenstand entgegensetzt. Bei der Schleifhärte werden mit aufwendigem Instrumentarium absolute Härtewerte ermittelt (s. auch S. 26).

Hornblende Grünschwarzes bis schwarzes Mineral; kompliziert zusammengesetztes Silicat.

Imitation Nachahmung von Edelsteinen durch gefärbtes Glas, Kunststoffe, Emaille, Porzellan und anderes mehr.

Inkluse In der Fachsprache Bezeichnung für Einschluß (s. auch S. 27 und 120).

Intaglio In Edelstein vertieft geschnittenes Bild (s. auch S. 28).

Kalkstein Sedimentgestein, das größtenteils aus Calcit besteht.

Kamee In Edelstein erhaben geschnittenes Bild (s. auch S. 28).

Karat Gewichtseinheit im Edelsteinhandel, abgekürzt ct; entspricht 0,2 Gramm (s. auch S. 150).

Katzenaugeneffekt (Chatoyieren) Heller Lichtstreifen bei mugelig geschliffenem Edelstein; wandert bei Bewegung des Steins über die Oberfläche (s. auch S. 25).

Kimberley Minenstadt im Norden der Kapprovinz von Südafrika mit dem größten von Menschenhand gegrabenen Loch, dem »Big Hole« (s. auch S. 63).

Achat mit Glattschliff

Kimberlit Schwarzgrünes Magmatitgestein; Muttergestein der Diamanten in alten Vulkanschloten (s. auch S. 20 und 63).

Konglomerat Sedimentgestein, das aus verkitteten, gerundeten Gesteinstrümmern besteht.

Kontaktzone Grenzbereich zwischen älterem Gestein und eingedrungenem Magma (s. auch S. 16).

Korund Verschiedenfarbiges, sehr hartes Mineral; chemisch Aluminiumoxid. Die schön gefärbten Varietäten sind geschätzte Edelsteine, wie Rubin und Saphir (s. auch S. 68 und 70).

Kristall Stofflich einheitlicher Körper mit gesetzmäßigem Innenbau (s. auch S. 22).

kristallin Bezeichnung für ein Mineral mit einem Kristallgitter, d. h. mit einem gesetzmäßigen Innenbau (s. auch S. 24).

Kristallstufe Freistehende Kristalle in einem Mineralaggregat (s. auch S. 16).

Kronglas Relativ hartes Glas mit niedrigem Brechungsindex.

Labradorisieren Farbenspiel in metallisch glänzenden Tönen (s. auch S. 25).

Lagenstein Achatstück mit ebenen, parallelen Bändern (s. auch S. 135).

Lagerstätte Natürliche Anreicherung von Edelsteinen, die eine wirtschaftliche Nutzung ermöglicht (s. auch S. 15).

Lava An die Erdoberfläche austretende Gesteinsschmelze des Erdinnern (s. auch S. 14).

Lichtbrechung Ablenkung eines schräg geführten Lichtstrahls beim Übergang von einem Medium in ein anderes. Die ziffernmäßige Größe der Lichtbrechung heißt Brechungsindex (s. auch S. 24).

Mäander Flußschlinge, durch seitliche Erosion entstanden.

Magma Glutflüssige Gesteinsschmelze unterhalb der Erdkruste; bei Austritt an die Erdoberfläche Lava genannt (s. auch S. 14).

Marmor Sehr kompakter, grobkörnig umkristallisierter Kalkstein.

Matrix Feinkörnige Grundmasse eines Gesteins, in der Edelsteinmineralien eingebettet sind.

Melaphyr Feinkörniges, altes Vulkanitgestein, Abart des Basalts.

Mine Eine in Ausbeutung begriffene Lagerstätte (s. auch S. 17).

Mineral Ein in sich einheitlicher, natürlich entstandener, fester Bestandteil der Erdrinde.

Mineralstufe Freistehende Kristalle in einem Mineralaggregat (s. auch S. 16).

Modifikation Mineral, das mit einem oder mehreren anderen Mineralien den gleichen Chemismus, aber verschiedenes Kristallgitter und damit verschiedene Kristallgestalt besitzt (s. auch S. 22).

mugelig Edelstein mit gewölbter Oberfläche.

Muttergestein Gestein, aus dem größere Kristalle hervorgegangen sind.

Obsidian Dunkles, glasglänzendes, scharfkantig brechendes Vulkanitgestein.

Opaleszieren Milchig bläuliches oder perlglanzartiges Aussehen Gemeiner Opale.

Labradorit

Opalisieren Buntfleckiges Farbenspiel des Opals, das sich je nach Blickwinkel verändert (s. auch S. 96).

Orthoklas Hellfarbiges Mineral aus der Gruppe der Felspäte; chemisch Kaliumaluminiumsilicat.

Paragenese Auf Grund der Entstehung typisch gemeinsames Vorkommen von bestimmten Mineralien (s. auch S. 15).

Pegmatit Magmatitgestein mit großen Kristallen.

Pektorale Brustschmuck.

Pipe Vulkanische Durchschlagsröhre. Die Füllung mit Kimberlitgestein enthält zuweilen Diamanten (s. auch S. 20 und 63).

Pleochroismus Eigenschaft von Mineralien, bei durchfallendem Licht in verschiedenen Richtungen drei verschiedene Farben zu zeigen.

Quarzvarietät Moosachat

Polymorphie Erscheinung, daß die gleiche chemische Substanz in verschiedener Kristallgestalt auftreten kann.

Porzellan Weißlicher, gesinterter keramischer Werkstoff sowie die daraus hergestellte Ware.

Prospektion Systematische Suche nach Edelsteinlagerstätten.

Pyrit Messinggelbes, metallisch glänzendes Mineral; chemisch Eisensulfat.

Quarz Weitverbreitetes, hartes Mineral; chemisch Siliciumdioxid. Schönfarbige Varietäten sind geschätzte Edelsteine.

Quarzit Feinkörniges Gestein; besteht hauptsächlich aus Quarz.

Quarzporphyr Quarzreiches, helles, älteres Vulkanitgestein.

Rhyolith Quarzreiches, helles, jüngeres Vulkanitgestein.

Ritzhärte Ist der Widerstand, den ein Mineral beim Ritzen mit einem spitzen Gegenstand entgegensetzt (s. auch S. 26).

Rundiste Zwischen Ober- und Unterteil eines geschliffenen Edelsteins liegende Kantenreihe der Facetten (s. auch S. 37).

Rutil Meist gelbliches, nadelförmiges Mineral; chemisch Titandioxid.

Sand Lockeres Sedimentgestein mit einem Korndurchmesser von 0,02–2 mm.

Sandstein Verschiedenfarbiges Sedimentgestein, durch Verkittung von Sand entstanden.

Schiefer Durch eine Parallelstruktur (Schieferung) gekennzeichnetes Gestein.

Schieferton Ton mit schiefriger Struktur.

Schiller Flächenhaftes Farbenspiel bei Mineralien.

Schmirgel Gemenge von feinkörnigem Korund mit Magnetit, Hämatit, Ilmenit und Quarz. Wichtiges Schleifmittel.

Schmuckstein Synonym für Edelstein. Manchmal auch nur die weniger wertvollen Edelsteine gemeint.

Seide Seidenartiger Glanz bei Edelsteinen auf Grund feinfasriger Einlagerungen oder dünner Hohlkanäle.

Seife Anreicherung von schwereren und widerstandsfähigen Edelsteinmineralien in Lockergestein.

Serpentinit In verschiedenen Grüntönen auftretendes Gestein mit dem Hauptbestandteil Serpentin.

Simili Nachahmung von Edelsteinen oder Edelmetallen für Schmuckzwecke.

Spaltbarkeit Abgliederung von Mineralteilen mit glatten Flächen (s. auch S. 26).

Spezifisches Gewicht (Dichte) Gewicht eines Stoffes in bezug auf das Gewicht des gleichen Volumens Wasser (s. auch S. 25).

Spitzstein Alter Diamantschliff, bei dem die geraden Flächen des Oktaeder-Kristalls lediglich poliert sind.

Steatit Dichtes Talkaggregat.

Stein Im Volksmund gebräuchlicher Sammelbegriff für alle festen Bestandteile der Erdkruste. Beim Juwelier Synonym für Edelstein. In den Geowissenschaften gilt nur der Begriff Gestein.

Stratigraphie Lehre von der Aufeinanderfolge geschichteter Sedimentgesteine.

Strich (Strichfarbe) Farbe, die ein Mineral beim Streichen über eine rauhe, weiße Porzellanplatte hinterläßt. Wichtiges Hilfsmittel zur Bestimmung von Mineralien.

Stufe Freistehende Kristalle in einem Mineralaggregat (s. auch S. 16).

Symbolstein Edelstein, der symbolartig verwendet wird, z. B. als Glücksstein, Geburtsstein, Tierkreisstein oder als Nationalstein eines Landes.

Synthese Synonym für synthetischen Edelstein.

synthetischer Edelstein Künstlich hergestellter Edelstein (s. auch S. 132).

Talk Hellgrünes oder farbloses, blättriges Mineral; chemisch Magnesiumsilicat.

Ton Im weiteren Sinn ein lockeres Sedimentgestein mit einem Korndurchmesser unter 0,02 mm; im engeren Sinn nur die feinkörnigen Gesteine, die aus Tonmineralien mit Beimengungen von Eisen, Quarz und Kalk bestehen.

Tonschiefer Graues bis schwarzes toniges Gestein mit typischer Parallelstruktur (Schieferung).

Transparenz Lichtdurchlässigkeit von Edelsteinen (s. auch S. 24).

Treppenschliff Ein Facettenschliff, bei dem mehrere Facetten kantenparallel liegen (s. auch S. 33).

Varietät Abart eines Minerals mit typischen Merkmalen. Farbvarietäten dienen als Schmuckstein.

Verlauf Kugelsortierung bei einer Perlenkette, wobei die Kugelgrößen von der Mitte zu den Enden hin abnehmen.

Verwitterung Aufbereitung von Gesteinen im Bereich der Erdoberfläche unter Einfluß außenbürtiger Kräfte und Vorgänge.

Vielling Gesetzmäßige Verwachsung von mehreren Mineralien.

Vorkommen Der Begriff Vorkommen wird verschieden gebraucht. Er kann Lagerstätten, Örtlichkeiten mit Einzelfunden als auch Fundorte oder Fundpunkte meinen. Manchmal versteht man auch darunter die Anordnung von Edelsteinen im Muttergestein.

Vorschleifen (Ebauchieren) Erste rohe Formgebung eines Edelsteins durch Schleifen am vertikal laufenden Carborundumrad (s. auch S. 32).

Vorgeschliffener Achat

Zellentechnik Art der Intarsientechnik, wobei die Edelsteineinlagen oder andere Schmuckelemente durch Stege voneinander getrennt sind.

Zoisit Verschiedenfarbiges Mineral; chemisch Calciumaluminiumsilicat. Schönfarbige Abarten dienen als Edelstein, wie Tansanit und Thulit.

Zoisitfels (Anyolit) Schwarzfleckiges grünes Gestein.

Zwilling Gesetzmäßige Verwachsung von zwei Mineralien.

Stichwortverzeichnis

A

Absorptionsspektrum 154
Achat 34, 57, 86, 94, 134, 135, 141, 152
Achatfärben 135
Achatschleifen 34
Achroit 82
Achteck 33
Achtkant 33
Ader 154
Aggregat 154
Agraffe 154
Agstein 116
Alaska-Diamant 134
Alexandrit 23, 24, 76, 152
Almandin 59, 80, 81, 152
Amazonenstein 100
Amazonit 100, 152
Ambroid 120
Amethyst 46, 51, 57, 86, 88, 94, 134, 141, 152
Amethystquarz 87, 141
amorph 23
Amulett 136, 139
Andradit 80, 81, 152
Antik 33
Apatit 27, 115, 152
Aquamarin 23, 74, 141, 152
Aragonit 124, 152
Argyle-Mine 60, 63, 146
Arkansas-Diamant 134
Aschentrecker 83
Asscher 66
Asterismus 25, 154
Augstein 116
Augustus-Kamee 40
Aurangzeb 53, 66, 144
ausschlägeln 80
Aventurin 86, 89, 141, 152
Aventurinfeldspat 89, 100
Aventurinquarz 89
Azurit 109, 115, 152
Azurmalachit 109

B

Baguette 33
Balasrubin 77
Barnato, B. 63
Barockperle 56, 124
Basalt 154
Baumstein 93
Bayerisches Reichsschwert 49
Beilby-Schicht 35
Beilstein 102
Bergkristall 57, 86, 87, 92, 141, 152
Bernstein 8, 116, 118, 152
Bernsteinzimmer 119

Beryll 23, 72, 74, 75
Bestrahlen 134
Bibel 39
Big Hole 63
Bischofsring 40
Biwacoperle 128
Biwaperle 128
Bixbit 75
Black Prince's Ruby 69, 77
Blaue Erde 118
Blauweiß 149
Bleiglas 132, 154
blower 98
blue ground 62, 63
Blutjaspis 92, 141
Blutstein 92, 112, 139
Böhmischer Diamant 134
Böhmischer Granat 80, 81
Böhmischer Reichsapfel 48
Börse 150
Boulder-Opal 97, 99
Bouteillenstein 114
Braganza 79
Brasilianische Prinzessin 79
Brechungsindex 25, 154
Brennen 134, 154
Brillant 37, 154
Brillanten-Garnitur 64
Brillantschliff 32, 33, 36
Brillanz 25, 149
Briolett 33
Britische Staatskrone 77
Bruch 154
Bursa 42

C

Cabochon 32, 154
Calcit 27, 152, 154
Cape 148, 149
Carat 147, 150
Carrara-Marmor 154
Carter, H. 11
Central Selling Organization 147
Ceylanit 77
Ceylon-Diamant 67
Ceylonschliff 33
Chalcedon 9, 86, 90, 94, 141, 152
Charoit 114, 152
Chatoyieren 25, 89, 154
Chile-Lapis 104
Chlorit 91, 154
Chloromelanit 102
Chlorospinell 77
Chrysoberyll 23, 25, 76, 152
Chrysoberyll-Katzenauge 76
Chrysokoll 107, 108, 109, 112, 152

Chrysolith 111
Chrysopras 86, 87, 90, 91, 141, 152
Citrin 15, 86, 87, 134, 141, 152
Claim 154
Clarity 147
Codex Aureus 44
Codex Leningrad 39
Colour 147
Conchyn 124
Cordierit 114, 152
Cristobalit 96
Crystal 148, 149
CSO 147
ct 150, 154
Cullinan 66
Cullinan I. 48
Cullinan II. 77
Cut 147
Cymophan 76
Czochralski 133

D

Daphne 121
De Beer 63
De Beers 146
De Beers Consolidated Mines Limited 146
Dekorstein 12
Demantoid 80, 81, 152
Dendriten 85, 93, 154
Dendritenachat 93
derb 154
Deutscher Lapis 105
Diamant 22, 23, 24, 27, 36, 60, 141, 146, 152
Diamant- und Edelsteinbörse 151
Diamantbewertung 147
Diamantbörse 147, 150
Diamantenproduktion 147
Diamantgraduierung 61
Diamantlagerstätte 20
Diamantmine 145
Diamantphotometer 148
Diamantschliff 37
Diamantsyndikat 146
Diamond Corporation 146
Dichroismus 154
Dichroit 114
Dichte 25, 154
Digger 62, 145
Dispersion 24, 154
Djevalith 133, 152
Dolomit 154
Doppe 37
Doppelbrechung 24, 154
Dravit 82
Dresden 64

Drilling 23
Druse 94, 95
Dublette 99, 130, 135
Durchschlagsröhre 20, 62
Durchsichtigkeit 24

E

Ebauchieren 32, 154
Edelberyll 75, 152
Edelkoralle 121, 122
Edelopal 96
Edelstein 9
Edelstein, zusammengesetzter 135
Edelsteinbörse 150
Edelsteingravur 29
Edelsteinhärte 27
Edelsteinmedizin 137
Edelsteinmikroskop 27
Edeltopas 57
Edward-Rubin 69
Eilatstein 107, 109
Einschluß 27, 149, 154
Elfenbein 152, 154
Emaille 130, 154
Epithel 125, 127
Esoterik 138
Evangeliar 39, 44, 46

F

Fabergé 58
Fabulit 133, 152
Facette 32
Facettenschliff 31, 32, 154
Falkenauge 25, 86, 89, 141
fancy diamond 147
Farbe 23
Farbedelstein 32, 154
Färben 95
Farbgraduierung 147
Farbmanipulation 154
Farbstein 32, 154
Fassung 154
Fayance 130, 154
Fehler 149
Feinschliff-Brillant 36, 37, 149
Feldspat 100, 154
Festungsachat 94
Feuer 24, 36, 37, 154
Feueropal 96, 99
Feuerstein 9, 101, 154
Fibel 154
Fidelbogenantrieb 31
Finsch-Mine 20
Flächenschiller 25
Flintglas 154
Florentiner 64
Fluorit 27, 112, 152

Flußspat 112
Foliieren 132
French-cut 33
Fritte 130, 154
Fuchsit 89

G

Gagat 8, 152
Galliant 133, 152
Gang 154
Geburtsstein 139
Gemeiner Opal 96
gemischter Schliff 32, 33
Gemma Augustea 30
Gemme 28, 40, 50, 154
Geode 91, 94, 95, 154
Geröll 154
Geschiebemergel 154
Gestein 23, 154
Gips 27, 154
Gipsspat 152
Glanz 24, 25
Glas 27, 130, 152, 154
Glasfluß 155
Glasur 155
Glattschliff 32, 155
Glimmer 15, 155
Glücksstein 140, 155
Glyptik 28, 155
Gneis 155
Goethit 100, 155
Goldberyll 75
Gold des Nordens 116, 120
Goldenes Vlies 59, 80
Goldquarz 141
Goldtopas 87
Goshenit 75
Grain 129, 150, 155
Granat 57, 80, 141, 152
Granit 155
Graphit 22, 24, 60
Grauen 37
Gravur 28, 155
Großmogul 64
Grossular 80, 81, 152
Groteskfigur 126
Grüner Dresden 64, 66

H

Hämatit 26, 89, 92, 100, 112, 152
Harlekin-Opal 99
Härte 26, 155
Härteskala 27
hei-tiki 103, 137
Heilstein 136
Heliodor 75, 152
Heliotrop 57, 86, 92, 152
Heraldik 29
hexagonal 22, 23
Hiddenit 84, 152
Hildegard von Bingen 137
Himbeerspat 85
Hofstaat zu Delhi 53
Hohepriester 38
Hohlschleiftechnik 29

Holzstein 86, 91, 152
Hope-Chrysoberyll 76
Hope-Diamant 66, 144
Hope-Perle 125
Hornblende 91, 155
Hornblendeschiefer 102
Hyacinth 23
Hyazinth 23, 67
Hyazinth La Bella 67

I

Idar-Oberstein 34, 95
Idealbrillant 36, 149
Ikone 43
Illam 71
Imitation 130, 131, 155
Imperial Jade 102
Imperial State Crown 77
inclusion 149
Indigolith 82
Inkluse 120, 155
Intaglio 28, 155
Intarsie 52, 54
Iolith 114
Isidor von Sevilla 40

J

Jade 100, 101, 102
Jadeit 9, 101, 152
Jargon 67
Jaspis 9, 86, 92, 141, 152
Johannisbrotbaum 150
Juwelenbouquet 53

K

Kaiser-Jade 102
Kalette 37
Kalkstein 155
Kallait 106
Kamee 28, 50, 51, 58, 155
Kaprubin 80, 134
Karat 150, 155
Karfunkel 68
Karfunkelstein 68, 80
Karneol 56, 86, 90, 91, 141, 152
Karneolonyx 135
Katzenauge 26
Katzenaugeneffekt 25, 155
Kieselkupfer 112
Kieselmalachit 112
Kimberley 155
Kimberley-Mine 62, 63, 146
Kimberlit 20, 62, 155
Kippstuhl 34
Kittstab 33
Kohinor 66
Kohinur 64
Kohle 149
Kohlenstoff 22
Konglomerat 155
Kontaktzone 155
Koralle 57, 121, 152
Korallenstock 121
Korund 23, 27, 68, 70, 155

Kristall 22, 86, 155
Kristallform 22
Kristallgitter 22
kristallin 22, 155
Kristallschrein 35
Kristallstufe 155
Kristallsystem 22
Krokydolith 89
Krone 46
Kronglas 155
Krummstab 48
kubisch 22, 23
Kugel 33
Kulturperle 127
Kunstkammer 57
Kunzit 84, 152
Kupferlasur 115
Kymophan 76

L

Labradorisieren 25, 155
Labradorit 25, 152
Lagenstein 29, 135, 155
Lagerstätte 15, 155
Landschaftsachat 93
Lapidarium 137
Lapislazuli 57, 104, 152
Lascaux 8
Lasurit 104, 153
Lasurstein 104
Lava 155
Leukosaphir 70
Lichtbrechung 24, 155
Lichtfigur 25
Linobat 153
Lochbrett 33
Lothar-Scheibe 29
Lotharkreuz 40
lupenrein 149
Lüster 124

M

Mäander 155
Magma 155
Malachit 57, 107, 108, 153
Malachitverkleidung 110
Mangankiesel 85
Manganspat 85
manipulierter Edelstein 134
Marco Polo 142
makrokristalliner Quarz 86
Marmor 155
Matara-Diamant 67
Matrix 155
Matura-Diamant 67
Mazarin-Schliff 36
Meereszuchtfarm 128
Meerwasserperle 126
Melanit 80, 81, 153
Melaphyr 155
Michelangelo 12
Mikimoto, K. 127
mikrokristalliner Quarz 86
Mine 155
Mineral 22, 155

Mineralaggregat 23
Mineralienbörse 150, 151
Mineralstufe 155
Mineralvergesellschaftung 23
Modifikation 22, 155
Mohrenkopf 82
Mohs 26
Mohshärte 26
Mokkastein 93
Moldavit 114, 153
Monatsstein 140, 141
Mondstein 25, 26, 141, 153
monoklin 22, 23
Moosachat 86, 91, 153
Morganit 75, 153
Morion 87
mugelig 32, 155
Muttergestein 155

N

Nachahmung 130
Nassak 64, 66
Navette 33
Nephrit 9, 101, 137, 153
Nofretete 12
Nunkirchener Jaspis 105

O

Obsidian 9, 101, 153, 155
Oklad 43
Olivin 111
Onyx 135, 141
Opal 22, 25, 57, 96, 141, 153
Opaleszieren 155
Opalisieren 25, 96, 156
Opalmatrix 96
Oppenheimer, E. 146
Orden vom Goldenen Vlies 59, 80
Orientperle 126
Orlow 64
Orthoklas 27, 156
Oval 33

P

Padparadscha 70
Pampel 33
Paragenese 15, 156
Pascha 64
Pegmatit 156
Pektorale 156
Pendeloque 33
Peridot 57, 78, 111, 141, 153
Perlauster 124
Perle 124, 141, 153
Perlmutter 124, 127
Perlsack 127
Peruzzi-Schliff 36
Pfauenauge 108
Phantasiefarbe 147
Picolit 77
Pierres de Strass 132
Pieta 12
Pietra dura 52

Piezoelektrizität 82
Pilgertasche 42
Pipe 20, 62, 155
Placebo-Effekt 138
Planetenstein 140
Plattensiegel 11, 28
Pleochroismus 155
Pleonast 77
Point 150
Polieren 35
Politur 28
Polymorphie 22, 155
Prägesiegel 10
Prasiolith 134
Prasopal 15
Premier-Mine 66
Preßbernstein 120
Proportion Scope 149
Prospektion 156
Pyrit 153, 156
Pyroelektrizität 82
Pyrop 80, 153

Q

Quadrat 33
Quarz 22, 27, 86, 153, 156
Quarz-Familie 86
Quarzit 156
Quarzkatzenauge 141
Quarzporphyr 156

R

Rauchquarz 16, 26, 86, 87, 134,
  141, 153
Rauchtopas 87
Raumgitter 22
Refraktometer 24, 25
Regent-Diamant 64, 66, 131
Reiben 37
Reichsapfel 46, 48
Reichsevangeliar 40
Reichsheiligtümer 46
Reichsinsignien 46
Reichskleinodien 46
Reichskreuz 40
Reichskrone 46
Reichsschwert 46, 49
Reichszepter 46
Reinheitsgraduierung 149
Reliquiar 43, 46
Reliquie 42, 43
Rentierstein 115
Rhodes, C.J. 63, 146
Rhodochrosit 85, 153
Rhodonit 85, 153
rhombisch 22, 23
Rhyolith 156
Ritzhärte 26, 27, 156
River 147, 148, 149
Röhrenachat 94
Rollsiegel 10, 11, 28
Rosaberyll 75
Rose 33

Rosenkranz 139, 140
Rosenquarz 86, 87, 141, 153
Rosser Reeves Ruby 26
Rubellit 82
Rubicell 77
Rubin 23, 25, 68, 80, 141, 146,
  153
Rubinspinell 77
Rundiste 37, 156
Russischer Stein 108
Rutil 26, 68, 153, 156
Rutilstern 87

S

Sächsischer Diamant 64, 78
Sächsischer Weißer 64
Sancy-Diamant 64, 131
Sandsteinrad 34
Saphir 23, 25, 40, 44, 46, 70, 137,
  141, 153
Saphirspinell 77
Sapphir 23
Sarder 90
Sardonyx 40, 135, 141
Schah 64, 66
Scherenschliff 33
Schiefer 156
Schieferton 156
Schiller 156
Schleifautomat 33
Schleifen 31
Schleifhärte 27
Schleifscheibe 36
Schliff 28
Schliffgraduierung 149
Schmelz 124
Schmelzbirne 133
Schmirgel 31, 156
Schmuckdiamant 147
Schmuckstein 156
Schönung 134
Schörl 82
Schwarzer Opal 96
Seide 25, 68, 156
Seife 16, 156
Seifenlagerstätte 26
Serpentin 102, 115, 153
Serpentinit 103, 156
Siam-Aquamarin 67
Siberit 82
Sibirischer Rubin 134
Siegelring 10, 11
Siegelzylinder 11
Sight 147
Sightholder 147, 151
Simili 156
Skandinavischer Standard-
  Brillant 149
Skarabäus 11, 28, 54, 136
Smaragd 16, 19, 23, 27, 44, 46,
  57, 72, 141, 145, 153
Smaragdschliff 33, 73
Smithsonit 114, 153
Sodalith 113, 153

Sonnenstein 89, 100, 153
Spaltbarkeit 26, 156
Spektralfarbe 23
Spessartin 80, 81, 153
spezifisches Gewicht 25, 156
Sphen 115
Spinell 17, 23, 46, 77, 80, 153
Spitzstein 36, 69, 156
Spodumen 84
St.-Georgs-Statuette 69
Standard-Brillant 37
Star of Asia 26
Star of India 70
Starlit 67
Steatit 156
Steinbuch 137
Steingravur 28
Steinintarsie 52
Steinschneidekunst 28
Stempelsiegel 10
Stephansbursa 42
Stern von Afrika 48
Sternrubin 26
Sternsaphir 26, 71
Stewart 64
Straß 58, 131
Strasser 131
Stratigraphie 156
Strich 156
Stückleinkette 57
Stufe 23, 156
Succinit 116
Südstern 64
Süßwasserperle 126
Swiss Lapis 105
Symbolstein 139, 156
Syndikat 146
Synthese 130, 132, 156
synthetischer Edelstein 132,
  156

T

Tafel 36
Talisman 136
Talk 27, 156
Tansanit 113, 153
Tassel 55
Tavernier, J.-B. 66, 143
tetragonal 22, 23
Thulit 113, 153
Tierkreisstein 140, 141
Tigerauge 25, 86, 89, 141, 153
Timur Ruby 69, 77
Tiroler Granat 80
Titanit 115, 153
Tolkowsky-Brillant 37, 149
Ton 156
Tonschiefer 156
Topas 27, 78, 134, 141, 153
Torre del Greco 122
Toskanisches Mosaik 52
Totalreflexion 25, 36
Transparenz 24, 156
Treppenschliff 32, 33, 156

trigonal 22, 23
triklin 22, 23
Triplette 99, 135
Trommel 34
Trommelschliff 34
Trommelstein 32
Tsavorit 81
Tscharoit 114
Tugtupit 115, 153
Türkenkopf 82
Türkis 56, 106, 109, 141, 153
Türkismatrix 107
Turmalin 15, 16, 56, 82, 141, 153
Tutanchamun 11, 54, 130, 136

U

Ungarischer Opalschmuck 97
Utahlith 114
Uwarowit 80, 81, 153

V

Varietät 156
Variscit 114, 153
Veilchenstein 114
Verdelith 82
Verdit 113, 153
Verlauf 156
Verneuil, A. 132, 133
Versteinerter Wald 91
Verwitterung 156
Vielling 156
Vorkommen 15, 156
Vorschleifen 32, 156
Vortragekreuz 40
Votivkrone 49

W

Waise 46
Wandmalerei 8
Wassermelone 82
Wassermühle 31
Weihekrone 49
Weißer Opal 96
Wenzelskrone 68
Wesselton 147, 148, 149

Y

YAG 133, 134, 153
yellow ground 62

Z

Zellentechnik 156
Zepter 48
Zinkspat 114
Zirkon 23, 67, 141, 153
Zirkonia 67, 133, 153
Zoisit 113, 156
Zoisitfels 156
Zuchtperle 127
Zwilling 23, 156

Bildnachweis

American Museum of Natural History, Courtesy Department of Library Services, New York: 84 o, 84 ul
Archiv für Kunst und Geschichte, Berlin: 8/9, 55 u, 138
Arkana-Verlag, Göttingen: 119
H. Bank, Idar-Oberstein: 34 ur
Bayerische Staatsbibliothek München: 44/45
Bayerische Verwaltung der Staatlichen Schlösser, Gärten und Seen, München: 6/7, 32, 35, 48 o, 49 u, 59 u, 69, 92 o, 132, 140 u
De Beers, London: 20, 21 o, 36, 37, 60, 61, 62, 63, 66, 134 u, 147, 148, 151
Phot. Bibliothèque Nationale, Paris: 142
Bildarchiv Preußischer Kulturbesitz, Berlin: 12 o
The British Museum, by Courtesy of the Trustees, London: 12 u, 104 u, 106/107
K. de Cuveland, Bornheim-Brenig: 150 o
Department of Mines and Energy, Parkside/Australien: 98 o, 98 ur
Descharnes & Descharnes, Paris: 58 o
Desertina Verlag, CH-7180 Disentis, Die Schatzkammer der Sowjetunion, 1991: 111 o
Desertina Verlag, CH-7180 Disentis, Der Kreml und seine Kunstschätze, 1986: 43, 110 (Foto: N. Rachmanow)
Domkapitel Aachen/Foto Münchow: 41
D. J. Edelman GmbH, Rund um die Perle, Frankfurt: 127 o, 128 o, 129 u
J. Egger Import, Wartenberg: 95 u
Egyptian Museum, Cairo: 11, 54, 130, 136
Fersman-Museum, Moskau: 109 o
Geophot, Ampfing: 14
Germanisches Nationalmuseum, Nürnberg: 56/57, 80
Gruppo Editoriale Fabbri, Mailand: 13, 101 u, 103 o
E. Gübelin, Luzern: 15 o, 16 o, 17 o, 17 u, 18 o, 18 u, 19, 27 u, 31 o, 33, 34 ul, 68 u, 71 u, 98 ul, 102 u, 106 u, 146 o
K. Hartmann/Diaverleih T. Sachs, Sobernheim: Vorsatz, 1, 2, 3, 15 u, 16 u, 25, 26 M, 26 u, 34 o, 67 u, 68 u, 70 o, 71 o, 72 o, 74, 75, 76 u, 77 o, 78 u, 79 o, 81 o, 81 u, 82, 83, 84 ur, 85, 86/87, 87, 88, 89, 90, 91, 93, 94, 94/95, 95 o, 96, 99, 100 M, 100 u, 102 o, 103 u, 108, 109 u, 111 u, 112, 113 ol, 113 oM, 113 u, 114, 115 oM, 115 Ml, 115 Mr, 115 u, 116 o, 121 u, 124 u, 133, 141
Hessisches Landesmuseum, Darmstadt: 55 o
Hirmer Fotoarchiv, München: 107, 125

HMSO, with the permission of the Controller of Her Britannic Majesty's Stationery Office, Norwich: 48 u, 77 u
R. Hochleitner, Archiv LAPIS, München: 57 o, 81 M, 100 o, 134 o, 149, 150 u
Honolulu Academy of Arts, Honolulu, Purchase 1952: 101 o
Hosser/H. Wolf, Kirschweiler: 31 u
Jain Import-Export, Seeheim-Jugenheim: 124 o, 128 u
H. Josse, Paris: 38, 143 u
J. Karpinski/Staatliche Kunstsammlungen, Dresden: 56 ol, 56 ul, 65, 70 u, 121 o, 126
Kronen- und Insigniensammlung Abeler, Wuppertal: 129 o
Firma A. Krüss, Hamburg: 27 u
Kunsthistorisches Museum, Wien: 30, 42, 46, 47, 51 o, 59 o, 67 u, 72 ul, 97, 140 o
Linden-Museum, Stuttgart: 137 u
Museo Arqueológico Nacional, Madrid: 49 o
Museumsverein der Prähistorischen Staatssammlung, München/M. Eberlein: 10
The National Museum, Kopenhagen: 8 u
Naturhistorisches Museum, Wien: 53, 76 Mr
D. Paschke/MTI-Press, Stuttgart: 122
E. Pauly, Veitsrodt: 28, 29, 58 u, 135 M
The Royal Collections/S. Nilsson, Stockholm: 116/117, 117
The Royal Danish Collections at Rosenborg Palace, Kopenhagen: 4, 5, 50, 92 ul, 92 ur, 123
W. Schäfer, Ottobrunn: 72/73, 79 u, 144, 145, 146 u
Schatzkammer des Veitsdoms, Hradschin/Kancelář Prezidenta ČSFR, Prag: 78 o
W. Schumann, München: 21 ul, 21 ur, 118, 120 o, 135 o
Service Departement de l'Architecture de la Marne, Reims: 137 o
Service Photographique de la Réunion des Musées Nationaux, Paris: 52, 105, 131 o
Smithsonian Institution, Washington/National Museum of Natural History: 26 ol, 26 or, 76 o
Staatliche Kunstsammlungen, Dresden: 73
Staatliches Museum für Naturkunde, Stuttgart: 120 u
Foto Thomassin, Trier: 40
Topkapi Saray Museum, Istanbul: 51 u
Victoria & Albert Museum, by courtesy of the Board of Trustees, London: 143
W. Walter Werbegrafik, Gundelfingen: 131 u
Weiß, Archiv LAPIS, München: 104/105, 113 M, 115 ol

Grafiken:
Marlene Gemke
S. 24 o nach: J. S. White, Minerals and Gems, Washington, 1991
S. 25 nach: Firma A. Krüss, Hamburg
S. 33, 127, 135 nach: W. Schumann, Edelsteine und Schmucksteine, München, 1992
S. 63 nach: R. Maillard, Der Diamant, Freiburg, Basel, Wien, 1981
S. 118 nach: B. Hoffmann, Samland-Führer, Königsberg, etwa 1938

Grafik S. 22 aus: W. Schumann, Knaurs Buch der Erde, München 1989

Die Deutsche Bibliothek – CIP-Einheitsaufnahme

Edle Steine / Walter Schumann. – München; Wien; Zürich: BLV, 1992
ISBN 3-405-14280-6
NE: Schumann, Walter

BLV Verlagsgesellschaft mbH
München Wien Zürich
8000 München 40

© BLV Verlagsgesellschaft mbH, München 1992

Umschlaggestaltung: Studio Schübel, München
Layout: Anton Walter, Gundelfingen
Lektorat: Dr. Friedrich Kögel
Bildakquisition und -administration: Brigitte Gugger
Herstellung: Ernst Großkopf

Satz und Druck: Appl, Wemding
Bindung: Sellier, Freising

ISBN 3-405-14280-6 · Printed in Germany